रसखान रचनावली

राजेन्द्र पंडित

डायमंड बुक्स

प्रकाशक : डायमंड पॉकेट बुक्स (प्रा.) लि.
X-30 ओखला इंडस्ट्रियल एरिया, फेज-II
नई दिल्ली - 110020
फोन : 011- 40712200
ई-मेल : wecare@diamondbooks.in
वेबसाइट : www.diamondbooks.in
संस्करण : 2026
मुद्रक : रेप्रो (इंडिया)

Rashkhan Rachnawali
by : Rajendra Pandit

विषय सूची

रसखान का जीवन परिचय

रीति कालीन कवियों में रसखान का विशेष स्थान है। इनके लिखे सवैया, सोरठा, कवित्त आदि लोगों में बहुत लोक प्रिय हैं। दूसरे कवियों की तरह रसखान ने भी अपनी जीवन यात्रा के विषय में कहीं कुछ नहीं लिखा है। इनकी जन्म तिथि और जन्म स्थान को लेकर अलग-अलग विद्वानों के अलग-अलग मत हैं।

बिहारी की तरह ही रसखान ने भी अपने काव्य प्रेम-वाटिका में लिखा है-

देखि गदर हित-साहिबी, दिल्ली नगर मसान।
छिनहिं बादसा-बंस को, ठसक छोरि रसखान।।
प्रेम-निकेतन श्रीबनहिं, आईगोवर्धन धाम।
लह्यौ सरन चित्त माहिकै, जुगल-सरूप ललाम।।
तोरि मानिनी ते हियो, फोरि मोहिनी मान।
प्रेम देव की छविहि लख, भए मियां रसखान।।
बिधु सागर रस इन्दु सुभ, बरस सरस रसखान।
प्रेम वाटिका रूचि रूचिर, चिर हिम हरषि बखान।।

'प्रेम वाटिका' के इन दोहों से साफ पता चल जाता है कि सिंहासन को हथियाने को लेकर दिल्ली में जबर्दस्त मारकाट हुई और दिल्ली तहस नहस तथा तबाह हो गई। रसखान का कवि-हृदय यह सब देख न सका और शाही वंश तथा अपनी प्रेयसी को छोड़कर रसखान ब्रज आ गए। यहीं पर उन्होंने 'प्रेम -वाटिका' नामक काव्य की रचना भी की। तब वह समय संवत् 1671 का था।

'प्रेम-वाटिका' के रचना-काल (संवत् 1671) को ध्यान में रखकर हिन्दी के विद्वानों ने रसखान के जन्म को इस तरह से निश्चित किया है -

शिवसिंह ने रसखान का जन्म संवत् 1630 माना है। बाबू राधाकृष्णदास ने इनका जन्म संवत् 1631 माना है।

मिश्रबंधुओं ने रसखान का जन्म संवत् 1615 में तथा मृत्यु संवत् 1685 में निश्चित किया है।

रसखान के जन्म-काल के विषय में उपरोक्त विद्वानों के मत उनके काव्य प्रेम-वटिका पर ही आधारित हैं।

रसखान ने अपने दोहों में जिस गदर का जिक्र किया है, वह राज्य-लिप्सा जन्य परस्पर कलह रसखान के निकट संबंधियों के बीच ही हुआ था। वह खुद बादशाह वंश के पठान थे तथा सगे-संबधियों में मारकाट मची देखकर दुःखी हो गए और साथ ही घबरा भी गए। इतिहासकारों के अनुसार संवत् 1602 में इस गृह-युद्ध का बीजारोपण सलीमशाह द्वारा बड़े भाई का राज्य हथियाने के कारण हुआ और संवत् 1611-12 में जंगल की आग की तरह पूरी दिल्ली में फैल गया, जिसने सूरवंश को जड़ से ही मिटा दिया। दो वर्षों तक चलने वाले इस गृह युद्ध की वजह से दिल्ली वीभत्स व कुरूप ही नहीं हो गयी बल्कि श्मशान घाट की तरह भी वीरान और सूनी हो गयी। कहने का मतलब है कि संवत् 1612 के गदर से दुःखी और परेशान होकर ही रसखान दिल्ली छोड़कर ब्रज चले गए।

'मूल गुसाई चरित' में लिखा गया है कि संवत् 1634 से 1637 तक यानी तीन वर्ष तक रसखान ने यमुना तट पर रामकथा का रसपान किया। इसका मतलब तब रसखान के मन में भगवान कृष्ण के प्रति भक्ति भावना का जन्म नहीं हुआ था। श्री विट्ठलनाथ जी से जब इनकी मुलाकात हुई तब कहीं जाकर इन का झुकाव कृष्ण भक्ति की तरफ हुआ और श्री विट्ठलनाथ जी ने ही रसखान को कृष्ण भक्ति की दीक्षा ही ब्रज ही इनका निवास हो गया।

जन्म निवास

रसखान के मूल जन्म-निवास के बारे में विद्वानों के अलग-अलग मत हैं। रसखान ने स्वयं तो स्पष्ट रूप से इस विषय में कहीं कुछ लिखा नहीं है। हिन्दी के प्रसिद्ध विद्वान शिव सिंह 'सरोज' रसखान को जिला हरदोई के पिहानी के रहने वाला मानते हैं। लेकिन रसखान ने तो 'प्रेम-वाटिका' में खुद को दिल्ली का निवासी माना है। उन्होंने तो हरदोई या पिहानी का कहीं जिक्र ही नहीं किया है।

रसखान ने इस दोहे में स्पष्ट रूप से लिखा है - 'देखि गदर हित साहिबी, दिल्ली नगर मसान। छिनहिं बादसाबंस की, ठसक छोरि रसखान।।' हिन्दी के

एक दूसरे विद्वान डॉ. याज्ञिक जिला हरदोई के पिहानी को रसखान का जन्म-स्थान नहीं मानते हैं। डॉ. याज्ञिक तर्क देते हुए कहते हैं कि हुमायूं - अकबर ने संवत् 1612 के बाद पिहानी को बसाया था, फिर रसखान का जन्म स्थान पिहानी कैसे हुआ?

अगर दिल्ली की बात करें, तो रसखान ने स्वयं दिल्ली को अपना निवास-स्थान स्वीकार किया है लेकिन रसखान ने दिल्ली को अपना जन्म स्थान नहीं बताया है, इसलिए दिल्ली निवास स्थान तो हो सकती है, पर जन्म-स्थान नहीं। इस बात से इंकार नहीं किया जा सकता कि रसखान का कृष्ण-भक्त बनने से पहले का जीवन दिल्ली में ही बीता। इस आधार पर कहा जा सकता है कि रसखान का जन्म स्थान भी दिल्ली ही थी।

रसखान का जन्म और मृत्यु

रसखान का जन्म विद्वानों के मतानुसार संवत् 1590 के करीब दिल्ली में हुआ। रसखान का संबंध उस समय के शाही खानदान से था। लेकिन जब शाही वंश गृह-कलह के कारण नष्ट हो गया और दिल्ली तबाह हो गई तब रसखान संवत् 1612 में दिल्ली से ब्रज आ गए और यहां आकर श्री विह्ठलनाथ के शिष्य बन गए, जिनसे उन्हें कृष्ण भक्ति की दीक्षा मिली।

रसखान के विषय में कहा जाता है कि ये साहूकार के लड़के पर मोहित थे, लेकिन किन्हीं कारणों से रसखान को चोट पहुंची और इनका रूझान ईश्वर की भक्ति की ओर हो गया। रसखान ब्रज में आने के बाद ही हिन्दू-धर्म के प्रति आस्थावान हुए और अपने काव्य को कृष्ण की भक्ति में डुबो दिया।

रसखान मुसलमान थे, लेकिन वैष्णव भक्तों की तरह ही वस्त्र धारण करते थे और गले में कंठिया भी पहनते थे, जिससे मुस्लिमों को कोफ्त होती थी और एक दिन उन्हें मुगल दरबार में मुजरिम की तरह पेश भी कर दिया गया।

नाराज और क्रोधित बादशाह ने जब रसखान से पहनावे और कंठियों के विषय में सवाल किया तो रसखान ने बहुत ही सटीक शब्दों में जवाब दिया - 'शंहशाह, पत्थर को नदी के उस पार जाने के लिए लकड़ी के साथ की जरूरत पड़ती है, मैंने भी भव-सागर से पार जाने के लिए इन मालों (कंठियों) को पहन रखा है।'

बादशाह लाजवाब रह गया और रसखान को दरबार से जाने दिया।

रसखान का व्यक्तित्व ऐसा था। वे एक कवि ही नहीं बल्कि सांसारिक बंधनों से मुक्त परम ज्ञानी व्यक्ति भी थे। वे मन के कोमल व दयावान भी थे, तभी तो दिल्ली में खुले आम नरसंहार से त्रस्त और दुखी होकर चुपचाप ब्रज चले आए। रसखान के मन में जाति भेद भी नहीं था और यही वजह थी कि ब्रज में आने के बाद यमुना तट पर लगातार तीन वर्षों तक उन्होंने राम कथा सुनी और बाद में श्री विट्ठलनाथ से प्रभावित होकर उन्हें सिर्फ अपना गुरू ही नहीं माना बल्कि कृष्ण भक्ति की दीक्षा भी उनसे ले ली। ऐसा तो वही कर सकता है, जिसे लौकिक-पर लौकिक का बोध हो।

रसखान जब तक जिन्दा रहे कृष्ण-भक्ति के प्रति पूरी तरह से समर्पित रहे और कृष्ण के बारे में ही लिखते रहे। संवत 1675 में अब इनका प्रणांत हुआ सारा ब्रज शोक में डूब गया।

मथुरा से कुछ दूरी पर दक्षिण-पूर्व में एक पुराने टीले पर लाल पत्थर की एक बारहदरी है, जिसको रसखान की समाधि माना जाता है।

रचनाएं

रसखान पूरी तरह से कृष्ण भक्त थे। अपने मनोभावों को व्यक्त करने का एक मात्र साधन कविता ही थी। इनहें जब भी कुछ नया महसूस हुआ, कुछ अच्छा या विशेष लगा उसे कविता की शक्ल में ढाल दिया। रसखान ने हजारों कविताओं को लिखा लेकिन इनके नाम से कुल 334 छन्द ही अब तक प्राप्त हुए हैं, जिनमें से कुछ संदिग्ध भी हैं।

रसखान के छन्दों को पांच भागों में बांटा गया है।

सुजान-रसखान-255 छन्द, प्रेम-वाटिका-53 छन्द, दान-लीला-11 छन्द, स्फुट-छन्द - 5 छन्द, संदिग्ध-छन्द-10 छन्द।

सुजान-रसखान कृष्ण-भक्ति और कृष्ण महिमा से संबंधित पहली कृति है। प्रेम-वाटिका रसखान की दूसरी विशिष्ट रचना है, जिसमें प्रेम के विविध रूपों को बड़े ही मार्मिक ढंग से छुआ गया है। इसी तरह से 'दान-लीला' आदि में रसखान ने विविध विषयों पर विस्तृत व सटीक ढंग से लिखा है।

रसखान के काव्य में प्रेम का स्वरूप

रसखान की दृष्टि में प्रेम वह है, जो हृदय को आनंद देकर तृप्त करने वाला हो। राधा और कृष्ण दोनों को ही इन्होंने प्रेम का आधार कहा है। प्रेम को सभी

मनुष्य नहीं समझ सकते। प्रेम न तो सहज है और न ही सभी के लिए है। प्रेम की बात सभी करते हैं, पर वे प्रेम को समझते कितना हैं। जो प्रेम को जान जाता है, वह दुनिया के सारे दोषों से आजाद हो जाता है। उसके लिए सब कुछ सहज हो जाता है। रसखान मानते हैं कि प्रेम अगम, अनुपम और समुद्र की तरह अथाह और धीर-गंभीर है। प्रेम तलवार की धार पर चलने के समान कठिन होता है। प्रेम का मार्ग सहज भी है और असहज भी है। प्रेम से ही ज्ञान का भी श्रृंगार होता है। ज्ञान है, पर प्रेम नहीं, तो सब बेकार है। कोई व्यक्ति कितना भी ज्ञानी बन जाए अगर उसके हृदय में प्रेम की धार नहीं है तो उसका ज्ञान फीका पड़ जाता है। रसखान कहते हैं - वेद, पुराण, शास्त्र सब का ही सार यानी निचोड़ प्रेम ही है। प्रेम के बिना मनुष्य किसी भी प्रकार के आनंद या खुशी की अनुभूति नहीं कर सकता। प्रेम ज्ञान, कर्म आदि से श्रेष्ठ है। क्योंकि ज्ञान, पूजा, कर्म आदि सभी से मन में अहंकार भाव उत्पन्न होते हैं। जब तक व्यक्ति के हृदय में प्रेम की लौ नहीं जलती तब तक वह किसी भी कर्म या साधना के प्रति निष्ठावान नहीं हो पाता है।

रसखान कहते हैं - सांसारिक कारणों से उत्पन्न प्रेम में रूप, यौवन, धन, स्वार्थ, कामना आदि भाव छुपे होते हैं। इसे सच्चा प्रेम नहीं कहा जा सकता। प्रेम ईश्वर की तरह सर्वव्यापक भाव है। प्रेम को जो लोग पा लेते हैं, उन्हें और किसी चीज या ज्ञान की आवश्यकता नहीं रह जाती। वे ईश्वर के सर्व व्यापी स्वरूप को जान जाते हैं। स्त्री, भाई, पुत्र आदि के प्रति व्यक्ति के मन में सहज व स्वाभाविक प्रेम होता है, पर इसे सच्चा प्रेम नहीं कहा जा सकता है। प्रेम सच्चा किसी कारण पर खड़ा नहीं होता। वह सदा एक समान रहता है। रसखान कहते हैं - इस दुनिया में अपने शरीर के प्रति, अपने सुखों के प्रति प्रेम सबसे अधिक होता है लेकिन सच्चा प्रेम इससे भी बढ़कर होता है। शुद्ध प्रेम में द्वैत भावना नहीं रहती, बल्कि दोनों प्रेमी मिलकर आपस में दूध व पानी की तरह घुल मिल जाते हैं। प्रेम सब तरह की मुक्तियों से उत्तम है। प्रेम से ही संसार अस्तित्व में है और ईश्वर भी प्रेम के ही अधीन हैं। जो प्रेम आनंददायक, प्राकृतिक, निःस्वार्थ, न मिटने वाला और एक रस होता है अर्थात हर स्थितियों में एक समान रहने वाला होता है, वही सच्चा प्रेम हो सकता है। प्रेम का स्वरूप ईश्वर की तरह ही विविध रूपधारी एवं नामधारी है। प्रेम का मार्ग बड़ा ही कठिन है, और जो जान-समझ जाते हैं, उनके लिए सहज व सुबोध भी है।

रसखान कहते हैं -

'बिन गुन जीवन रूप, धन, बिन स्वारथ हित जागि।
शुद्ध कामना ते रहित, प्रेम सकल रसखानि।।

रसखान के प्रेम का स्वरूप इतना विस्तृत और व्यापक है।

रसखान की भक्ति भावना

रसखान की भक्ति-भावना वैष्णव है। वैष्णव-भक्ति में 'नवधा' भक्ति की महत्ता है - स्मरण, श्रवण, कीर्तन, उपासना, वन्दन, पद-सेवा, आत्म विवेचन, सख्य, दास्य आदि नवधा भक्ति की विशेषताएं हैं।

रसखान के काव्य में ये सारे भक्ति भाव हैं। वैसे रसखान किसी बंधी-बांधी भक्ति के पीछे चलने वाले भक्त नहीं हैं। इनके काव्य में प्रेम-भक्ति की ही बाहुल्यता है। प्रेम-भक्ति से तात्पर्य माधुर्य-भक्ति से है, जिसमें रूपवर्णन, विरह-वर्णन और तन-मन से आत्मसमर्पण है। रूप वर्णन का एक नमूना यहां प्रस्तुत है - 'मोतिन माल बनी नट कै, लटकी लट वालट घुंघरवारी। अंग ही अंग जराव लसै अरू सीस लसै पगिया जरतारी।

रस खान वल्लभ संप्रदाय को मानने वाले थे। ये वल्लभाचार्य की परंपरा में आते हैं लेकिन इस परंपरा के भक्तों की तरह लकीर के फकीर नहीं हैं। इनके काव्यों में भावों की प्रधानता है, नियमों की नहीं। शायद यही वजह है कि रसखान के काव्य में जितना कृष्ण के प्रति अनुराग उभर कर सामने आया है, उतनी ही दूसरे देवी-देवताओं के प्रति इनकी आस्था है।

ऐसी भक्ति-भावना इस काल के दूसरे कृष्ण-भक्तों में बहुत कम ही देखने को मिलती है।

भाषा-शैली

भाषा पर जिस कवि की जितनी ही अच्छी पकड़ होती है, भाव उतने ही उभर कर सापने आते हैं और वह अपने मन की बातें उतनी ही सहजता से कह भी पाता है और सामने वालों को समझा भी पाता है।

रसखान की शब्द-योजना बहुत ही सटीक और सुबोध है। इन का शब्द-चयन कई भावों को व्यक्त करने में पूरी तरह से समर्थ है। रसखान के काव्य में अलंकार-योजना भी बहुत ही सुंदर ढंग से की गई है। रसखान के

काव्य में शब्दालांकार और अर्थालंकार दोनों का ही इस्तेमाल किया गया है। अनुप्रास के साथ-साथ रसखान ने यमक अलंकार का भी प्रयोग किया है।

रसखान के काव्य में संस्कृत, उर्दू तथा फारसी के प्रचलित शब्द ही हैं। ब्रजभाषा को रसखान ने बेशक एक नवीनता प्रदान की है।

रसखान ने अपने काव्य में तीन तरह के छन्दों का प्रयोग किया है - सवैया, कवित्त और दोहा। सवैया के लय तथा सौष्ठव की आचार्यों ने भूरि-भूरि प्रशंसा की है। सवैया लिखने में रसखान जितने निपुण और कुशल हैं, शायद ही कोई अन्य कवि है। यही वजह है कि रसखान और सवैया दोनों शब्द एक दूसरे के पूरक बन गए हैं। रसखान के काव्य की पहचान देखा जाए तो उनके द्वारा लिखित सवैयों के कारण ही है।

आचार्य रामचंद्र शुक्ल ने रसखान की भाषा-शैली के विषय में लिखा है - 'रसखन की भाषा बहुत चलती, सरल और शब्दों के आंडबर से मुक्त है। शुद्ध ब्रज भाषा को जो चलतापन और सफाई रसखान के काव्य में मिली है, वह अन्यत्र दुर्लभ है।' रसखान की भाषा बेशक सुबोध और सरल है। इतना ही नहीं रसखान के काव्य में समस्त अलंकरों सहित लोकोत्तियों का भी बाहुल्य है, जिससे इनका काव्य कालजयी बन गया है और सर्वप्रिय भी हो गया है।

रसखान के काव्य में रस

काव्य की जान रस होता है। रस के बिना किसी भी काव्य में मिठास और सजीवता नहीं आती है। रसखान के काव्य में रस-योजना बेजोड़ है, जिससे उनका काव्य विलक्षण और अलौकिक बन गया है। श्रृंगाररस की अधिकता रसखान के काव्य में स्वाभाविक रूप से दिखती है।

श्रृंगार रस में संयोग श्रृंगार और वियोग श्रृंगार ये दो ही आते हैं। संयोग श्रृंगार में रसखान ने रूप-वर्णन, प्रेम-व्यवहार वर्णन और नायिका-भेद का वर्णन किया है। रसखान के काव्य के नायक-नायिका राधा और कृष्ण हैं। दोनों के सौंदर्य का वर्णन किया है। कृष्ण के सौंदर्य का वर्णन करते हुए रसखान ने बताया है कि उस नटवर कृष्ण के गले में मोतियों की माला पड़ी है। उनकी घूंघर वारी केश-राशि लटक रही है। शरीर के प्रत्येक अंग में जड़ाऊदार गहने और सिर पर जरीदार पगड़ी है। ऐसे सौंदर्य को वही देख सकता है, जिसने

बहुत पुण्य किए हों। इसी तरह से रसखान ने प्रेम–व्यवहार और नायिका भेद का वर्णन अनूठे अंदाज में किया है।

वियोग श्रृंगार में पूर्णराग, मान, करुण और प्रवास का समावेश होता है। रसखान के काव्य में वियोग के मुख्य रूप से तीन भाव दिखाई देते हैं – पूर्ण राग, मान और प्रवास।

पूर्ण राग में प्रियतम के गुणों को सुनने मात्र से ही प्रेम का बीजारोपण हो जाता है। मन प्रियतम से मिलने के लिए व्याकुल हो उठता है। मान में प्रेयसी से रूठना आता है। प्रवास की उत्पत्ति तब होती है जब प्रियतम किन्हीं कारणों से या किसी कार्यवश प्रियतमा से दूर चला जाता है।

रसखान ने अपने काव्यों में वियोग के इन तीनों पक्षों को बड़ी खूबी के साथ उभारा है। रसखान मूलतः भक्त हैं। मन में स्वाभाविक रूप से जो पैदा हुआ है, उसे ही शब्दों के रूप में ढाला है। राधा–कृष्ण को अपने हृदय में बसाकर हम कह सकते हैं, रसखान ने अपने काव्य में श्रृंगार रस की अनुपम योजना की है, जिसमें वियोग और संयोग दोनों की ही प्रस्तुति अनूठी बन पड़ी है। रसखान ने जो कुछ भी लिखा है, वह स्वाभाविक है। उसमें बनावटीपन नहीं है।

प्रेम-वाटिका

प्रेम अयनि श्री राधिका, प्रेम-वरन नंदनन्द।
प्रेम-वाटिका के दोऊ, माली-मालिन द्वन्द्व॥1॥

राधा-कृष्ण के अनूठे प्रेम के बारे में बताया गया है। रसखान कहते हैं-राधा कोई मामूली स्त्री नहीं हैं, वह तो साक्षात् प्रेम-अयनि हैं अर्थात् प्रेम की धाम हैं। प्रेम इनके हृदय से ही फूटता है और कृष्ण क्या हैं....कृष्ण तो प्रेम के स्वरूप हैं। इन्हें प्रेम की फुलवारी के मालिन और माली का युगल कहा जाए तो क्या गलत है अर्थात ये प्रेम-फुलवारी के माली-मालिन हैं। इनके संयोग के बिना तो प्रेम विस्तार ही नहीं प्राप्त कर सकता।

कहने का भाव है- प्रेम को जानना हो तो राधा-कृष्ण के प्रेम को महसूस करना आवश्यक है।

प्रेम प्रेम सब कोउ कहत, प्रेम न जानत कोई।
जो जन जाने प्रेम तौ, परै जगत क्यों रोइ॥2॥

रसखान कहते हैं- प्रेम-प्रेम सभी कहते हैं लेकिन प्रेम को कोई नहीं जानता है। व्यक्ति प्रेम को अगर जान जाएं तो संसार में रो-रो कर न मरें।

कहने का भाव है - प्रेम से सभी वाकिफ हैं। प्रेम सभी करना चाहते हैं, पर वे प्रेम क्या खाक करेंगे जब प्रेम को ठीक से जानते ही नहीं? अगर वास्तव में इस दुनिया के लोग प्रेम जानते तो न ही रो-रो कर मरते और न ही प्रेम में कोई विघ्न-बाधा ही आती। प्रेम-प्रेम बोलने से अधिक प्रेम को जानना आवश्यक है।

प्रेम अगम अनुपम अमित, सागर सरिस बखान।
जो आवत यहि ढिंग बहुरि, जात नाहिं रसखान॥

रसखान कहते हैं – प्रेम कोई अदना-सी चीज नहीं है। यह अगम, अनुपम और अपार है। सागर के समान अथाह है। जो भी कोई प्रेम के समीप आता है। फिर वह लौट कर वापस नहीं जा पाता है अर्थात व्यक्ति प्रेम से दूर नहीं जा पाता है।

कहने का भाव है कि जो प्रेम को जान जाते हैं, फिर वे प्रेम को छोड़ नहीं पाते हैं। उन्हें उसमें डूब जाना तक भी मंजूर होता है।

प्रेम-वारुनी छानि कै, वरुन भरा जलधीस।
प्रेमहिं तें विष-पान करि, पूजे जात गिरीस।।4।।

इस दोहे में प्रेम की महत्ता को बड़े ही सुंदर ढंग से उदाहरण के साथ दर्शाया गया है।

रसखान कहते हैं – प्रेम की शराब छानने से वरुण जल के स्वामी बन गए और प्रेम से ही जहर पीने से भगवान भोलेनाथ पूजनीय बन गए।

कहने का भाव है – प्रेम में बहुत ही शक्ति है। प्रेम के अभाव में कोई महान नहीं बन सकता है। हजार गुणों से भी बढ़कर प्रेम की महिमा है। प्रेम से ही व्यक्ति दिलों पर राज्य कर सकता है। प्रेम विहीनज्ञान निरर्थक है।

प्रेम-रूप दर्पन अहो, रचै अजूबो खेल।
या मैं अपनो रूप कछु लखि परि है अनमेल।।5।।

रसखान कहते हैं- जो प्रेम रूपी यह शीशा यानी आईना है, इसके खेल भी बड़े निराले और विचित्र हैं। प्रेम रूपी आईने में व्यक्ति को अपना चेहरा दिखता तो है, पर सहज होता नहीं है। इसको व्यक्ति सहज अच्छी तरह से जान-समझ कर ही बना सकता है। प्रेम के अद्भुत खेल को पहचानना जरूरी है, तभी प्रेम की प्राप्ति हो सकती है।

कमल-तन्तु सो छीन अरु, कठिन खड़ग की धार।
अति सूधो टेढ़ो बहुरि, प्रेम-पंथ अनिवार।।6।।

रसखान कहते हैं- प्रेम का मार्ग बहुत ही अनोखा है। प्रेम कमल के रेशा की तरह पतला यानी बारीक तथा तलवार की धार की तरह पैना भी है। प्रेम सहज भी है और कठिन भी है।

भावार्थ है कि जिसने प्रेम के मर्म को समीप से समझ लिया, उसने उसे पा लिया और जिसने प्रेम को नहीं समझा उसके लिए यह अप्राप्य और दुर्लभ होता चला गया।

लोक वेद मरजाद सब, लाज काज सन्देह।
देत बहाए प्रेम करि, विधि निषेध को नेह॥7॥

रसखान कहते हैं - लोक वेद मरजाद यानी संसाद की मर्यादा, वेदों की मर्यादा, लाज, कार्य और संदेह - ये सभी प्रेम का दामन थामने से स्वत: ही दूर हो जाते हैं क्योंकि नेह यानी प्रेम विधि और निषेध को अच्छी तरह जानता है।

कहने का भाव है - प्रेम करने से रुढ़िगत विधि-नियम सब प्रेम के सामने झूठे पड़ जाते हैं और व्यक्ति का जीवन सहज व आसान हो जाता है।

कबहुं न जा पथ भ्रम तिमिर, बहै सदा सुख चन्द।
दिन दिन बाढ़त ही रहत, होत कबहुं नहिं मन्द॥8॥

रसखान कहते हैं - प्रेम के मार्ग में भूलकर भी शक का अंधेरा नहीं रहता है। हमेशा सुख चन्द यानी सुख का उजाला बहता रहता है और यह सुख का चांद रोजाना धीरे-धीरे बढ़ता ही रहता है। कभी सुख के चांद रूपी उजाला कम नहीं होता है।

कहने का भाव है - प्रेम हमेशा व्यक्ति को आनंद-ही-आनंद देता है। दु:खों का साया तक भी पास नहीं आ पाता है।

भले वृथा करि पचि मरौ, ज्ञान गरूर बढ़ाय।
बिना प्रेम फीको सबै, कोटिन किये उपाय॥9॥

रसखान कहते हैं - अपने ज्ञान पर अभिमान करके व्यक्ति उसके महत्व को बढ़ाने के लिए कितनी भी कोशिश कर ले, मर ही क्यों न जाएं लेकिन उसका यह प्रयास बेकार ही जाता है। क्योंकि बिना प्रेम के ज्ञान फीका ही होता है, ज्ञानी भले ही करोड़ो उपाय कर ले, सब व्यर्थ ही जाता है।

कहने का भाव कि ज्ञान को बढ़ाना है तो पहले प्रेम को जानना और प्रेम करना जरूरी है।

स्रुति पुरान आगमन स्मृतिहि, प्रेम सबहि को सार।
प्रेम बिना नहिं उपजे हिय, प्रेम-बीज-अंकुवार॥10॥

रसखान कहते हैं- वेद, पुराण, शास्त्र, स्मृति इन सबका ही सार प्रेम है। प्रेम के बिना हृदय में प्रेम का बीज अंकुरित नहीं हो सकता।

भावार्थ है कि प्रेम सब ग्रंथों का निचोड़ है, सार है, मूल है। प्रेम के बिना वेद, पुराणों का ज्ञान अधूरा है।

आनंद अनुभव होत नहीं, बिना प्रेम जग जान।
कै वह विष यानंद के, कै ब्रह्मानंद बखान॥11॥

रसखान कहते हैं- मनुष्य को यह अच्छी तरह से मालूम होना चाहिए कि बिना प्रेम के संसार में आनंद की अनुभूति नहीं हो सकती। जहां प्रेम होता है, वहीं आनंद होता है। प्रेम चाहे सांसारिक सुखों या विषय वासना के प्रति हो या ईश्वर संबंधी विषयों के प्रति हो, वह इन दोनों ही हालातों में प्रसन्नता तथा खुशी की अनुभूति ही कराने वाला होता हैं

कहने का भाव है कि प्रेम जिस किसी भी चीज से कोई करे उसे आनंद ही मिलता है। जीवन में प्रेम जरूरी है।

ज्ञान करम रु उपासना, सब अहमिति को मूल।
दढ़ निस्चय नहिं होत बिन, किए प्रेम अनुकूल॥12॥

रसखान कहते हैं- ज्ञान, कर्म-काण्ड तथा उपासना की उत्पत्ति अभिमान से ही होती है। प्रेम किये बिना, ईश्वर के प्रति अनुराग बढ़ाए बिना व्यक्ति के मन में सात्विक ज्ञान पैदा हो ही नहीं सकता।

कहने का भाव है कि प्रेम जो करते हैं या प्रेम को जो जानते हैं, उन्हें अहंकार छू तक भी नहीं पाता है और उन्हें ही सच्चे अर्थों में ज्ञान का बोध भी होता है। प्रेम अहंकार का नाश करता है और ज्ञान को अच्छे कार्यों की ओर ले जाता है।

सास्त्रन पढ़ि पंडित भए, कै मौलवी कुरान।
जु पै प्रेम जान्यौ नहीं, कहा कियौ रसखान॥13॥

रसखान कहते हैं- आदमी शास्त्रों को पढ़ कर भले ही पंडित बन जाए या कुरान को पढ़कर मौलवी बन जाए। यदि उसने प्रेम का पाठ नहीं पढ़ा तो यह सारा ज्ञान बेकार है।

कहने का भाव है कि बिना प्रेम के शास्त्र व कुरान का ज्ञान व्यर्थ है। कुछ भी हासिल नहीं होने वाला।

काम क्रोध मद मोह भय, लोभ द्रोह मात्सर्य।
इन सबहीं तें प्रेम है, परे कहत मुनिवर्य।।4।।

रसखान कहते हैं - काम, क्रोध, अहंकार, भय, लोभ, शत्रुता, ईर्ष्या आदि से प्रेम परे यानी अछूता होता है। प्रेम जो करते हैं, उनमें ये सारे अवगुण नहीं होते हैं,। ऐसा मुनि श्रेष्ठों का कहना है।

कहने का भाव है कि जो व्यक्ति प्रेम करते हैं उनमें किसी भी तरह के ऐसे भाव नहीं होते, जो दूसरों को या स्वयं उसको नुकसान पहुंचा सकें। वह हमेशा सबका भला ही सोचता है।

बिन गुन जोबन रूप धन, बिन स्वारथ हित जानि।
सुद्ध कामना तें रहित, प्रेम सकल रसखानि।।15।।

रसखान कहते हैं - बिना गुण के, यौवन के, रूप के, धन के, नि:स्वार्थ, इच्छाओं से रहित पवित्र प्रेम ही सारे सुखों और आनंदों का धाम होता है।

कहने का भाव है कि जिस प्रेम में कुछ पाने की नहीं, देने की इच्छा होती है और सहजता कूट-कूट कर भरी होती है, वही प्रेम आनंदायक होता है। प्रेम का सात्विक रूप यही है।

अति सूक्षम कोमल अतिहि, अति पतरो अति दूर।
प्रेम कठिन सब तें सदा नित इकरस भरपूर।।16।।

रसखान कहते हैं- सात्विक और सच्चा प्रेम बहुत ही सक्ष्म, कोमल, अति नाज़ुक तथा अति दूर यानी अगम्य होता है। यह प्रेम सब से कठिन है और हमेशा एक समान रहने वाला तथा सभी भावों से भरापूरा है।

कहने का भाव है कि प्रेम का सच्चा और शाश्वत स्वरूप यही है। ऐसा प्रेम ही व्यक्ति को इंसान से देवतुल्य बनाता है।

जग मैं सब जान्यौ परै, अरु सब कहै कहाइ।
मैं जगदीस रु प्रेम यह, दोऊ अकथ लखाइ।।17।।

रसखान कहते हैं- दुनिया की सारी चीजों को बुद्धि और ज्ञान से व्यक्ति जान सकता है और इन के गुण, अवगुण व स्वभाव के बारे में वह अपने मुख से बोल भी सकता है, लेकिन भगवान और प्रेम ये दोनों ही बुद्धि और ज्ञान से परे हैं यानी इनके बारे में न तो कुछ कहा जा सकता है और न ही कुछ जाना ही जा सकता है। प्रेम और भगवान अवर्णनीय हैं।

कहने का भाव है कि प्रेम ईश्वर के समान ही अगम, अगोचर ओर सूक्ष्म तथा अकथ्य है। प्रेम को जिसने जान लिया, उसने ईश्वर को भी जान लिया।

जेहि बिनु जाने कछुहि नहिं, जान्यौ जात विसेष।
सोइ प्रेम जेहि जानिकै, रहि न जान कछु सेष॥18॥

रसखान कहते हैं- जिस प्रेम को अच्छी तरह से महसूस किए बिना दूसरी किसी भी चीज का ज्ञान नहीं होता तथा जिसे जानने के बाद हर चीज का बोध हो जाता है, वही प्रेम है, जिसका ज्ञान होने के बाद कुछ भी जानने की आवश्यकता नहीं रह जाती।

कहने का भाव है कि प्रेम को जानने के बाद हर वस्तु की जानकारी स्वत: ही हो जाती है। प्रेम तो प्रेम है, इसमें सब कुछ समझने की शक्ति है।

दम्पत्ति-सुखअरु विषम-रस, पूजा निष्ठा ध्यान।
इन तैं बखानि यै, सुद्ध प्रेम रसखान॥19॥

रसखान कहते हैं- जो प्रेम पारिवारिक जीवन के आनंद से, भौतिक आनंद से, पूजा से, धर्म के प्रति आस्था से और ध्यान आदि से मुक्त यानी एकदम विशुद्ध होता है, वही प्रेम सारे सुखों और खुशियों का धाम है।

मित्र कलत्र सुबन्धु सुत, इनमें सहज स्नेह।
सुद्ध प्रेम इनमें नहीं, अकथकण सबिसेह॥20॥

रसखान कहते हैं- मित्र, स्त्री, हितैषी भाई, पुत्र इन चारों के प्रति स्वाभाविक प्रेम होता है। लेकिन यह सच्चा प्रेम नहीं है क्योंकि सच्चा प्रेम तो विशेष रूप से अकथ यानी अकहनीय होता। उसे व्यक्त नहीं किया जा सकता।

कहने का भाव है कि प्रेम सच्चा वही है, जिसमें लेशमात्र भी स्वार्थ न हो।

इक अंगी बिनु कारनहिं, इक रस सदा समान।
गनै प्रियहिं सर्वस्य जो, सोई प्रेम समान॥21॥

रसखान कहते हैं- जो प्रेम निःस्वार्थ हो और हमेशा एक जैसे ही आनंद से भरा हुआ हो अर्थात आनंद कभी कम न होता हो और जिसके होने पर अपने प्रियतम को ही सब कुछ माना जाता हो, वही सच्चा और पवित्र प्रेम है।

कहने का भाव है कि प्रेम में आनंद की कमी नहीं होनी चाहिए, उसमें लेने की कोई भावना नहीं होनी चाहिए और जिससे प्रेम हो जाए उस पर ही अपना सब कुछ न्योछावर कर देना चाहिए। प्रेम का सच्चा स्वरूप यही है।

डर रैसदा चाहे न कछु, सहै सबै जो होय।
रहे एक रस चाहि कै, प्रेम बखानो सोय॥22॥

रसखान कहते हैं- शुद्ध प्रेम वह है, जिसमें प्रेम करने वाला इस बात को लेकर डरा-डरा सा रहे कि कहीं कोई भूल न हो जाए। सच्चा प्रेम तो स्वार्थ से परे होता है और हर तरह की परेशानियों को बर्दाश्त करने के लिए हर पल तैयार बैठा हुआ रहता है तथा हमेशा प्रेम में एक रस को महसूस करता है अर्थात उसे और कुछ सूझता ही नहीं है।

कहने का भाव है कि जो लोग सच्चे प्रेमी होते हैं, वे अपने प्रेम के प्रति बहुत ही सजग और संवेदनशील होते हैं। उनमें त्यागभावना होती है।

प्रेम प्रेम सब कोउ कहै, कठिन प्रेम की फांस।
प्रान तरफि निकरै नहीं, केवल चलत उसांस॥23॥

रसखान कहते हैं- प्रेम-प्रेम की रट सभी लगाते हैं यानी सच्चा प्रेम होने की बात करते हैं, लेकिन वे यह नहीं जानते कि प्रेम का कांटा बहुत ही चुभने वाला होता है। इसमें प्राण निकलता नहीं है, सिर्फ तड़फड़ाता ही रहता है। इसकी चोट बड़ी ही खतरनाक होती है। व्यक्ति जिंदा ही मरा हुआ जैसा हो जाता है और उसकी केवल सांस ही आती-जाती है।

कहने का भाव है कि प्रेम करना इतना आसान नहीं है, जितना लोग समझते हैं। इसकी फांस बहुत ही पीड़ा दायक होती है।

प्रेम हरी को रूप है, त्यों हरि प्रेम स्वरूप।
एक होई द्वै यों लसै, ज्यों सूरज पर धूप॥24॥

रसखान कहते हैं- प्रेम ईश्वर का स्वरूप है और ईश्वर भी प्रेम का रूप है। एक होकर भी दोनों दो रूपों में दिखते हैं जैसे सूर्य और धूप।

कहने का भाव है कि ईश्वर को प्रेम के माध्यम से ही जाना जा सकता है और प्रेम को ईश्वर के प्रति निष्ठावान होकर समझा जा सकता है। इन दोनों में कोई अन्तर नहीं है। प्रेम और ईश्वर को एक-दूसरे से अलग करके न देखें। सूरज और धूप भी तो एक ही हैं, लेकिन दिखते दो रूपों में हैं।

ग्यान ध्यान विद्या मती, मत-विस्वास विवेक।
बिना प्रेम सब धूरि है, अगजग एक अनेक॥25॥

रसखान कहते हैं- ज्ञान, ध्यान, विद्या, बुद्धि, नाना तरह के विचारों पर विश्वास तथा विवेक आदि सब प्रेम के अभाव में धूल के समान हैं क्योंकि प्रेम ही एक ऐसा है, जो ईश्वर की तरह एक होकर भी विभिन्न रूपों में इस सृष्टि में विद्यमान है। कहने का भाव है कि प्रेम के बिना बुद्धि, विवेक, ध्यान सब व्यर्थ हैं। प्रेम को जान लेने के बाद ही इन सब का महत्व है।

प्रेम फांस में फांसि मरे, सोई जिए सबहिं।
प्रेम मरम जाने बिना, मरि कोई जीवत नाहिं॥26॥

रसखान कहते हैं- प्रेम-फंदे में फंस कर जो इहलोक त्याग देता है, उसका मरना व्यर्थ नहीं जाता है, वह हमेशा जिंदा रहता है यानी वह अमरता को पा जाता है। प्रेम का बंधन ऐसा है। जो लोग प्रेम के मर्म को जानते हैं, वे मरने के बाद जिन्दा नहीं रहते हैं अर्थात उन्हें कोई याद नहीं रखता।

कहने का भाव है कि प्रेम के बंधन में बंध जाने के बाद व्यक्ति भले ही मर जाए, पर उसका नाम हमेशा जिन्दा रहता है। वह कभी मरता नहीं है।

जग मैं सब तें अधिक अति, ममता त नहिं लखाय।
मैं या तर हूं तें अधिक, प्यारी प्रेम कहाय॥27॥

रसखान कहते हैं- दुनिया में सबसे ज्यादा शरीर के प्रति लगाव नजर आता है। लोग अपने शरीर से बहुत ही प्रेम करते हैं लेकिन शरीर से अधिक प्रेम प्यारा होता है।

कहने का भाव है कि प्रेम देह से भी अधिक महत्वपूर्ण है। जो प्रेम को नहीं जानते, वे शरीर से प्रेम कैसे कर सकते हैं। प्रेम को जानेंगे तभी तो शरीर से भी प्रेम करेंगे।

जेहि पाएं बैकुंठ अरु, हरि हूं की नहिं चाहि।
सोह अलौकिक सुद्ध सुभ, सरस सुप्रेम कहाहि।।28।।

रसखान कहते हैं- जिस प्रेम को पाने के बाद ईश्वर की और बैकुण्ठ की भी चाह नहीं रहती, वही प्रेम सहज, सच्चा, शुभ और अलौकिक होता है।

कहने का भाव है कि प्रेम ईश्वर तुल्य है और जब सच्चा प्रेम मिल जाता है तब ईश्वर और ईश्वर के धाम बैकुण्ठ की इच्छा करने की जरूरत ही क्या है? प्रेम मिल गया तो ईश्वर इससे अलग कहां है।

कोउ याहि फांसी कहत, कोउ कहत तरवार।
नेजा भाला तीर कोउ, कहत अनोखी ढार।।29।।

रसखान कहते है- प्रेम को कोई फांसी कहता है, कोई तलवार कहता है, कोई बरछी, भाला और तीर तो कोई अनूठी और अनुपम ढाल कहता है। प्रेम के रूप भी जाने कितने रंग और रस लिए हुए हैं।

कहने का भाव है कि प्रेम को जो व्यक्ति जिस रूप और रंग में देखता है, वह उसे वैसा ही दिखता है। जो व्यक्ति सच्चा प्रेम करते हैं उन्हें प्रेम अनोखी ढाल दिखता है और जिनके प्रेम में स्वार्थ होता है, उन्हें प्रेम फांसी, तलवार, भाला आदि रूपों में नजर आता है।

पै मिठास या मार के, रोम-रोम भरपूर।
मरत जिये झुकतौ थिरै, बनैसु चकनाचूर।।30।।

रसखान कहते हैं- प्रेम में मिठास है, इसलिए इसकी मार गहरी होकर भी मीठी होती है। प्रेम की मार से रोम-रोम मीठे आनंद से खिल उठता है। प्रेम में जो चोट खाता है या मरता है, वही जिन्दा भी रहता है और जो प्रेम में झुकता है वही थिरे यानी स्थिर रहता है। जो अपना 'मैं' त्याग कर प्रेम में आगे बढ़ता है, उसका ही जीवन सहज, सुन्दर और सुखद हो जाता है।

कहने का भाव है कि प्रेम करना है तो गिरकर संभलना आवश्यक है और 'मैं' को छोड़कर जो लोग प्रेम की ओर बढ़ते हैं, उन्हें प्रेम में मार नहीं खानी पड़ती है। प्रेम वे क्या करेंगे जो अहंकारी हैं।

पै एतो हू रम सुन्यौ, प्रेम अजूबो खेल।
जांबाजी बाजी जहां, दिल का दिल से मेल।।31।।

रसखान कहते हैं- प्रेम अद्‌भुत है। विचित्र है और अनूठा है। हमने बस इतना ही जाना है, प्रेम अजीब खेल है, जिसमें जान की बाजी लगाकर दिल से दिल लगाया जाता है।

कहने का भाव है कि प्रेम एक विचित्र खेल है और प्रेम करने से पहले जान को जोखिम में डालना आवश्यक है। जो किनारे पर ही बैठे रह जाते हैं, प्रेम के खेल में भाग लेने से कतराते हैं, उन्हें प्रेम हासिल नहीं होता है।

सिर काटौ छेदौ हियो, टूक टूक करि देह।
पै याके बदले बिहंसि, वाह वाह ही लेहु॥32॥

रसखान कहते हैं- प्रेम में आदमी अपना सिर काट लेता है तथा हृदय के कई टुकड़े कर लेता है तो बदले में तारीफ पाता है यानी प्रेम में ऐसे ही प्रेमी की कद्र होती है।

कहने का भाव है कि प्रेम को अग्नि-परीक्षा भी देनी पड़ती है, वह इसमें खरा उतरता है तो उसकी वाहवाही होती है। वह प्रंशसा को प्राप्त करता है और जीत उसी की होती है। प्रेम का मार्ग बहुत कठिन है, जिन्हें सर कटवाना है, हृदय को टूट-टूक करना है, वही प्रेम करने की सोचें।

अकथ कहानी प्रेम की, जानत लै ली खूब।
दो तनहूं जहं एक ये, मन मिलाई महबूब॥33॥

रसखान कहते हैं- प्रेम की कहानी अकथ यानी अवर्णनीय है। इसका वर्णन करना कठिन ही नहीं असंभव भी है। इस प्रेम की कहानी को लैला बखूबी जानती-समझती थी। प्रेम में इतनी शक्ति है कि वह प्रेम करने वालों को तन और मन से मिलाकर एक कर के दम लेता है।

कहने का भाव है कि दो तन और दो मन को मिलाकर एक कर देने की शक्ति बस प्रेम में ही है।

दो मन इक होते सुन्यौ, पै वह प्रेम न आहि।
हौइ जबै द्वै तनहुं इक, सोइे प्रेम कहाहि॥34॥

रसखान कहते हैं- दो दिलों को हमने प्रेम में एक होते सुना है, पर वह सच्चा प्रेम नहीं है अर्थात उसे असली प्रेम नहीं कहा जा सकता। जब दो देह एक दूसरे में समा जाती है तो उसे ही प्रेम कहा जाता है।

कहने का भाव है कि प्रेम में दिल तो दिल से मिलता ही है, शरीर से शरीर का मिलना भी आवश्यक है।

याही तें सब मुक्ति तें, लही बड़ाई प्रेम।
प्रेम भए नसि जाहिं सब बंधे जगत के नेम।।35।।

रसखान कहते हैं- प्रेम दो शरीरों को एक कर देता है, यही वजह है कि मुक्ति यानी मोक्ष से भी ज्यादा बड़ाई प्रेम की होती है। रसखान ने प्रेम को जीवन-मरण के बंधन से मुक्ति दिलाने वाले मोक्ष से भी श्रेष्ठ कहा है। प्रेम अनुपम तो है ही, उसके होने पर संसार के सारे कायदे-कानून भी टूट जाते हैं।

कहने का भाव है कि दो प्रेमी दुनिया में किसी भी नियम को नहीं मानते हैं। प्रेम में अपार शक्ति है और आकर्षण है।

हरि के सब आधीन पै, हरी प्रेम-आधीन।
याही तें हरि आपुहीं, याहि बड़प्पन दीन।।36।।

रसखान कहते हैं- पूरी दुनिया और दुनिया के सभी जीव-जन्तु ईश्वर के अधीन हैं, लेकिन ईश्वर प्रेम के अधीन है, यही वजह है कि ईश्वर ने प्रेम को स्वयं से भी अधिक बड़ा और आदरणीय माना है।

कहने का भाव है कि प्रेम ईश्वर से भी बड़ा है। ईश्वर प्रेम के अधीन हैं, तभी तो उन्हें अपने भक्तों के प्रेम के आगे झुकना पड़ जाता है।

वेद मूल सब धर्म यह, कहैं सबे स्रुतिसार।
परम धर्म है ताहु तें, प्रेम एक अनिवार।।37।।

रसखान कहते हैं- वेद सभी धर्मों के सार हैं और उनका कारण भी हैं लेकिन प्रेम को श्रुतियों का सार कहा जाता है, यही कारण है कि प्रेम सबसे बड़ा धर्म है तथा सभी प्राणियों के जीवन के लिए अनिवार्य भी है।

कहने का भाव है कि प्रेम कोई साधारण चीज नहीं, यह तो श्रुतिसार और सबसे बड़ा धर्म है। इसके बिना तो दुनिया चल ही नहीं सकती।

जदपि जसोदानन्द अरु ग्वाल बाल सब धन्य।
पै या जग में प्रेम कौं गोपी भई अनन्य।।38।।

रसखान कहते हैं- भगवान कृष्ण का संग-साथ और प्रेम पाने के कारण

गोप-गोपियां आदि सब धन्य हो गए, लेकिन इस दुनिया में कृष्ण के प्रति एकनिष्ठ प्रेम होने के कारण गोपियां अनन्य यानी कृष्णमय बन गई अर्थात उनका स्थान सबसे ही ऊपर हो गया।

कहने का भाव है कि गोपियों ने पूरी निष्ठा के साथ कृष्ण से प्रेम कर वह स्थान प्राप्त कर लिया, जो देवताओं को भी प्राप्त नहीं है। ये सब प्रेम की ही तो महिमा के कारण संभव हो सका।

वा रस की कछु माधुरी, ऊधो लही सराहि।
पावै बहुरि मिठास अरु, अब दूजो को आहि॥39॥

रसखान कहते हैं- उद्धव तो ज्ञानमार्गी थे। लेकिन उन्हें भी प्रेम की महत्ता के आगे झुकना ही पड़ा और कृष्ण के प्रति गोपियों का अनन्य प्रेम देखकर उन्होंने भी प्रेम की मिठास को सराह कर ग्रहण किया। प्रेमानंद की जो मीठी अनुभूति उद्धव ने की, अब उस मिठस को दुबारा दूसरा कैसे पा सकता है।

कहने का भाव है कि जो प्रेम को नहीं जानता है और ज्ञान ही उसके लिए सर्वश्रेष्ठ होता है, जब उसे प्रेम की सच्ची अनुभूति होती है, तब उसे उद्धव की तरह ही सराहकर प्रेम को स्वीकार करना पड़ता है और प्रेमानंद का यह माधुर्य उसके लिए अद्वतीय होता है।

स्रवन कीरतन दरसनहिं जो उपजत सोइ प्रेम।
सुद्धासुद्ध विभेद ते, द्वैविध ताके नेम॥40॥

रसखान कहते हैं-सुनने, कीर्तन करने, देखने आदि से जो प्रेम मन में पैदा होता है, वही शुद्ध और अशुद्ध, निःस्वार्थ और स्वार्थ, ये दो तरह के प्रेम होते हैं।

स्वारथ मूल असुद्ध त्यों, सुद्ध स्वभावानुकूल।
नारदादि प्रस्तार करि, कियौ जाहि को तूल॥4॥

रसखान कहते हैं- अगर प्रेम स्वार्थवश पैदा हुआ है तो वह अशुद्ध यानी अपवित्र प्रेम है। उसमें आसक्ति और कुछ हथियाने की भावना है। अगर प्रेम निःस्वार्थ भावना से पैदा हुआ है तो वह शुद्ध यानी पवित्र प्रेम है। न तो उसमें आसक्ति है और न ही कुछ पाने की चाह। नारद आदि श्रेष्ठ मुनियों ने शुद्ध-अशुद्ध इन दोनों ही तरह के प्रेम के बारे में सविस्तार कहा है।

कहने का भाव है कि प्रेम के भेद को समझना आवश्यक है, वरना धोखा हो सकता है।

रसमय स्वाभाविक बिना, स्वारथ अचल महान।
सदा एक रस सुद्ध सोइ, प्रेम अहै रसखान॥42॥

रसखान कहते हैं- जो प्रेम आनंदमय, स्वाभाविक, निःस्वार्थ भावना से परिपूर्ण, अचल, महान और हमेशा एक समान रहने वाला होता है, वही शुद्ध यानी सच्चा प्रेम है।

कहने का भाव है कि वह प्रेम नहीं, जो शर्तों पर होता है, शर्तों पर होने वाला प्रेम प्रेम नहीं बल्कि व्यापार है।

जातैं उपजल प्रेम सोह, बीज कहावत प्रेम।
जामैं उपजत प्रेम सोह, क्षेत्र कहावत प्रेम॥43।

रसखान कहते हैं- जिससे प्रेम उत्पन्न होता है, वही प्रेम का बीज होता है और जिसमें प्रेम होता है, वह प्रेम का क्षेत्र कहलाता है। कहने का भाव है कि जो प्रेम का कारण होता है वह प्रेम का जनक होता है और जो प्रेम को धारण करता है वह प्रेम को आगे बढ़ाता है।

जातें पनपत बढ़त अरु, फूलत फलत महान।
सो सब प्रेमहिं प्रेम यह, कहत रसिक रसखान॥44॥

रसखान कहते हैं- जिससे प्रेम पैदा होता है, पनपता और बढ़ता है, फूलता, फलता है, यह सब प्रेम का ही स्वरूप है।

कहने का भाव है कि प्रेम के रूप अनेक हैं, उसका होना, बढ़ना, फलना-फूलना सब अनुभव करने की चीजें हैं। प्रेमीजनों को ही यह सब महसूस होता है।

वही बीज अंकुर वही, सेक वही आधार।
डाल-पात फल फूल सब, वही प्रेम सुख सार॥45॥

रसखान कहते हैं- प्रेम ही बीज है, प्रेम ही अंकुर है, प्रेम ही सिंचन है और प्रेम ही आधार है। डाल, पत्ते, फल, फूल और सुखों का सार प्रेम ही है।

कहने का भाव है कि जगत में जो भी कुछ स्वाभाविक रूप से घट रहा है, वह प्रेम है और सृष्टि का आधार भी प्रेम ही है। प्रेम से भागकर आदमी कहां जा सकता है।

जो तातैं जामैं बहुरि, जा हित कहिया वेष।
सो सब प्रेमहिं प्रेम है, जग रसखानि असेष॥46॥

रसखान कहते हैं- इस संसार में जितनी भी विशेषताएं विद्यमान हैं, वे सब प्रेम रूप से ही अस्तित्व में हैं अर्थात प्रेम-रूप के कारण ही इस चराचर सृष्टि की सब वस्तुएं प्रकाशमान हैं।

कारज कारन रूप यह, प्रेम कहै रसखान।
कर्ता कर्म क्रिया करन, आपहि प्रेम बखान॥47॥

रसखान कहते हैं- प्रेम से ही यह संसार है यानी प्रेम ने ही इस सृष्टि की उत्पत्ति की है। प्रेम न होता तो फिर यह सृष्टि भी न होती। इस सृष्टि की रचना का स्वरूप भी प्रेम युक्त है। प्रेम ही कर्ता है, कार्य है, क्रिया है तथा परम पिता परमेश्वर का रूप भी प्रेम ही है।

कहने का भाव है कि यह सृष्टि प्रेममय है। प्रेमविहीन इसे नहीं किया जा सकता।

देखि गदर हित-साहिबी, दिल्ली नगर मसान।
छिनहि बादसा-बंस की, ठसक छोड़ि रसखान॥48॥

रसखान ने इस दोहे में खुद के बारे में वर्णन किया है-दिल्ली में सिंहासन को हथियाने के लिए गदर देखकर, दिल्ली को श्मशान में तब्दील होता हुआ देखकर और पठान शहंशाहों के वेश का झूठा मान मर्दन होता हुआ देखकर रसखान ने दिल्ली को फौरन ही छोड़ दिया अर्थात वह किसी और जगह के लिए प्रस्थान कर गए।

प्रेम-निकेतन श्रीबनहिं, आई गोबर्धन धाम।
लह्यौ सरन चित चाहिकै, जुगल सरूप ललाम॥49॥

रसखान कहते हैं- मैं दिल्ली से सीधे वृंदावन आ गया और वहां के गोवर्धन नामक स्थान पर रहने लगा तथा यहीं पर ही राधा-कृष्ण के सुंदर

और मोहक रूप का दर्शन हुआ, फिर मैं राधा-कृष्ण की भक्ति में मग्न हो गया।

रसखान में जो भी परिवर्तन हुआ, वह ब्रज में आने के बाद ही हुआ। वह कृष्ण भक्त यहीं पर आकर बने।

तोरि मानिनी तें हियो, फोरि मोहिनी-मान।
प्रेमदेव की छबिहि लखि, भए मियां रसखान।।50।।

रसखान कहते हैं- प्रेम करने वाली स्त्री का दिल तोड़कर तथा मन को अपनी तरफ आकर्षित करने वाली स्त्रियों के मान को चकनाचूर कर यह रसखान कृष्ण के सौंदर्य की शोभा में ऐसा खो गया कि उसकी भक्ति में अपना सुधबुध गवां बैठा। उसे सांसारिक मोह-माया की कोई सुध ही नहीं रही।

कहने का भाव है कि ब्रज में रसखान के आते ही कृष्ण से ऐसा नाता जुड़ा कि रसखान कृष्णमय हो गए।

विधु सागर रस इन्दु सुभ, बरस, सरस रसखान।
प्रेम-वाटिका रचि रुचिर, चिर हिय हरषि बखान।।51।।

रसखान ने इस दोहे में अपने काव्य प्रेम-वाटिका के बारे में लिखा है। वह कहते हैं- मेंने प्रेम-वाटिका जैसे सहज, सौम्य और सार्थक काव्य को शुभ वर्ष संवत् 1671 में लिखा, तब मैं बहुत ही प्रसन्न और उल्लसित था।

अरपी श्री हरिचरन जुग पुहुप पराग निहार।
बिचरहिं या मैं रसिकबर, मधुकर निकर अपार।।52।।

रसखान कहते हैं- श्रीकृष्ण के पांवों के कमल-केसर को देखकर मैंने अपना प्रेम-वाटिका काव्य उनको भेंट कर दिया। भौंरों के झुण्ड रूपी बेशुमार रसिक व ज्ञानीजन प्रेम-वाटिका में बिहार करेंगे और लाभान्वित होंगे, ऐसा मुझे पूरा विश्वास है।

राधा-माधव सखिन संग, बिरहन कुंज-कुटीर।
रसिकराज रसखानि तहं, कूजत कोइल कीर।।53।।

रसखान कहते हैं- राधा-कृष्ण संगी-साथियों के साथ कुंज-कुटीर में विहार करते रहें और वहां रसखान कोयल तथा तोता बनकर मधुर कलरव करता रहे। रसखान की यही हार्दिक अभिलाषा है।

सुजान-रसखान

मानुष हों तो वही रसखानि बसौं ब्रज गोकुल गांव के ग्वारन।
जो पसु हौं तो कहा बसु मेरो चरौं नितनंद की धेनु मंझारन।
पाहन हौं तो वही गिरि को जो धर्‌यो कर छत्र पुरन्दर धारन।
जो खग हौं बसेरो करौं मिल कालिन्दी-कूल-कदम्ब की डारन॥1॥

कृष्णभक्त रसखान कहते हैं- अगले जन्म में मुझे मनुष्य बनना पड़े तो मेरा जन्म वहां हो जहां ब्रज या गोकुल है ताकि ग्वालों के साथ रह सकूं। अगर मैं अगले जन्म में पशु बनूं तो मेरा जन्म ब्रज या गोकुल में हो, जिससे मुझे प्रतिदिन नंद बाबा के गायों के बीच में घूमने-चरने का अवसर मिले। मैं पत्थर बनूं तो उसी पर्वत का बनूं, जिसे श्री कृष्ण ने इन्द्र का मान मर्दन करने के लिए अपनी उंगलियों पर छाते की तरह उठा लिया था। अगर मैं पक्षी बनूं तो मेरा वहीं जन्म हो, जहां यमुना के तट पर कदम्ब के वृक्ष खड़े हैं ताकि मैं उन वृक्षों की डालियों में अपना घोंसला बनाकर रहूं और श्रीकृष्ण के होने के अहसास मात्र से ही आनंदित होता रहूं।

जो रसना रस ना बिलसै तेहि देहू सदा निदा नाम उचारन।
मोकत नीकी करै करनी जु पै कुंज-कुटीरन देहु बुहारन।
सिद्धि समृद्धि सबै रसखानि न हौं ब्रज रेनु का-संग-संवारन।
खास निवास लियौ जु पै तो वही कालिन्दी-कूल-कदम्ब कीडारन॥2॥

कृष्ण भक्त रसखान कहते हैं- हे कृष्ण! आपकी ऐसी कृपा हो कि मैं सदा आप को स्मरण करता रहूं, जिससे मेरी जीभ को इंद्रियों का आनंद प्राप्त होता रहे। हे प्रभु, कुंज-कुटियों में मुझे झाड़ू लगाने दो ताकि मेरे हाथ अच्छे कार्य करते रहें। रसखान आगे कहते हैं कि हे कृष्ण, मुझे ब्रज की धूल में लोटने-पोटने दो ताकि मुझे दुनिया की सारी सिद्धियों और निधियों का सुखानंद

मिल जाए। हे माधव! तुम मुझे रहने के लिए कोई जगह देने की इच्छा रखते हो तो यमुना-तट पर खड़े उन्हीं कंदब के वृक्षों में दो, जिनकी डालियों पर बैठ कर तुम नाना तरह की रास-लीलाएं किया करते थे।

बैन वही उनको गुन गाई औ, कान वही उन बैन सों सानी।
हाथ वही उन गात सरै अरु पाइ वही जु वही अनुजानी।
जान वही उन आन के संग औ मान वही जु करै मनमानी।
त्यौं रसखान वही रसखानि जुहै रसखानि सों है रसखानी।।3।।

कृष्ण के अनन्य भक्त रसखान कहते हैं- वाणी वही अच्छी है, जो हर पल भगवान श्री कृष्ण के गुण-सौंदर्य की प्रंशसा करती रहती है। कान वे ही अच्छे हैं, जो भगवान कृष्ण की वाणी सुनते हैं। वे ही सराहनीय हाथ हैं, जो भगवान कृष्ण के गले में माला पहनाते हैं और पांव वे ही प्रशंसनीय हैं, जो श्री कृष्ण की सेवा में चलते-फिरते हैं। प्राण वे ही धन्य हैं, जो हर पल श्रीकृष्ण के ध्यान में रहते हैं और उनके लिए ही जीते हैं। मान वही सराहनीय है, जो श्री कृष्ण को रीझा कर अपने मन की बात उनसे करवा लेता है।

कहने का भाव है कि भगवान श्री कृष्ण ऐसे ही हैं, जो अपने भक्तों को कभी भी नाराज नहीं करते हैं और उनसे बहुत प्रेम करते हैं। वह तो आनंद की खान हैं; उनसे नाता जोड़ने पर सुख ही सुख है।

कहा करै रसखानि को, को चुगुल लबार।
जो पै राखनहार है, माखन-चाखनहार।।4।।

रसखान कहते हैं - भगवान श्री कृष्ण जिसके पहरेदार हैं अर्थात जिस पर उनकी कृपा दृष्टि है, उसका चुगलखोर तथा दुष्ट प्रकृति का व्यक्ति कुछ नहीं नुकसान पहुंचा सकता है।

विमल सरल रसखानि, भई सकल रसखानि।
सोई नव रसखानि कों, चित चातक रसखानि।।5।।

रसखान कहते हैं- सहज और पवित्र प्रकृति वाली गोपियां, जिस श्री कृष्ण के दर्शन मात्र से ही उसी के रूप-रंग में घुल-मिल गई अर्थात उसी जैसा हो गई, उसी मन भावन व मनमोहन का चातक मेरा भी मन बन गया है।

मैं भी अब उसी माधव के रूप-सौंदर्य में स्वयं को सदा के लिए डुबो देना चाहता हूं।

सरस नेह लवलीन नव, द्वै सुजानि रसखानि।
ताके आस बिसास सों पगे प्रान रसखानि॥6॥

रसखान कहते हैं कि जो राधा-कृष्ण स्वाभाविक और नवीन प्रेम में मग्न हैं, उन्हीं की अनुकंपा की आशा तथा विश्वास से मेरे प्राण स्पंदित व तृप्त हैं।

कहने का भाव है कि राधा-कृष्ण के परस्पर मिलन के फलस्वरूप ही प्राण स्पंदित होता है और तृप्त भी होता है।

संकर से सुर जाहि जप चतुरानन ध्यानन धर्म बढ़ावैं।
नेक हियें जिहि आनत ही जड़ मूढ़ महा रसचानि कहावैं।
जा पर देव अदेव भू-अंगना वारत प्रानन प्रानन पावैं।
ताहि अहीर की छोहरियां छछिया भंरि छाछ पै नाच नचावैं॥7॥

कृष्ण के अनन्य भक्त रसखान उनकी लीला का वर्णन कुछ इस प्रकार से कर रहे हैं-

महादेव जैसे देवता जिस श्री कृष्ण की सदा उपासना करते हैं, जिस श्री कृष्ण की आराधना करके ब्रह्मा अपने धर्म को बढ़ाते हैं, जिस श्रीकृष्ण का स्मरण करते ही महामूर्ख भी महा ज्ञानी बन जाता है, जिस श्री कृष्ण पर देव, किन्नर तथा मृत्युलोक की स्त्रियां स्वयं को न्योछावर कर नवजीवन प्राप्त करती हैं, उस श्री कृष्ण को ग्वालों की छोकरियां यानी लड़कियां थोड़े से छाछ के लिए नाच नचाती हैं अर्थात वे श्रीकृष्ण को इस शर्त पर छाछ देने के लिए तैयार होती हैं कि छाछ तब मिलेगा जब नाच कर दिखाओगे।

कहने का भाव है कि श्री कृष्ण प्रेम के भूखे हैं। ग्वालों की लड़कियों के मन में छल-कपट नहीं हैं, वे तो प्रेमवश ऐसा करती हैं। प्रेम युक्त भक्ति जहां होती है, वहां भगवान भक्त के वश में होता है।

सेष, गनेस, महेस, दिनेस, सुरेस हु जाहि निरंतर गावैं।
जाहि अनादि अनंत अखंड अछेद अभेद सु वेद बतावैं।
नारद से सुक व्यास रहैं पचि हारे तऊ पुनि पारन पावैं।
ताहि अहीर की छोहरियां छछिया भरि छाछ पै नाच नचावैं॥8॥

कृष्ण भक्त से कितना प्रेम करते हैं, यह बताने की कोशिश रसखान ने की है- शेषनाग, गणेश, महेश, सूर्य, इन्द्र आदि देवता जिस श्रीकृष्ण का लगातार गुणगान करते हैं, जिस श्रीकृष्ण को वेद अनादि, अनंत, अखंड, अमर, अभेद्य बताते हैं, जिस श्री कृष्ण को नारद, शुकदेव, व्यास जैसे महाज्ञानी चाहकर भी जान न सके और अपनी हार मान ली, उन्हीं श्री कृष्ण को ग्वालों की लड़कियां थोड़े से छाछ के लिए नाच नचाती हैं। यह भक्त और भगवान का कितना अनूठा रिश्ता है।

गावैं सुनी गनिका गंधरब्ब और सारद सेष सबै गुन गावत।
नाम अनंत गनंत ज्यों ब्रह्मा त्रिलोचन पार न पावत।
जोगी जती तपसी अरु सिद्ध निरंतर जाहि समाधि लगावत।
ताहि अहीर की छोहरियां छछियां भरि छाछ पै नाच नचावत।।9।।

रसखान अपने भक्त वत्सल श्रीकृष्ण का वर्णन करते हुए कहते हैं- जिस श्री कृष्ण का गुणगान अपसराएं, गंधर्व, सरस्वती और शेष नाग करते नहीं थकते हैं, गणेश जिस श्रीकृष्ण के असंख्य नामों का जप करते हैं, जिसका पार ब्रह्मा और शिव नहीं पाते हैं, जिस श्री कृष्ण की कृपा पाने के लिए योगी, तपस्वी, सिद्ध महात्मा सदा समाधि लगाए बैठे रहते हैं, उन्हीं श्रीकृष्ण को ग्वालों की छोरियां थोड़े से छाछ के लिए नाच नचाती हैं। धन्य हैं वे गोपियां, जिनकी प्रेम रूपी भक्ति में श्री कृष्ण को वश में करने की अदुभत क्षमता है।

लाय समाधि रहे ब्रह्मादिक योगी मये पर अन्त न पावैं।
सांझ ते भोरहिं भोर ते सांझति सेस सदा नितनाम जपावैं।
ढूंढ फिरे तिरलोक में साख सुनारद लैकर बीन बजावैं।
ताहि अहीर की छोहरियां छछिया भरि छाछ पै नाच नचावैं।।10।।

रसखान कहते हैं- ब्रह्मा और अनेक योगीजन जिस श्री कृष्ण की महिमा जानने के लिए सदा समाधि में बैठे रहते हैं, लेकिन उनकी महिमा को जान नहीं पाते हैं। शेषनाग अपने हजारों फणों से जिस श्रीकृष्ण का नाम याद करते हैं, महामुनि नारद वीणा के तारों को बजाते हुए तीनों लोकों में उनकी खोज करते रहते हैं, पर वे उनका कहीं पता नहीं लगा पाते हैं, उन्हीं श्रीकृष्ण को ग्वालों की छोरियां थोड़े से छाछ के लिए नाच नचाती हैं। गोपियों का कृष्ण

के प्रति प्रेम कितना विशुद्ध और सच्चा है। उन्होंने तो सबको ही अपनी प्रेम-भक्ति से पीछे छोड़ दिया है।

गुंज गरें सिर मोर पखा अरु चाल गयंद की मोमन भावै।
सांवरो नन्द कुमार सबै ब्रजमंडल में ब्रज राज कहावै।
साज समाज सबै सिरताज औ लाज की बात नहीं कहि आवै।
ताहि अहीर की छोहरियां छछिया भरि छाछ पै नाच नचावै।।11।।

एक गोपी अपनी सखी से कहती है - श्री कृष्ण के गले में गुंजों की माला है, सिर पर मोर पंख है और चाल हाथी की तरह मतवाली है, जो मेरे मन को बरबस ही मोह लेती है। यह नंद का सांवरा पूरे ब्रज का ब्रजराज है अर्थात यही ब्रज का राजा है। यह कृष्ण पूरे ब्रज की शोभा है और सारे समाज का सरताज है। इस श्री कृष्ण के रूप-सौंदर्य की शोभा की तुलना किसी से नहीं की जा सकती। उस श्री कृष्ण को ग्वालों की छोरियां कैसे थोड़े से छाछ के लिए नाच नचाती हैं।

ब्रह्म मैं ढूंढ्यौ पुरानन गानन वेद-रिचा सुनि चौगुने चायन।
देख्यौ सुन्यौ कबहूं न कितुं वह सरूप औ कैसे सुभायन।
टेरत हेरत हरि पर्‌यौ रसखानि बतायौ न लो लुगायन।
देखौ दुरौ वह कुंज-कुटीर में बैठौ पलोटत राधिका-पायन।।12।।

रसखान कहते हैं- मैंने परम ब्रह्म को पुराणों में ढूंढा, वेदों की रिचाओं को बड़े ही ध्यान से सुना ताकि परम ब्रह्म का ज्ञान हो जाए। लेकिन कोई लाभ नहीं हुआ। मैंने ब्रह्म को न तो कहीं देखा और न ही कहीं सुना। मैं इतना भी नहीं पता लगा सका कि उसका स्वरूप कैसा है और स्वभाव कैसा है। उसे पुकार-पुकार कर, ढूंढ-ढूंढकर मैं थक-हार गया लेकिन किसी स्त्री या पुरुष ने उसके बारे में कुछ नहीं कहा, फिर मैंने अचानक ही देखा कि वह तो कुंज-कुटीर में बैठा हुआ है और राधेरानी का पांव दबा रहा है। भगवान प्रेम को कितना चाहता है।

कंस कुद्‌यौ सुन बानी आकास की ज्वावन हारहि मारन धायौ।
भाद्‌व सांवरी आठई को रसखान महाप्रभु देवकी जायौ।
रैनि अंधेरी में लै बसुदेव महायन में अरगै धरि आयौ।
काहुन चौजुग जागत पायौ सो राति जसोमति सोवत पायौ।।13।।

रसखान कहते हैं- कंस अपनी बहन देवकी को उसकी ससुराल लेकर जा रहा था। वह बहुत ही प्रसन्न था। लेकिन जब कंस ने आकाशवाणी सुनी कि जिस बहन को इतने हर्षोल्लास के साथ विदा कर रहा है, उसकी कोख से पैदा होने वाला पुत्र ही तेरा काल बनेगा और वह आठवें पुत्र के रूप में जन्म लेने वाला है। कंस क्रोधित हो उठा। भादो माह की कृष्ण अष्टमी को श्री कृष्ण का जन्म हुआ। अंधेरी रात में ही वासुदेव उस शिशु को लेकर मथुरा की तरफ बढ़ गए। रसखान कहते हैं कि ईश्वर की भी यह कैसी लीला है, जिस श्रीकृष्ण को चारों युगों का कोई भी ज्ञानी-ध्यानी दिन के उजाले में प्राप्त नहीं कर सका, उन्हीं श्री कृष्ण को मां यशोदा ने रात के अंधेरे में अपने बगल में सोते हुए देखा।

कहने का भाव है कि जब ईश्वर की कृपा बरस जाए तो कुछ भी असंभव नहीं है। ईश्वर स्वयं चलकर उसके पास आ जाता है।

संभु धरै ध्यान जाको जपत जहान सब
जातें न महान् और दूसर अवरेख्यौ मैं।
कहै रसखान वही बालक सरूप धरै
जाको कछु रूप रंग अद्‌भुत अवलेख्यौ मैं।
कहा कहूं आली कछु कहती बनै न दसा
नन्द जी के अंगना में कौतुक एक देख्यौ मैं।
जगत को ठाटी महापुरुष विराटी जो
निरंजन निराटी ताहि माटी खात देख्यौ मैं।।14।।

एक गोपी अपनी सखी से कह रही है- हे सखि! भगवान शंकर जिसको अपना आराध्य मानते हैं और हमेशा सुमिरन करते हैं, जिसको सारा संसार जपता है, जिससे महान दूसरा देवता मैंने नहीं देखा, वही ब्रह्म बालक का रूप धरकर पृथ्वी पर आया है, जिसका रूप-रंग मुझे विचित्र सा लगा है। क्या कहूं सखि! मैं तो उसकी दशा का वर्णन ही नहीं कर पा रही हूं। नन्द बाबा के आंगन में मैंने एक कौतुक देखा है। जो कृष्ण सृष्टि का रचयिता है, महापुरुष है, जो विराट स्वरूप धरने वाला है, अनुभूतियों से परे है, जो विविध रूपों वाला होकर भी एक है, उस कृष्ण को मैने माटी खाते हुए देखा है।

कहने का भाव है कि जिस कृष्ण के इशारे पर समूची सृष्टि चलती है, उस कृष्ण को बालक रूप में माटी खाते हुए देखकर गोपी को बड़ा ही

आश्चर्य हुआ है कि क्या ब्रह्म ऐसी भी लीला कर सकता है? ईश्वर को समझना तो बड़ा ही कठिन है।

वेई ब्रह्म ब्रह्मा जाहि सेवत हैं रन-दिन
सदासिव सदा ही धरत ध्यान गाढ़े हैं।
वेई विष्नु जाके काज मानी मूढ़ राजा रंक
जोगी जती ह्वै कै सीत सह्यौ अंगठाढ़े हैं।
वेई ब्रजचंद रसखानि प्राण प्रानन के
जाके अभिलाख लाख-लाख भांति बढ़े हैं।
जसुधा के आगे बसुधा के मान-मोचन से
सामरस-लोचन खरोचन कौ ठाढ़े हैं॥15॥

रसखान कहते हैं- कृष्ण ही ब्रह्म हैं, जिनकी आराधना ब्रह्मदेव दिन-रात करते हैं, भगवान शिव जिन के ध्यान में सदा समाधि लगाए रहते हैं, कृष्ण ही विष्णु हैं, जिनके लिए घमंडी, मूर्ख, राजा, निर्धन, जोगी, भोगी सर्दी-गर्मी अर्थात सारे कष्टों को सहते हैं। वही कृष्ण सुखों की निधि हैं और प्राणों के प्राण हैं, जिन्हें देखने के लिए लाखों प्रकार की इच्छाएं उत्पन्न होती हैं, जो लोगों का अहंकार तोड़ने वाले हैं, जो कमल नयनों से सुशोभित हैं, वही कृष्ण यशोदा के आगे दही की हांडी की खुरचनी लेने के लिए भिक्षुक के रूप में खड़ी हैं। यह ईश्वर की कैसी लीला है और यह पूर्ण ब्रह्म का कैसा खेल है।

सेष सुरेस दिनेस गनेस अजेस धनेस महेस मनावौ।
कोऊ भवानी भजौ मन की सब आस सबै विधि जोई पुरावौ।
कोऊ रमा भजि लेहु महाधन कोऊ कहूं मनवांछित पावौ।
पै रसखानि वही मेरो साधन और त्रिलोक रहौ कि बसावौ॥16॥

कृष्ण भक्त रसखान कहते हैं- शेष नाग, इन्द्र, सूर्य, गणेश, ब्रह्मा, कुबेर, शिव की कोई स्तुति कर ले या कोई भवानी का भजन कर मनोकामनाएं पूरी कर ले या कोई लक्ष्मी की आराधना कर धन का भंडार प्राप्त कर ले या कोई किसी भी विधि से मन की इच्छाएं पूरी कर ले, लेकिन मेरे सुखों और आनंद के एकमात्र आधार तो श्री कृष्ण ही हैं। मुझे तो बस श्रीकृष्ण से ही नाता जोड़ना है और जो कुछ भी मांगना है, उनसे ही मांगना है, तीनों लोक रहें या न रहें, इस की परवाह मुझे नहीं है, बस श्री कृष्ण से ही मेरा वास्ता है। वही मेरे सब कुछ हैं।

द्रौपदी अरु गनिका गज गीध अजामिल सौं कियो सोन निहारो।
गौतम-गोहिनी कैसी तरी, प्रहलाद को कैसे हर्‌यो दुख भारो।
कोहे कौं सोच करै रसखानि कहा करि है रविनंद विचारी।
ताखन जाखन राखियै माखन-चाखनहारो सो राखनहारो॥17॥

कृष्ण भक्त रसखान कहते हैं- कृष्ण की दयालुता को कौन नहीं जानता? द्रौपदी, गणिका गज, गीध और अजामिल ने क्या किया है, यह उन्होंने नहीं देखा। यह भी नहीं सोचा कि क्या इनका उद्धार करना चाहिए, इस योग्य ये हैं? परम दयालु श्री कृष्ण ने तो कुछ भी नहीं सोचा और पलक झपकते ही उनकी सारी पीड़ाएं दूर कर उनका उद्धार कर दिया। क्या यह किसी को बताना पड़ेगा कि गौतम ऋषि की पत्नी अहिल्या को कितनी सहजता से तार दिया और प्रहलाद का दु:ख पलक झपकते ही कैसे दूर कर दिया। श्रीकृष्ण तो परम दयालु हैं और दु:खहर्ता हैं। रसखान पूरे विश्वास के साथ कहते हैं कि उसे चिंता करने की क्या जरूरत है, जिसके रक्षक स्वयं श्री कृष्ण हैं। यहां तक कि यमराज भी कुछ नहीं बिगाड़ सकता है।

देस बदेस के देखे नरेसन रीझ की कोऊ न बुझ करैगी।
तातैं तिन्हैं, तजि जानि गिर्‌यौ गुन सौगुण गांठि परैगौ।
बांसुरीधारी बड़ो रिझवार है स्याम जु नैसुक ढार ढरैगो।
लाड़लौ छैल वही तौ अहीर की पीर हमारे हिये की हरैगी॥18॥

कृष्न के अनन्य भक्त रसखन कहते हैं- आप देश-विदेश के राजाओं को देख लें, आपके प्रेम की कीमत उनकी नजर में रत्ती भर भी नहीं होगी। उनको प्रेम करना एक बुरी लत ही है क्योंकि उनसे प्रेम करने के बाद आपकी अच्छी आदतें भी बुरी आदतों में बदल जाएंगी। वह वंशीधर श्रीकृष्ण बहुत ही प्रेम करने वाला है और प्रेम की महत्ता को भी जानने वाला है। अगर आप उस कृष्ण से प्रेम करेंगे तो वह नंद का लाडला आप की सारी पीड़ा हर लेगा।

कहने का भाव है कि प्रेम करना ही है तो भक्त वत्सल उस श्री कृष्ण से करो जो प्रेम को समझता है और स्वयं भी प्रेम करने वाला है।

संपत्ति सौं सकुचाइ, कुबेरहि रूप सौ दीनी चिनौती अनंगहि।
भोग कै कै ललचाई पुरन्दर जोग कै मंगलई धर मंगहिं।

ऐसे भए तौ कहा रसखानि रसै रसना जौ जु मुक्ति-तरंगहिं।
दै चित ताके न रंग रच्यौ जु रह्यौ रचि राधिका रानी के रंगहिं॥

भक्त वत्सल श्री कृष्ण का बखान करते हुए रसखान कहते हैं- आपने इतनी दौलत अर्जित कर ली है कि उसे देखकर कुबेर भी सकुचा जाता है, आप इतने खूबसूरत हैं कि अपनी खूबसूरती से कामदेव को चुनौती दे सकते हैं, आपके पास इतना धन-एश्वर्य है कि इन्द्र को भी लालच हो जाता है, आपने गंगाधर शिव की कृपा प्राप्त प्राप्त कर ली है, आपने ज्ञान का भंडार प्राप्त कर लिया है, फिर भी आप रिक्त यानी खाली हैं क्योंकि उस कृष्ण से तो आपने प्रेम किया ही नहीं, जो राधा रानी से प्रेम करता है।

कहने का भाव है कि कृष्ण को भजे बिना मनुष्य की सारी भौतिक-अभौतिक उपलब्धियां बेकार हैं और सारहीन है।

कंचन-मंदिर ऊंचे बनाई कै मानिक लाइ सदा झलकयत।
प्रात ही तें सगरी नगरी नग मोतिन ही की तुलानि तुलैयत।
जद्यपि दीन प्रजान प्रजापति की प्रभुता मधवा लल चैयत।
ऐसे भए तौ कहा रसखानि जौ सांवरे ग्वार सों नेह न लैयत॥20॥

रसखान कहते हैं- तूने सोने के ऊंचे महल मोतियों से चमका रखा है। तुम्हारे पास इतने हीरे-मोती हैं कि सुबह से ही नगर के सारे लोग तराजुओं में तोलने लगते हैं। तुम इतने दौलतमंद रईस बन गए हो कि तुम्हारा वैभवपूर्ण ऐश्वर्य देखकर इन्द्र भी ललचा जाता है, लेकिन यह सब उस कृष्ण के सामने फीका है। यदि तुमने उस भक्त वत्सल श्री कृष्ण से दिल नहीं लगाया तो तुम्हारा यह अथाह और असीम धन-वैभव बेकार है। इसका कोई मूल्य नहीं है। यह सब नश्वर व सारहीन हैं।

कहा रसखानि सुख सम्पत्ति सुमार कहा
कहा तन जोगी ह्वै लगाए अंग छार को।
कहा साधे पंचानन, कहा सोए बीच नल।
कहा जीति लाए राज सिंधु आर-पार को।
जप बार-बार तप संजम वयार-व्रत
तीरथ हजार अरे बूझत लबार को।

कीन्हौं नहीं प्यार नहीं सेयौ दरबार, चित्त
चाह्यौ न निहार्‌यौ जौ पै नंद के कुमार को॥21॥

रसखान स्वयं को समझाते हैं कि हे मन! तूने कृष्ण से प्रीति नहीं की अर्थात दिल नहीं लगाया, कभी उसको मन से याद नहीं किया, कभी भी उसके प्रति एकनिष्ठ नहीं रहा, उसे कभी भी दिल से स्वीकार नहीं किया, तो तेरा जीवन व्यर्थ है। शरीर पर राख मलकर योगी बनने से तुझे कुछ भी नहीं मिलने वाला। तू जल में समाधि लगा या पांच तरह की अग्नियों के घेरे में बैठकर साधना कर-सब अर्थहीन है। समुद्र के आर-पार के राज्य यानी पूरी पृथ्वी को जीत लेने के बाद भी तू दीनहीन ही है। अब इन मूर्ख मनुष्यों को कौन बताए कि रोज-रोज जप करना, बिना अन्न-जल के उपवास रखना, हजारों तीर्थ करना कौन देखता है। इन सब का फल तो तभी मिल सकता है जब कृष्ण से भी तू प्रेम करता है। कृष्ण को नजरअंदाज करके तू कुछ भी नहीं प्राप्त कर सकता क्योंकि सारी निधियों का स्वामी तो वही है।

कहने का भाव है कि श्रीकृष्ण पूर्ण ब्रह्म हैं। उनसे प्रेम करने में ही सुख है।

कंचन के मंदिरनि दीठि ठहराति नाहिं।
सदा दीपमाल लाल-मानिक-उजारे सों।
और प्रभुताई अब कहां लौं बखानौं प्रति
हारन की भीरभूप टरत न द्वारे सों।
गंगाजी में न्हाई मुक्ता हलहू लुटाइ, वेद
बीस बार गाइ, ध्यान कीजत सवारे सों।
ऐसे ही भए तो नर कहा रसखानि जो पै
चित्त दै न कीनी प्रीति पीत पटवारे सों॥22॥

रसखान कहते हैं कि मनुष्य को चाहिए कि वह कृष्ण से प्रेम करे। कृष्ण से तुम प्रेम नहीं करते हो तो तुम्हारा सोने का वह महल बेकार है, जो लाल मोतियों की दीपमाला से जगमगाता रहता है और जिस पर नजर पड़ते ही आंखें चकमका जाती हैं। तुम्हारे धन-ऐश्वर्य की अधिकता का क्या बखान करूं, अगर तुम इतने ऐश्वर्यशाली हो गए हो कि सदा दास-दासियों की भीड़ लगी रहती है तो सुन लो, तुम कृष्ण भक्त नहीं हो तो तुम्हारा ऐश्वर्यशाली होना सारहीन है। तुम कुछ भी नहीं हो। तुम गंगा में नहा कर मोतियों को दान कर लो या वेदों को अनेक बाद पढ़ लो या सुबह-सुबह

उठकर लाख ध्यान लगा लो, कृष्ण की भक्ति के बिना सब व्यर्थ है। कहने का भाव है कि कृष्ण से प्रेम नहीं है तो तुम्हारे पास कुछ भी नहीं है।

एक सुतीरथ डोलत है इक बार हजार पुरान बके हैं।
एक लगे जप में तप में इक सिद्ध समाधिन में अटके हैं।
चेत जु देखत हौ रसखान सु मूढ़ महा सिगरे भटके हैं।
सांचहि व`जिन आपनु पौ यह स्याम गुपाल पै वारिद के हैं।।23।।

रसखान कहते हैं - कोई तो तीरथ-तीरथ घूमता है, कोई हजारों बार पुराणों को पढ़ता है, कोई जप-तप में लगा हुआ है, कोई समाधि में बैठा हुआ है। रसखान कहते हैं कि ध्यान से इन लोगों को कोई देखे तो यही नजर आयेगा कि ये सब जन्मजात मूर्ख हैं और व्यर्थ में ही इधर-उधर भटक रहे हैं, जिसकी कोई आवश्यकता ही नहीं है। बुद्धिमान और विवेकवान तो वे लोग हैं, जिन्होंने स्वयं को श्रीकृष्ण पर न्योछावर कर सुखमय जिंदगी को अपना लिया है।

सुनियै सब की कहिये न कछू रहियै इमि भव-बागर मैं।
करियै व्रत नेम सचाई लिये जिनतें तरियै मन-सागर मैं।
मिलियै सबसों दुरभाव बिना रहिये सतसंत उजागर मैं।
रसखानि गुबिन्दहिं यौ भजियै जिमि नागरि को चित्त गागर मैं।।24।

रसखान कहते हैं- तुम सबकी सुनो, लेकिन कहो कुछ भी नहीं, इस झूठे संसार में इस तरह से रहो। व्रत, नियम वही अपनाओ, जिसमें सत्यता हो, ताकि इनके सहारे भव-सागर से पार हो जाओ। सबसे सच्चे मन से मिलो अर्थात किसी के प्रति कोई दुर्भावना मत रखो। हमेशा अच्छे लोगों के साथ रहो। संगति अच्छी होगी तभी कृष्ण से प्रेम हो सकेगा। कृष्ण की भक्ति में उस तरह से एकाग्र हो जाओ जिस तरह से सिर पर पानी से भरा घड़ा लिए स्त्री चुपचाप आगे बढ़ती चली जाती है। कहने का भाव है कि स्त्रियां जब सिर पर गागर रखती हैं तो उनका ध्यान गागर की तरफ ही होता है कि कहीं वह गिर न जाए। रसखान कृष्ण से ऐसा प्रेम करने के लिए कह रहे हैं।

है छल की अप्रतीत की मूरति मोद बढ़ावै निनोद कलाम मैं।
हाथ न ऐहे कछु रसखान तू क्यों बहकै विष पीवत काम मैं।

है कुचकंचन के कलसा न ये आम की गांठ मढीक की चाम मैं।
बैनी नहीं मृगनैनिन की ये नसैनी लगी यमराज के धाम मैं।।25।।

रसखान कहते हैं- खूबसूरत स्त्रियां छल और विश्वासघात की पर्याय हैं। अपनी मीठी-मीठी बातों से ये जिस आनंदमय वातावरण का निर्माण करती हैं वह एक छलावा भर ही है। तुम्हारे हाथ कुछ भी नहीं आने वाला, तुम काम के वशीभूत होकर बहक रहे हो और विषपान किये जा रहे हो। इनके स्तन कोई सोने के कलश नहीं बल्कि चाम से ढकी आम की गांठ अर्थात मांस का लोथड़ा भर ही है। इन खूबसूरत स्त्रियों की जिन चोटियों पर तुम मोहित हो, वे चोटियां नरक तक पहुंचाने वाली सीढ़ियां हैं। सावधान हो जाओ और इनको मन से निकालकर श्री कृष्ण में मन लगाओ।

मोर के चन्दन मौर बन्यौ दिन दूलह ह अली नंद को नंदन।
श्री वृषभानु सुता दुलही दिन जोरि बनी विधना सुख कंदन।
आवै कह्यौ न कछु रसखानि ही दोऊ बंधे छवि प्रेम के फंदन।
जाहि विलोकें सबै सुख पावत ये ब्रज जीवन है दुखदंदन।।26।।

कोई गोपी अपनी सखी से कहती है कि देखो तो सखि! श्री कृष्ण मोर के पंखों से बने मुकुट को सिर पर रखे दूल्हा बने हुए हैं और सारे सुखों की धाम वृष भानु सुता यानी राधा दुल्हन बनी हुई हैं। कृष्ण-राधा के सौंदर्य का वर्णन करना कठिन नहीं बल्कि असंभव भी है। दोनों ही प्रेम के फंदन यानी प्रेम के बंधन में ऐसे बंधे हुए हैं, जिन्हें देख-देखकर हृदय को सुकून प्राप्त हो रहा है। मन के सारे संताप, कष्ट, दुःख आदि सब दूर करने वाले एक मात्र श्रीकृष्ण ही तो हैं। इनके दर्शन के बिना कुछ भी तो हासिल नहीं होने वाला।

मोहिनी मोहन सों रसखानि अचानक भेट भई बनमाहीं।
जेठ की घाम भई सुखधाम अनंद हौ अंग ही अंग समाहीं।
जीवन को फल पायौ भटू रस-बातन केलि सों तोरत नाहीं।
कान्ह को हाथ कंधा पर है मुख ऊपर मोर कीरीट की छाहीं।।27।।

एक गोपी अपनी सखी से कहती है- क्या बताऊं सखी, राधा-कृष्ण की आज अचानक ही वन में मुलाकात हो गई। वे दोनों क्या मिले जेठ की धूप भी उनके लिए सुख का धाम बन गई। वे इतने आनंदित हो उठे कि उनके अंग में अंग समाने लगे। नेहभरी बातों से उन्होंने जीवन का सारा आनंद पा लिया

-क्रीड़ा बहुत देर तक चलती रही। कान्हा यानी कृष्ण का हाथ राधा के कंधे पर था और चेहरे पर मोर-मुकुट की छाया थी।

लाड़ली लाल लसै लखि वै अलि कुंजति पुंजलि मैं छवि गाढ़ी।
उजरी ज्यों बिजुरी सी जुरी चहुं गुजरी केलि-कलासम बाढ़ी।
त्यों रसखानि न जानि परै सुखिया तिहुं लोकन की अति बाढ़ी।
बालक लाल लिए बिहर छहरै बर मोरमुखी सिर ठाढ़ी॥28॥

एक गोपी अपनी सखी से कहती है कि हे सखि! राधा-कृष्ण को कुंजों में विहार करते हुए देखकर उन कुंजों की सुंदरता और भी अधिक बढ़ गई। गोरी राधा के शरीर की चमक बिजली की चमक की तरह लगती थी, जिसके चारों तरफ खड़ी गुजरियों की चमक भी बढ़ गई। उस सौंदर्य यानी शोभा का मैं किन शब्दों में बखान करूं। उस सौंदर्य की वजह से तो तीनों लोकों का भी सौंदर्य खिल उठा था। कृष्ण गोपियों के संग कुंजगलियों में घूम रहे थे। सिर पर मोर-मुकुट की शोभा देखते बन रही थी।

लाल की आज छटी ब्रज लोग आनंदित नन्द बढ़यौ अन्हवावत।
चाइन चारु बधाइन लै चहुं और कुटुम्ब आघात न गावत।
नाचत बाल बड़े रसखान छके हित काहू के लाज न आवत।
तै सोइ मात पिताउ लह्यौ उलह्यौ कुल ही कुल ही पहिरावत॥29॥

एक गोपी अपनी सखी से कहती है- आज कृष्ण की छटी यानी जन्म के छठवें दिन का आनंदोत्सव है। पूरा ब्रज खुशियां मना रहा है। हंसी-खुशी से सराबोर नन्द बाबा कृष्ण को स्वयं नहला रहे हैं। लोग नन्द बाबा को आकर बधाइयां दे रहे हैं। परिवार के लोग गीत गा-गा कर अघा नहीं रहे हैं। बाल-वृद्ध सभी खूब आनंदित होकर नाच रहे हैं। उन्हें लाज-शरम नहीं आ रही हैं। माता यशोदा और नंद बाबा भी आज बहुत खुश हैं और परिजन कृष्ण को एक विशेष प्रकार की पगरी पहना रहे हैं।

कहने का भाव है कि कृष्ण का जन्म सबके लिए ही आनंद का कारण बन गया है। सभी खुश हैं। अपनी सुधबुध खो बैठे हैं।

'ता' जसुदा कह्यो धेनु की ओट ढिंढोरत ताहि फिरैं हरि भूलैं।
दूंवनि कूं पगचारि चलै मचलैं रज मांहि विथूरि दुकूलैं।

हरि हंसे रसखान तबै उर भाल तैं टारि कै बार लूट लैं।
सो छवि देखि अनंदन नन्द जू अंगन अंग समात न फूलैं॥30॥

एक गोपी अपनी सखी से कहती है– हे सखी! यशोदा कृष्ण को खिलाने के लिए आयीं और गाय की ओट में होकर 'ता' कहा, कृष्ण सब कुछ भूल भालकर यशोदा को ढूंढने लगे। माता यशोदा को ढूंढते हुए कृष्ण कुछ ही पग आगे बढ़े और फिर यशोदा को कहीं न देखकर अचानक ही खीझ गए तथा जमीन पर लेटकर अपने वस्त्रों को धूल से गंदा कर लिया। यशोदा से यह देखा न गया तो वह गाय की ओट से उनके पास आ गई। बाल कृष्ण माता को देख कर मुस्कराने लगे। इस मुस्कान पर रीझकर यशोदा ने झट से उनके चेहरे पर पड़े बालों को हटाकर उनका मुंह चूम लिया। पास ही खड़े नंदबाबा मां-बेटे के इस प्रेम को देखकर आनंदित हो उठे और इतने आनंदित हो उठे कि उनके आनंद का कोई ठिकाना न रहा।

कहने का भाव है कि श्रीकृष्ण की बाल लीला इतनी मोहक ही है कि पूरा ब्रज ही खिल उठा है।

आजु गई हुती भोर ही हौं रसखान रई वटि नंद के भौनहिं।
बाको जियौ जुग लाख करोर जसोमति को सुख जात कह्यौ नहिं।
तेल लगाई कै अंजन भौहें बनाइ बनाई डिठौनहिं।
डालि हमेंलनि हार निहारत वारत ज्यौं चुचकारत छौ नहिं॥31॥

एक गोपी अपनी सखी से कहती है कि हे सखि! आज ही सुबह मैं नंदबाबा के महल में गई थी। कृष्ण पर नजर पड़ते ही मैं उस पर मोहित हो गई। वह बांका बड़ा ही मोहना है। कृष्ण जैसा बालक पाकर यशोदा इतना आनंदित हैं कि मैं उसके विषय में कुछ नहीं कह सकती। मेरी तो ऊपर वाले से यही प्रार्थना है कि यशोदा का लाल युग-युग जीए। लाखों-करोड़ों युग तक बस यूं ही जिंदा रहे। यशोदा ने कृष्ण को तेल लगाकर आंखों में काजल लगा दिया है तथा चेहरे पर एक डिठौना भी लगा दिया है ताकि उनके लाल को बुरी नजर न लगे। मैंने अपनी आंखों से देखा, कृष्ण के गले में हमेल और हार डालकर यशोदा बस कृष्ण को ही एकटक देखती रहीं और स्वयं को उन पर वारती रहीं तथा चूमती रहीं। ये सब मेरे मन को बहुत ही अच्छा लगा, सखी। मैं तो बार-बार वह छवि अपने मन में बसा कर आंखों से निहारना चाहती हूं।

धूरि भरे अति शोभित श्यामजू तैसी बनी सिर सुन्दर चोटी।
खेलत खात फिरै अंगना पर पैंजनी बाजति पीरीक छोटी।
वा छवि को रसखानि विलोकत वारत काम कला निज-कोटी।
काग के भाग बड़े सजनी हरि-हाथ सौं ले गयौ माखन-रोटी।।32।।

एक गोपी अपनी सखी से कहती है- सखि! श्रीकृष्ण की बाल-लीला भी क्या खूब है। धूल से भरा हुआ श्री कृष्ण का शरीर और भी अधिक सुंदर दिख रहा था। उनके सिर की चोटी भी कहीं कम सुन्दर नहीं थी अर्थात यशोदा ने बड़े स्नेह पूर्वक उनकी चोटी बनाई हुई है। श्री कृष्ण खेलते-खाते हुए आंगन में टहल रहे थे और पैरों में बंधी पैंजनी गजब की मीठी धुन निकाल रही थी। उन्होंने पीली लंगोटी बांध रखी थी। श्री कृष्ण की इस अद्भुत शोभा पर कामदेव अपने करोड़ों सौन्दर्य को न्योछावर कर रहा था। उस काग का तो सौभाग्य देखो, जो श्रीकृष्ण के हाथ से माखन-रोटी ले उड़ा।

मोतिन माल बनी नटके, लटकी लटवा लट घुंघरवारी।
अंग ही अंग जराब लसै अरु सीस लसै पगिया बरतारी।
पूरब पुन्यानि तैं रसखानि सू मोहिनी मूरति आनि निहारी।
चार्यौ दिसानि की लै छवि आनि कै झांके झरोखे मैं बांके बिहारी।।33।।

एक गोपी अपनी सखी से कहती है-

हे सखि! उस छलिया श्री कृष्ण ने मोतियों की माला पहन रखी है। उसके घुंघराले बाल लटक रहे हैं। उसके शरीर के हर अंग में जड़ावदार गहने शोभायमान हैं और सिर पर जरी की पगड़ी उसके सोंदर्य को और भी अधिक बढ़ा रही है। पूर्व जन्म का यह कोई पुण्य ही है, जिससे उस कृष्ण के मनोहारी सौंदर्य को देखने का सुअवसर बार-बार प्राप्त हो रहा है। रसखान कहते हैं कि सभी दिशाओं का सौंदर्य लेकर वह बांका श्री कृष्ण तभी झरोखे से झांकने लगा। सखियां मंत्र-मुग्ध और भी अधिक हो गयीं।

आवत हैं बन तैं मन मोहन गाइन संग लसै ब्रज-ग्वाला।
बेनु बजावत गावत गीत अमीत इतै करिगौ कछु ख्याला।
हेरत टेरि थकै जहुं ओर तैं झांकि झरोखन तैं ब्रज-बाला।
देखि सु आनन कौं रसखानि तज्यौ सब द्योस को ताप-कसाला।।

रसखान कहते हैं- सांझ ढले श्रीकृष्ण वन से वापस आ रहे हैं। गायों के साथ आ रहे ग्वाल-बाल बड़े ही अच्छे लग रहे हैं। यह दृश्य मन को लुभा रहा है। वंशी बजाकर श्रीकृष्ण गीत गा रहे हैं और साथ ही कुछ खेल सा भी कर रहे हैं। कृष्ण की इस लीला को देखने के लिए ब्रज-बालाएं झरोखों से झांक रही हैं। कविवर कहते हैं कि श्री कृष्ण के दर्शन मात्र से ही ब्रज बालाएं दिन भर की अपनी थकान भूल गईं यानी वे फिर से तरो ताजा होकर घरेलू कार्यों में तन-मन से जुट गईं। ऐसी है श्री कृष्ण की मोहिनी सूरत।

गोरज विराजै भाल लहलही बनमाल
आगे गैयां पाछें ग्वाल गावैं मृदुतानि री।
वैसी धुनि बांसुरी को मधुर जैसी
बंक चितवनि मन्द-मन्द मुसकानि री।
कदम विपट के निकट तटनी के तट
अटा चढ़ि चाटि पीत पट फहरानि री।
रस बरसावै तन-तपनि बुझावै नैन
प्राननि रिझावै वह आवै रसखानि॥35॥

एक गोपी अपनी सखी से कहती है - श्री कृष्ण के माथे पर गोरज यानी गाय के खुरों से उड़ने वाली धूल हैं और गले से हृदय तक बनमाला है। आगे गायें हैं और पीछे ग्वाल हैं और गाय व ग्वालों के बीच में श्रीकृष्ण हैं, जो बांसुरी बजा रहे हैं। जितनी मधुर वंशी की तान है, उतना ही आकर्षक उसका देखने का अंदाज है और मीठी-मीठी चेहरे पर हंसी फैली हुई है। वह चितचोर यमुना के तट पर खड़े कदंब के पेड़ों के नजदीक हैं। क्या बताऊं सखी! अगर तू उसके हवा में फहराते हुए पीताम्बर को देखना चाहती है तो अटारी पर चढ़कर देख सकती है। आनंद-रस की बरसात वह करता हुआ इधर ही आ रहा है। तन-तपनि अर्थात शरीर के सारे कष्ट अब दूर हो जाएंगे क्योंकि आंखों और प्राणों को ठंडक पहुंचाने वाला वह श्रीकृष्ण अब इधर ही आ रहा है।

अति सुंदर री ब्रजराज कुमार महा मृदु बोलनि बोलत है।
लखि नैन की कोर कटाक्ष चलाइ कै लाज की गांठन खोलत हैं।
सुनि री सजनी अलबेली लला वह कुंजनि कुंजनि डोलत है।
रसखानि लखें मन बूड़ि गयौ मधि रूप के सिंधु कलोलत है। 36॥

एक गोपी अपनी सखी से कहती है – सखि! नंदलाल बहुत ही आकर्षक व खूबसूरत है और वह बहुत ही मीठे शब्दों में बोलता है। वह चितचोर श्रीकृष्ण कनखियों से यूं देखता है कि लाज–शरम की सारी गांठें खुल जाती हैं अर्थात लोक–लाज का भय रहता ही नहीं है। सुनो सखि। वह अलबेला मनमोहन कुंज–कुंज में टहलता रहता है। उस रस की खान श्रीकृष्ण को देखकर मैं तो उसके रूप–सौंदर्य में कहीं गहरे तक डूब जाती हूं और जो ये मन है, वह तो रूप–सागर में कलोलें कर रहा है। मैं तो बस उसकी ही होकर रह गयी, सखि...।

तैं न लख्यौ जब कुंजनि तैं बनिकै निकस्यौ भटक्यौ मटक्यौ री।
सोहत कैसो हरा टटक्यौ अठकैसो किरीट लसै लटक्यौ री
को रसखानि फिरै भटक्यौ हटक्यौ ब्रज लोग फिरै भटक्यौ री।
रूप सबै हरि वानट को हियरे अटक्यो–अटक्यो अटक्यौ री॥37॥

एक गोपी अपनी सखी से कहती है– सखि! जब वह श्रीकृष्ण भटकता–भटकता हुआ बन–संवर कर कुंजों से निकला करता था, तब तूने उसे नहीं देखा। उसके गले में पड़ा हार कितना उस पर खिल रहा था और उसके माथे पर रखा मुकुट कितना खूबसूरत लग रहा था। ब्रज के लोगों के मना करने पर भी वह रसिया भटकता हुआ विहार कर रहा था। उस मनमोहन श्रीकृष्ण का सारा रूप–सौंदर्य मेरे दिल में कहीं अटक गया है यानी मेरा मन अपनी सुध–बुध खो बैठा है।

नैननि बंक बिसाल के बाननि झेलि सकै अस कौन नवेली।
बेचत है हिय तीछन कोर सुमार गिरी तिय कोटिक हेली।
छोड़ै नहीं छिनहूं रसखानि सु लागी फिरै द्रुम सों जनुबेली।
रौरि परी छवि की ब्रजमंडल कुंडल गंडनि कुंतल केली॥38॥

एक गोपी अपनी सखी से कहती है– सखि! ऐसी कोई भी नवयौवना नहीं है, जो श्रीकृष्ण के बांके और विशाल नैनों के बाणों की मार को बर्दाशत कर सके। उसे तो मोहित होना ही है। ये नयन–बाण अपने तीखे व नुकीले नोकों से हृदय को छलनी–छलनी कर देते हैं और इनकी मार से करोड़ों ब्रजनारियां घायल हो गई हैं। फिर भी वे स्त्रियां पल भर के लिए भी मनमोहन को छोड़ने के लिए तैयार नहीं हैं और उस चितचोर से ऐसे लिपट जाती हैं जैसे बेल वृक्ष

से लिपटी रहती है। कृष्ण के अनुपम सौंदर्य और उनके कुंडल से शोभायमान गालों पर बालों की क्रीड़ा का पूरे ब्रज-मंडल में शोर मचा हुआ है।

अलबेली बिलोकनि बोलनि औ अलबेलियै लोल निहारन की।
अलबेली सी डोलनि गंडनि पै छवि सों मिली कुंडल बारन की।।
भटू ठाढ़ौ लख्यौ छवि कैसे कहौं रसखनि गहें द्रुभ डारन की।
हिय में जिय मैं मुसकानि रसौ गति को सिख वै निखारन की।।

एक गोपी अपनी सखी से कहती है-हे सखि! उस कृष्ण की नजर और बोली अद्‌भुत है और उसका देखने का अंदाज भी अद्‌भुत है। उसके गालों पर कुंडलों की शोभा हाथी के गालों पर विराजमान शोभा की तरह अद्‌भुत है। हे सखि! वह श्री कृष्ण वृक्ष की डालियां पकड़े हुए मुझे दिख गया था। मैं उस समय की छवि को शब्दों में बयां नहीं कर सकती। मेरे हृदय और मन में उसकी रसभरी मुस्कुराहट बस गयी है। लाख समझाने पर भी मैं उस विलक्षण शोभा से मुक्त नहीं हो सकती।

बांको बड़ी अंखियां बड़रारे कपोलनि बोलनि कौंकल बानी।
सुंदर रासि सुधा निधि सो मुख मूरति रंग सुधारस-सानी।।
ऐसी नवेली ने देखे कहूं ब्रजराज लला अति ही सुखदानी।
डालनि है बन बीथिन मैं रसखनि मनोहर रूप-लुभानी।।40।।

एक गोपी अपनी सखी से उस गोपी का जिक्र कर रही है, जो श्री कृष्ण के प्रेम में अपनी सुधबुध खो बैठी है- सखि! कैसे बताऊं, जब से उस गोपी ने तिरछे विशाल नैनों वाले, उभरे हुए सुन्दर गालों वाले, मीठी बोली बोलने वाले, चन्द्रमा की भांति मुख वाले और प्रेमामृत शरीर वाले मनमोहन को देखा है, उस गोपी का हाल बेहाल हो गया है। वह उस चित्तचोर श्रीकृष्ण की तलाश में वन-वन और गली-गली बेसुध घूमती फिर रही है और उसके मन में सदा कृष्ण का लुभावना रूप बसा रहता है।

दृग इतने खिंचे रहैं कानन लौं लट आनन पै लहराइ रही।
छकि छल छबील छहराइ कै कौतुक कोटि दिखाइ रही।।
झुकि भूमि झमाकनि चूमि अमी चरि चांदनी चन्द चुराइ रहा।
मन भाइ रही रसखानि महा छवि मोहन की तरसाइ रही।।41।।

एक गोपी अपनी सखी से कहती है - सखि! समझ में नहीं आ रहा, कृष्ण की शोभा का वर्णन किन शब्दों में करूं? उनकी दोनों आंखें कानों तक फैली हुई हैं यानी उनकी आंखें बहुत बड़ी हैं और सुंदर हैं। उनके बाल चेहरे पर बिखरे रहते हैं और उनकी छटा की आभा फैलकर नाना प्रकार के खेल दिखा रही है। उनके सौंदर्य रूपी अमृत की शोभा झुक कर - घूम कर और चूमकर चन्द्रमा की चांदनी को चुरा रही है। कविवर कहते हैं की श्रीकृष्ण की छवि यानी शोभा विलक्षण हैं, तभी तो वह मन को ललचा और तरसा रही है।

लाल लसै सबके सबके पट कोटि सुगंधनि भीने।
अंगनि अंग सजे सब ही रसखानि अनेक जराउ नवीने॥
मुकता गलमाल लसै सब ग्वार कुवार सिंगार सो कीने।
पै सिगरे ब्रज के हरि ही हरि ही कै हरैं हियरा हरि लीने॥42॥

एक गोपी अपनी सखी से कह रही है- देखो तो सखि! ग्वालों ने लाल पगड़ी बांध रखी है, उनके परिधान नाना प्रकार की खुशबुओं से महक रहे हैं। कविवर कहते हैं कि सभी ग्वालों के अंगों पर तरह-तरह के आभूषण हैं। सबने ही मोतियों की माला पहन रखी है। युवा ग्वालों ने श्रृंगार किया हुआ है लेकिन श्रीकृष्ण ने सिर्फ वनमाला ही धारण किया है और इस रूप से ही सब को अपनी तरफ खींच लिया है। वह तो ब्रज के हरि हैं यानी सभी में श्रेष्ठ हैं। उन्हें भला सजाने की क्या आवश्यकता है।

वह घेरनि धेनु अबेर सबेरनि फेरनि लाल लकुट्टनि की।
वह तीछन चच्छु कटाछन की छवि मोरनि भौंह भृकुट्टनि की॥
वह लाल की चाल चुभी चित मैं रसखानि संगीत उघुट्टनि की।
वह पीत पटक्कनि की चटकानि लटक्कनि मोर मुकुट्टनि की॥ 43॥

गोपी अपनी सखी से श्रीकृष्ण के सौंदर्य का वर्णन करते हुए कहती है - हे सखि, कैसे कहूं? श्रीकृष्ण का देर से या जल्दी से गायों को घेरना, लाठी को घुमाना, आंखों से तीखा कटाक्ष करना, भौंहों और भृकुटियों के मोड़ने का अनोखा अंदाज, संगीत की धुनें निकालना, पीले परिधानों का हवा में फड़फड़ाना तथा मोर मुकुट का लटकना आदि सबने मेरे मन को मोह लिया है। मैं उनकी इन अदाओं पर मुग्ध हो गई हूं। मुझे श्री कृष्ण के अलावा कुछ भी नहीं दिखता है।

कहने का भाव है कि श्री कृष्ण कोई साधारण इंसान नहीं हैं। वह तो पूर्ण ब्रह्म हैं और उनका सौंदर्य, उनके अंदाज, उनके कार्य जगत के आधार हैं। गोपियां उन पर यूं ही मोहित थोड़े ही हैं।

सांझ समै जिहि देखति हौ तिहि पेखन कौं मन मौं ललकै री।
ऊंची अटान चढ़ी ब्रजवाम सुलाज सनेह दुरै उभकै री॥
गोधन धूरि की धूंधरि मैं तिनकी छवि यौं रसखानि भकै री।
पावक के गिरि तें बुझि मानौ धुंवा-लपटी लपटै ललकैरी॥

एक गोपी अपनी सखी से कह रही है- हे सखि! कृष्ण का रूप-लावण्य भी कितना मोहक है। सांझ के ढलने के बाद कृष्ण को वन से वापस आते देखककर सबका मन इस कदर मचल उठता है कि उसे देखने के लिए ब्रज की गोपियां लाज और प्रेम के कारण अटारियों पर चढ़कर उसे देखने लगती हैं। कविवर कहते हैं कि गायों के खुरों से उड़ने वाली धूल के धुंधलेपन में श्रीकृष्ण की शोभा यूं हो जाती है मानो आग के पहाड़ के बुझने के बाद धुएं के बादल ब्रज की तरफ बढ़े आ रहे हों।

देखिक रास महावन को इक गोपवधू कह्यौ एक बनू पर।
देखति हौ सखि भार से गोप कुमार बने जितने ब्रज-भू पर॥
तीछें निटारि लखी रसखानि सिंगार करी किन कोऊ कछू पर।
फेरि फिरैं अंखियां ठहराति हैं कारे पीताम्बर वाले के ऊपर॥

एक गोपी अपनी सखी से कहती है - तुम्हें पता है सखि! कृष्ण ने महावन में रासलीला की थी। जितने भी ब्रज के गोप कुमार हैं, सभी ने श्रृंगार किया हुआ था और वे कामदेव की तरह सुंदर दिखाई दे रहे थे। मैंने कनखियों से उन्हें देखा, थोड़ा-बहुत श्रृंगार सबने ही किया हुआ था। फिर अचानक ही मेरी नजर पीले वस्त्रधारी श्री कृष्ण पर जा ठहरी। वे भी इतने सुसज्जित थे कि घूम-फिर कर नजर उन पर ही जा टिकती थी।

दमकैं रवि कुण्डल दामिनी से धुरवा जिमि गोरज राजत है।
मुकताहल वारन गोपन के सुतौं बूंदन की छवि छाजत है॥
ब्रजवाल नदी उमही रसखानि मयंकबधू दुति लाजत है।
यह आवन श्री मनभावन की वरषा जिमि आज विराजत है॥

एक गोपी अपनी सखी से कहती है- हे सखि! कृष्ण के कानों में सूर्य की चमक वाले कुण्डल बिजली की चमक की तरह चमकते हैं। गायों के खुरों से उड़ने वाली धूल बादलों के समूह के समान लगती है। गोपों पर वह मोतियों को न्यौछावर कर रहे हैं, जो बारिश की बूंदों की तरह जान पड़ते हैं। कृष्ण को देखने के लिए उमड़ी हुई गोपियों के झुण्ड जैसे बरसात में उफनती हुई नदी है। जिस प्रकार बादलों के आसमान में छाने से चन्द्रमा का उजाला कम हो जाता है, उसी तरह से श्री कृष्ण के सौंदर्य की आभा के सामने सब की आभा धूमिल पड़ गई है। मनमोहन कृष्ण के आने से जैसे बरसात का मौसम आ गया है।

मोर किराट नवीन लसै मकराकृत कुण्डल लोल की डोरनि।
ज्यों रसखानि घने घन में दमकै बिंबिदामिनी चाप के छोरनि।।
मारि है जीव तो जीव बलाय बिलोक बजाय लौंनन की कोरनि।
कौन सुभाय सों आवत स्याम बजावत बैनु नचावत मोरनि ।। 47।।

एक गोपी अपनी सखी से कहती है- कृष्ण के सौंदर्य का वर्णन किन शब्दों में करूं सखि! नंद नंदन कृष्ण के सिर पर मोर पंख है। कानों में जो कुण्डल हैं, वे मकराकृति की तरह हैं; जो गालों तक लटके हुए झूल रहे हैं। कुण्डल ऐसे लगते हैं जैसे इंद्रधनुष के सिरों पर दो बिजलियां चमक रही हों। कृष्ण की भौंहों का जो सौंदर्य है, वह इतना जीवंत है, आकर्षक है कि मर कर भी उससे मुक्ति नहीं मिलने वाली है अर्थात वह शोभा मरने के बाद में पीछा ही करती रहेगी। वह देखो, वंशी की मीठी धुन में मग्न अपने मोर मुकुट को नचाता हुआ वह किस तरह सजधज कर आ रहा है।

दोउ कानन कुण्डल मोर पखा सिर सोहे दुकूल नयो चटको।
मनिहार गरे सुकुमार धरे नट-भेस अरे पिय को टटको।।
सुभ काछनी बैजनी पावन आवन मैन लगै झटको।
वह सुन्दर को रसखानि अली जु गलीन मैं आइ अबैं अटको।।48।।

एक गोपी अपनी सखी से कहती है- हे सखि! कृष्ण के दोनों कानों में कुण्डल हैं। सिर पर मोर मुकुट है और वह नये चटकीले परिधाानों में सुशोभित है। गले में मोतियों की माला है। वह कृष्ण सुन्दर नये नट-भेष में है। उसकी कमर में आकर्षक काछनी है और पांवों में पैंजनी है, जिससे आने-जाने में कोई

असुविधा नहीं होती। वह आनंद की खान कृष्ण अब इन गलियों में आकर खड़ा हो गया है।

काटे लटे की लटी लकुटी दुपटी सुफटी सोउ आधे कंधाहीं।
भावते भेष सबै रसखान न जानिए क्यों अंखियां ललचाई॥
तू कछू जानत या छवि कों यह कौन है सांवरियां बनमाहीं।
जोरत नैन मरोरत भौंह निहोरत सैन अमेठत बांहीं॥

एक गोपी अपनी सखी से कहती है - सखि! देखो तो सही, कृष्ण ने किसी पेड़ की डाल से काटी गयी छड़ी हाथ में ली है। उसका दुपट्टा आकर्षक और खूबसूरत है, उसने आधे दुपट्टे को अपने कंधे पर रखा हुआ है। उसका रूप सभी को अच्छा लगता है। न मालूम उसे देखकर मेरी आंखें क्यों उस पर मोहित हो गयी हैं। सखि! क्या तुम्हें उसके बारे में कुछ पता है कि इतना सुंदर वह सांवरा युवक जो वन में प्रतिदिन आता है, कौन है? वह हर युवती से नैन मिलाता है। भौंहें मटकाता है, आंखों की भाषा से बातें करता है और अपनी बांहों को हिलाता हुआ अपनी ही मस्ती में चलता है। सखि! उस सांवरे के बारे में तुम्हें कुछ पता है? मैं तो उस पर मोहित हो गई हूं।

कैसो मनोहर बालक मोहन सोहन सुन्दर काम ते आली।
जाहि बिलोकत लाज तजी कुल छूटो है नैननि की चल चाली॥
अधरा मुसकान तरंग लसै रसखानि सुहाइ महाछवि छाली।
कुंज लगी मधि मोहन सोहन देख्यौ सखी वह रूप-रसीली॥50॥

एक गोपी अपनी सखी से कह रही है - सखि! कृष्ण का रूप कितना मनोहारी है। यह कृष्ण तो कामदेव से भी अधिक सुन्दर है। उसको देखते ही मुझसे लाज छूट गया और नैनों की चचल चाल ने कुल-खानदान की लाज भी छुड़वा दी। उसके अधरों पर मुसकान फैली हुई है। आनंद की खान वह कृष्ण कितना सुंदर है। सखि! मेरा कहा मानो। मैं झूठ नहीं बोल रही, मैंने उसे कुंज-गली में खुद अपनी आंखों से देखा था। वह मन मोहना अद्वितीय है। उसकी शोभा मन को अपनी ओर खींचने वाली है।

मोहन छवि रसखानि लखि, अब दृग अपने नाहिं।
ऐंचे आवत धनुष ले, छूटे सर से जाहिं॥ 51॥

रसखान कहते हैं- जब से मोहन के रूप-सौंदर्य को देखा है, तब से मेरी आंखें मेरी नहीं रहीं अर्थात वे अब मेरे वश में नहीं रहीं। मेरी आंखें बहुत प्रयास से धनुष की तरह खिंचती हैं, लेकिन बाण की तरह बड़ी तेजी से कृष्ण की रूप-राशि सामने आ जाती हैं।

या छवि पै रसखानि अब वारौं कोटि मनोज।
जाकी उपमा कविन नहिं रहे सु खोज॥ 52॥

रसखान कहते हैं कि मैं कृष्ण के इस रूप-सौंदर्य पर करोड़ों कामदेव को न्योछावर करती हूं। कृष्ण के रूप-सौंदर्य की उपमा कवियों को अभी तक नहीं मिली है अर्थात उनके रूप-सौंदर्य का वर्णन अभी तक किसी कवि ने ठीक-ठाक नहीं किया है। वे तो कृष्ण के रूप-सौंदर्य की उपमा की तलाश में अब भी हैं।

कदम्ब करीर तरि पूछनि अधीर गोपी
आनन रूखोर गरों खरोई भरोहों सो
चोर हो हमारो प्रेम-चौंतरा मैं हार्‍यौ
गरावनि तें निकसि भज्यौ है करि लजरों सो।
ऐसे रूप ऐसो भेष हमैहूं दिखैयौ, देखि
देखत ही रसखानि नैननि चुमेरौं सो।
मुकुट झुकोहों हास हियरा हरौ हों कटि
फेटा पिपरोहों अंग रंग सांवरौ हों सो॥ 53 ॥

एक घबराई हुई सी गोपी युमनातट, कदम्ब तथा करील से पूछ रही है- तुम सब के साथ हर पल जो वह कृष्ण रहता था, कहीं नजर नहीं आ रहा, कहां चला गया? उसका चेहरा उदास है, गला भरा हुआ है। वह प्रेम के खेल में मुझसे हार गया है। वह मेरा चोर है, जो शर्म सार होकर मेरे हाथ से निकल भागा है। मोहक सौंदर्य और आकर्षक बालों को दिखाकर मुझे लुभाने वाला, नजर पड़ते ही नयनों में बस जाने वाला, वह सांवरा बांका कृष्ण कहां है? उसके गले में हार है, उसका मोर-मुकुट झुका हुआ है, उसकी कमर में पीताम्बर है और अंग रंग अर्थात उसके अंगों का रंग सांवला है।

कहने का भाव है कि गोपी कृष्ण पर आसक्त नहीं है बल्कि उसका प्रेम निष्कपट और सच्चा है। ईश्वर स्वरूप कृष्ण के प्रेम में

सुधबुध खोई गोपी की व्याकुलता का वर्णन रसखान ने बड़े ही भावपूर्ण ढंग से किया है।

भौंह भरी सुथरी बरुनी अति ही अधरानि रच्यौ रंग रातो।
कुण्डललोल कपोल महाछवि कुंजन तैं निकस्यौ मुसकातो॥
छूटि गयौ रसखानि लखैउर भूलि गई तन की सुधि सातो।
फूटि गयौ सिर तैं दधि भाजन टूटिगौ नैनन लाज को नातो॥54॥

व्याकुल गोपी की मुलाकात जब कृष्ण से हो गई तब उसने कैसा महसूस किया, उसी का वर्णन करती हुई गोपी अपनी सखी से कहती है - सखी, जब मैं कृष्ण से मिली तो उनकी भौंहें भरी हुई थीं, पलकों में आकर्षण था और होंठों की आभा गुलाबी थी। कुंडल का हिलना-डोलना गालों का सौंदर्य बढ़ा रहा था। ऐसा मोहक सौंदर्य लेकर वह बांका कृष्ण कुंजों से मुस्कराता हुआ निकला। उस रस की खान श्रीकृष्ण पर नजर पड़ते ही मेरा हृदय धड़क उठा और मेरी सातों इंद्रियां मेरे वश में नहीं रहीं। मुझे अपना कोई ध्यान रहा ही नहीं और सिर पर जो दही का मटका था, वह गिर कर फूट गया और आंखों में शरम-लाज भी न रही।

जात हुती जमुना जल कौं मन मोहन घेरि लयौ मग आइ कै।
मोद भर्‌यो लपटाइ लयौ पट घूंघट ढारि दयौ चित चाइ कै॥
और कहा रसखानि कहौं मुख चूमत बातन बात बनाइ कै।
कैसे निभै कुल-कानि रही हिये सांवरी मूरति की छवि छाइ कै॥55॥

एक गोपी यमुना तट पानी लेने गयी है और वहीं कृष्ण मिल गये। इसका वर्णन करती हुई वह गोपी अपनी सखी से कहती है- 'क्या बताऊं सखि! मैं यमुना तट पानी लेने के लिए जा रही थी, तभी कृष्ण ने मुझे राह में ही आकर रोक लिया। हर्षित मन से कृष्ण मुझसे लपटाई गए और मेरा घूंघट हटा दिया। मैं आगे क्या बताऊं सखि! बातें बना-बनाकर वह मेरा मुंह चूमने लगे। अब कुल-खानदान की मर्यादा कैसे निभेगी, मन में तो कृष्ण की छवि बस गई है।

जा दिन ते निरख्यौ नंदनंदन कानि तकी कर बंधन टूट्यौ।
चारु बिलोकिन कीनी सुमार सम्हार गई मन मार ने लूट्यौ।

सागर कों सलिला जिमि धावे न रोकी रूकै कुल कोपुल टूट्यौ।
मत्त भयौ मन संग फिरे रसखानि सरूप सुधारस घूट्यौ॥ 56॥

एक गोपी अपनी सखी से कहती है - सखि! जिस दिन से मैंने उस मनमोहन कृष्ण को देखा है, उसी दिन से मैंने सारी मर्यादाएं छोड़ दी हैं। उनके देखने के खूबसूरत अंदाज ने मेरे दिल पर गहरी चोट पहुंचाई है, जिससे मैं अपना होशोहवास खो बैठी हूं और कृष्ण रूपी कामदेव ने मेरा मन अपने वश में कर लिया है। जैसे नदी पुल रूपी बंधन तोड़कर सागर की तरफ बहती चली जाती है और रोकने पर भी नहीं रुकती है, वैसे ही मेरे कुल की मर्यादा का बंधन टूट गया है और कृष्ण के सौंदर्य पर मोहित मेरा मन उनकी ओर ही बहता चला जा रहा है। मत्त भयौ मन अर्थात मेरा मन पागल हो गया है और उस आनंद स्वरूप श्रीकृष्ण के सौंदर्य के अमृत को पी गया है। वह तो अब उनके साथ-साथ ही चल-फिर रहा हैं। स्वयं पर तो मेरा कोई वश ही न रहा।

सुधि होत विदा नर नारिन की दुति दीठि परे बहियां पर की।
रसखान बिलोक गुंज छरानि तजैं कुल कानि दुहूंधर की।
सहरात हियौ फहरात हवां चितबैं कहरानि पितंबर की।
यह कौन खरौ इतरात गहै बलि की बहियां छहियांबर की॥57॥

एक गोपी अपनी सखी से कह रहा है- जिस कृष्ण की बांहों के सौंदर्य पर नजर पड़ते ही स्त्री-पुरुषों का होशोहवास गुम हो जाता है, जिसके गले में सुशोभित गुंजों की माला पर नजर पड़ते ही स्त्रियां पिता व ससुर यानी दोनों घरों की मर्यादाएं भुलाकर उससे प्रेम करने लगती हैं, जिसके पीताम्बर को हवा में फहराते देखकर मन को सुकून मिलता है और शरीर आनंद सागर में डूब जाता है, हे सखि! बताओ तो सही, बरगद के पेड़ की छांह में बलदाऊ की बांह थामे खड़ा, वह कौन है? कहीं मैं जिस कृष्ण की बात कर रही हूं, वही तो नहीं है?

कहने का भाव है कि श्री कृष्ण सारे सुखों के धाम हैं। उनके सौंदर्य का जितना भी वर्णन कोई करे, वह कम ही है।

ए सजनी मनमोहन नागर आगर दौर करी मन माहीं।
सास के त्रास उसास न आवत कैसे सखी ब्रजवास बसाहीं।
माखी भई मधु की तरुनी बरुनीन के बान बिधीं कित जाहीं।
बीथिन डोलति हैं रसखानि रहैं निज मंदिर में पल नाहीं॥58॥

एक गोपी अपनी सखी से कहती है – सखि! वह मनमोहन यानी कृष्ण बहुत ही बुद्धिमान है। कृष्ण की छवि मेरे मन में बस गई है। सासू मां के भय से मैं तो सांस भी नहीं ले पा रही हूं। तुम्हीं कहो, मैं भला ब्रज में कैसे रह सकती हूं? ब्रज–बालाएं तो शहद की मक्खियां बन गई हैं और अपने ही किए प्रेम में उलझी हैं। वे सब–की–सब ही कृष्ण की तिरछी नजर के बाण से घायल हैं। उन्हें तो रास्ता भी नहीं मालूम कि वे कहां जाएं और वह मनमोहना कृष्ण जो है, क्षण भर भी अपने घर में नहीं ठहरता है, हमेशा ब्रज की गलियों में डोलता फिरता है।

सखि गोधन गावत हो इक ग्वार लख्यौ वहि डार गहें बट की।
अलकावलि राजति भाल बिसाल लसै बनमाल हिये लटकी।
जब तें वह तानि लगी रसखानि निवारै को या मग हौं भटकी।
लटकी लट मों दृग-मीननि सों बनसी जियवा नट की अटकी॥59॥

एक गोपी अपनी सखी से कहती है– सखि! मैंने कृष्ण को गायों से संबंधित गीत गाते हुए देखा, जो उसी पेड़ की डाल पकड़कर खड़े थे, जिस पेड़ की डाल को वे अक्सर ही पकड़कर खड़े होते हैं। खूबसूरत बाल उनके विशाल सिर पर सुशोभित हो रहे थे और वनमाला गले से हृदय तक लटकी हुई थी, जो बहुत ही सुंदर लग रही थी। जब से मैंने आनंद सागर कृष्ण की वंशी की मधुर धुन सुनी है, मुझे कोई भी उस वंशी की धुन की मिठास से अलग नहीं कर सका है और मैं उन्हें मार्ग में चारों तरफ खोजती फिर रही हूं। उस नटवर कृष्ण के कंधे तक लटके हुए बाल मेरी आंखों के लिए कांटा बन गए हैं यानी मछली पकड़ने वाला कांटा उनके लटके हुए बालों की शोभा बन गई हैं।

गाइ सुहाइ या पैं कहूं न कहूं, यह मेरी गरी निकर्यौ है।
धीर समीर कलिंदी के तीर खर्यौ रटै आजु री डीठि पर्यौ है।
जा रसखानि बिलोकत ही सहसा ढरि रांग सो आंग ढर्यौ है।
गाइन घेरत हेरत सो पट फेरत टेरत आनि पर्यौ है॥

एक गोपी श्री कृष्ण के सौंदर्य पर मोहित है और वह इस दशा का वर्णन करती हुई अपनी सखी से कहती है– सखि! कृष्ण ने कभी मेरी गाय का दूध भी नहीं निकाला है, मेरे घर के रास्ते से भी कभी नहीं निकला है कि

थोड़ी-बहुत भी जान-पहचान हो सके। यमुना के तट पर धीर समीर कुंज में खड़ा वह तो आज ही मुझे नजर आया है। रसों की खान उस श्रीकृष्ण पर नजर पड़ते ही पिघले हुए रांगे की तरह मेरा शरीर पिघल गया यानी मेरा सारा शरीर ढीला पड़ गया। गायों को घेरता हुआ, मुझे देखता हुआ, अपने परिधानों को सहेजता हुआ और गायों को हांकता हुआ...आदि भंगिमाओं के कारण वह मुझमें समा गया है अर्थात मैं उस पर एकदम से ही मोहित हो गई हूं।

खंजन मीन सरोजन को मृग को मद गंजन दीरघ नैना।
कुंजन ते निकस्यौ मुसकात सु पान पर्‌यौ मुख अमृत बैना॥
जाइ रटे मन प्रान बिलोचन कानन में रचि मानत चैना।
रसखानि कर्‌यौ घर मो हिय में निसि वासर एक पलौ निकसे ना॥61॥

कृष्ण से हुई मुलाकात का वर्णन एक गोपी अपनी सहेली से कर रही है – सखि! भगवान कृष्ण के विशाल नयन खंजन, मीन, कमल और मृग के नयनों को भी मात देने वाले हैं यानी उनके मद को चूर करने वाले हैं। वह कृष्ण कुंजों से मुस्कराता हुआ बाहर निकला। उसके होंठों पर पान की लाली थी तथा वाणी में अमृत सी मिठास थी। उसे देखकर प्राण व मन उस पर मोहित हो जाते हैं अर्थात वे मेरे कहने में नहीं रहते। कृष्ण से जिस वन में मेरी मुलाकात हुई थी, वे वहीं रहने की जिद करते हैं। हे सखि! उस नंदलला ने तो मेरे हृदय को ही अपना घर बना लिया है अर्थात वह मेरे दिल में बस गया है। वह रात-दिन हृदय में ही रहता है। क्षण भर के लिए भी हृदय से बाहर नहीं आता।

मन लीनो प्यारे चितै, पै छटांक नहिं देत।
यहै कहा पाटी पढ़ी, दल को पीछो लेत॥ 62॥

रसखान कहते हैं- हे चितचोर यानी हे कृष्ण! तुम अपना रूप-सौंदर्य दिखाकर मन को तो अपने वश में कर लेते हो लेकिन उसके एवज में स्वयं नहीं रीझते। ऐसी पढ़ाई तुमने कहां से पढ़ी कि लेना जानते हो, देना नहीं अर्थात अपने ऊपर रीझाते हो, पर स्वयं नहीं रीझते। कुछ मुझ पर भी तो कृपा करो।

मो मन मानिक ले गयौ, चिते चोर नंद नंद।
अब बेमन मैं क्या करूं, परी फेर के फन्द॥

गोपी अपनी सखी से कहती है – सखि! मैं क्या करूं। मेरे मन रूपी मोती को वह नंद का चितचोर कृष्ण ले गया। मैं अब बिना मन के क्या करूं? मैं तो दुःखों के फंदे में फंस गई हूं।

नैन दलालनि चौहटें, मन मानिक पिय हाथ।
रसखां ढोल बजाइके, बेच्यौ हिय जिय साथ॥

गोपी अपनी सखी से कह रही है–सखि! मेरे नेत्र किसी दलाल से कम नहीं हैं। इन्होंने ही मुझे भरे बाजार में बेच दिया और मेरे मन रूपी मोती को कृष्ण ने अपने हाथ में कर लिया अर्थात मेरा मन अब मेरा नहीं, कृष्ण का हो गया है। मन व प्राण दोनों को ढोल बजाइके यानी सरे आम इन नैनों के चलते ही मुझे बेचना पड़ गया है। मैं तो अब कुछ भी नहीं कर सकती।

प्रीतम नन्द किशोर, जा दिन तें नेननि लग्यौ।
मन पावन चित्त चोर, पलक ओट नहिं सहि सकौं॥65॥

गोपी अपनी सखी से कहती है – जब से कृष्ण से नयन मिले हैं, तब से ही उस चितचोर को पलभर के लिए भी आंखों से ओझल होने देना नहीं चाहती और उसकी छवि का मेरी आंखों से ओझल होना मुझे बर्दाश्त भी नहीं है।

मैन मनोहर नैन बड़े सखि सैननि ही मनु मेरा हर्‌यौ है।
गेह को काज तज्यौ रसखानि हिये ब्रजराज कुमार अर्‌यौ है॥
आसन-वासन सास के आसन पाने न सासन रंग पर्‌यौ है।
नैननि बंक विसाल की जोहनि मत्त महा मन मत्त कर्‌यौ है॥66॥

एक गोपी अपनी सखी से कह रही है– सखि! मनमोहन यानी कृष्ण की आंखें कामदेव की आंखों जैसी बड़ी और खूबसूरत हैं। उन आंखों की मोहक चितवन से कृष्ण ने मेरे मन को वश में कर लिया है। यही वजह है कि श्री कृष्ण दिल में बस गया है। उसके प्रेम में पगी मैंने घरेलू कार्यों को भी करना छोड़ दिया है। आसन–वासन यानी आशाओं की वासनाएं सासू मां से भी नहीं डरतीं क्योंकि कृष्ण का प्रेम मेरी सांसों में समाया जो है। क्या कहूं सखि! बड़े व तिरछे नैनों वाले कृष्ण की मोहनी सूरत ने मुझे अपने प्रेम में पागल कर दिया है।

भटू सुन्दर स्याम सिरोमनि मोहन जोहन मैं चित्त चोरत है।
अवलोकन बंक विलोचन मैं ब्रजबालन के दृग जोरत है॥

रसखानि महावत रूप सलोने को मारग तें मन मोरत हैं।
ग्रह काज समाज सबै कुल लाज लला ब्रजराज को तोरत है॥67॥

गोपी अपनी सखी से कहती है- हे सखि! सुंदर व शिरोमणि कृष्ण मन मोहक है तथा नजर पड़ते ही वह चितचोर मन को अपने वश में कर लेता है। वह अपने तिरछे नयनों से ब्रज-बालाओं के नयनों को सम्मोहित कर लेता है। रसखान कहते हैं कि उसका जो रूप-सौंदर्य रूपी महावत है, वह गोपियों के मन रूपी हाथी को कहीं से भी पकड़कर अपने वश में कर लेता है। वह कृष्ण घरेलू-कार्यों, समाज के रीति-रिवाज और कुल-खानदान की मर्यादा को भुलाने पर ब्रजबालाओं को मजबूर कर देता है।

आली लला घन सों अति सुंदर तैसो लसै पियरो उपरैना।
गंडनि पै छलकै छवि कुण्डल मंडित कुंतल रूप की सैना।
दीरघ बंक विलोकनि की अवलोकनि चोरति चित्त को चैना।
मो रसखानि रट्यौ चित्तरी मुसकाइ कहे अधरा मृत बैना॥68॥

गोपी अपनी सखी से कहती है - सखि! श्याम सुंदर श्री कृष्ण बादलों से भी अधिक सुंदर हैं। उनका पीतांबर भी खूबसूरत है। उनके गालों पर कुंडलों की आभा है। सुंदर घुंघराले बाल सौंदर्य के अनुपम उदाहरण हैं। वे अपने विशाल तिरछे नयनों से देखते ही सबके मन को अपनी ओर खींच लेते हैं। सखि! उस आनंदमय कृष्ण के रूप का कितना गुणगान करूं। उन्होंने बिहंसकर और मीठे अमृत तुल्य शब्दों को मुंह से निकाल कर मेरे चित्त को अपने वश में कर लिया है।

वह नंद को सांवरो छैल अली अब तौ अति ही इतरान लग्यौ।
नित घाटन बाटन कुंजन मैं मोहिं देखत ही नियरान लग्यौ।
रसखानि बखान कहा करियै तकि सैननि सों मुसकान लग्यौ।
तिरछी बरखी सम मारत है दृग-बान कमान मुकान लग्यौ॥ 69॥

गोपी अपनी सखी से कहती है- सखि! वह नंद का सांवरा श्री कृष्ण तो अब बहुत ही इतराने लगा है। वह घाटों, राहों और कुंजों में मुझे देखते ही मेरे समीप आने लगा है। मैं उस की हरकतों को कहां तक बताऊं। वह मुझे देखकर मुस्कराने लगा है। वह अपनी तिरछी नजर को मुझ पर बरछी की तरह मारता है तथा दृग-बान यानी आंखों के

बाणों को धनुष पर कानों तक खींचकर चलाने लगा है। सखि! मेरा तो सुख-चैन ही लुट गया है।

मोहन रूप छकी बन डोलति घूमति री तजि लाज विचारें।
बंक विलोकनि नैन विसाल सु दम्पत्ति कोर कटाछन मारे॥
रंग भरी मुख की मुसकान लखे सखी कौन जु देह सम्हारे।
ज्यौं अरबिन्द हिमन्त-करी झकझोरि के तोरि मरोरि कै डारे॥70॥

गोपी अपनी सखी से कहती है- सखि! मैं कृष्ण के रूप-सौंदर्य से छकी दुनिया की लाज-शरम को छोड़कर जंगल-जंगल डोलती फिर रही हूं। मैं उस कृष्ण को क्या कहूं? उसकी तिरछी नजर और बड़ी आंखों को क्या कहूं? उसकी तिरछी नजर और बड़ी आंखों की शोभा सब को ही अपने कटाक्षों से घायल कर देती है। सखि! उसके सुंदर मुख की मुस्कान देखकर भला कौन ऐसी गोपी होगी, जो खुद को संभाल सकेगी।

कहने का भाव है कि उसको देखते ही सभी गोपियां उसकी दीवानी हो जाती हैं और ऐसी मदमस्त हो जाती हैं जैसे हेमंत रूपी हाथी ने झकझोर कर पल भर में ही लोहे की जंजीर तोड़-मरोड़ दी हो। गोपियों की दशा ऐसी ही है। उनका कृष्ण से इतना गहरा प्रेम है।

आज गई ब्रजराज के मंदिर स्याम विलोक्यौ री माई।
सोइ उठ्यौ पलिका फल कंचन बैठ्यौ महा मनहार कन्हाई।
ए सजनी मुसकात लख्यौ रसखानि विलोकनि बंक सुहाई।
मैं तब ते कुलकानि तजौ सुबजी ब्रजमण्डल मोंह दुहाई॥71॥

गोपी अपनी सहेली से कह रही है-आज मैं ब्रजराज यानी श्री कृष्ण के घर गई थी, वहां पर मैंने कृष्णा को देखा। मन मोहन कृष्ण सोने के खूबसूरत पलंग पर बैठा हुआ था, जो अभी-अभी नींद से जागा था। हे सखि! उस आनंदमय कृष्ण की मुस्कान तथा खूबसूरत तिरछी नजर को देखकर मैंने तब से ही अपनी सुधबुध खो दी है। कुल-खानदान की मर्यादा छोड़ दी है, जिससे पूरे ब्रज में शोर मच गया है यानी वह ब्रज बाला उन्हें पुकार रही है कि मेरी रक्षा करो अपनी मोहिनी सूरत से ताकि मुझे अपने कुल-खानदान की मर्यादा का ध्यान रह सके।

मोहन के मन की सब जानति जोहन के मोहि मग लियौ मन।
मोहन सुन्दर आनन चंद तें कुंजनि देख्यौ में स्याम सिरोमन॥
ता दिन तें मेरे नैननि लाज तजी कुल कानि की डोलत हौ बन।
कैसी करौं रसखानि लगी जक री पकरी पिय के हित को पन॥72॥

गोपी अपनी सहेली से कहती है –सखि! मोहन के मन की बातें मुझे मालूम हैं। कृष्ण ने अपनी आकर्षक दिव्य दृष्टि के जरिए मेरे मन को ही मोह लिया है। मनोहारी और चन्द्र के समान खूबसूरत चेहरे वाले श्याम शिरोमणि को कुंजों में जब से देखा है, मेरी आंखों से दुनिया की शरम-लाज और खानदान की मर्यादा चली गई है और मैं जंगल-जंगल उसे ही ढूंढती फिर रही हूं। सखि! मैं क्या करूं, उससे ऐसी लगन लग गई है कि मुझे कुछ सूझता ही नहीं। बस उसके प्रेम में उलझ कर रह गई हूं।

लोक की लाज तज्यौ तबहिं जब देख्यौ सखी ब्रजनंद सलोनो।
खंजन मीन सरोजन की छवि गंजन नैन लला दिन होनो॥
हेरें सम्हारि सकै रसखानि सो कौन लिया वह रूप सुठोनो।
भौंह कमाल सों जोहन को सर बेधत प्राननि नंद को छोनो॥

गोपी अपनी सखी से कहती है-

सखि! जब से मैंने श्री कृष्ण के सुंदर रूप को देखा है तब से ही लोक की लाज शरम छोड़ दी है अर्थात मैंने उससे प्रेम किया है, इस बात का भय नहीं रह गया है। हर क्षण सौंदर्य से सुशोभित कृष्ण के नयन इतने खूबसूरत हैं कि खंजन, मीन, कमल आदि के सौंदर्य को उन्होंने मात दे दी है। ऐसी कोई नहीं ब्रज-बाला है, जो कृष्ण के सौंदर्य को देखकर मोहित न हो। कृष्ण की भौंहें कमान की तरह हैं तथा देखने का अंदाज बाण के समान नुकीला है। भौंहों के धनुष पर चितवन के बाण चढ़ाकर वह कृष्ण सबके ही हृदय को छलनी कर देता है अर्थात सबको ही अपने प्रेम में दीवाना बना देता है।

वा मुख की मुस्कान भटू अंखियानि तें नेकु टरै नहीं टारी।
जो पलकैं पल लागति हैं पल ही पल मांझ पुकारें पुकारी॥
दूसरी ओर तें नेकु चितै इन नैनन नेम गह्यौ ब्रजमारी।
प्रेम की बानिकि जोग कलानि गही रसखानि विचार विचारी॥74॥

गोपी अपनी सहेली से कहती है- सखि। कृष्ण के चेहरे की मुस्कान मेरी

आंखों के सामने से हटाने पर भी नहीं हटती है। मेरी पलकें क्षण भर के लिए मूंद जाती हैं, तो अगले पल ही कृष्ण को पुकारने लगती हैं।क्या कहूं, मेरी आंखों ने बहुत ही सख्त नियम बना लिया है। समझ में नहीं आता कि यह प्रेम की खुमारी है या यूं ही भ्रम।

कातिग क्वार के प्रात सरोज किते विकसात निहारे।
डंठि परे रतनागर के दरके बहु दामिड़ विम्ब विचारे।
लाल सुजीव जिते रसखानि दर के गनि तोलनि मोलनि भारे।
राधिका का श्रीमुरलीधर की मधुरी मुसकानि के ऊपर वारे॥

गोपी अपनी सहेली से कहती है- सखि! कार्तिक और क्वार माह की सुबह में मैंने बहुतेरे कमलों को खिलते हुए देखा है। रत्नों के खजाने देखे हैं। दरके हुए बहुत से अनारों के बिम्बों को देखा है लेकिन राधा-कृष्ण की जो मुस्कान है, उसके आगे उनका कोई अस्तित्व नहीं है। रसखान कहते हैं कि इस पृथ्वी पर जितने भी प्राणी हैं या जीव हैं, उनसे कृष्ण के प्रेम की तोल और मोल अधिक ही है। आगे गोपी कहती है कि सखि! इस सृष्टि में जो कुछ भी है, वह सब राधा-कृष्ण की एक मुस्कान पर मैं वारती हूं यानी न्योछावर करती हूं।

बंक विलोचन हैं दुख-मोचन दीरघ रोचन रंग भरे हैं।
घमत बारुनी पान किये जिमि झूमत आनन रूप ढरै हैं॥
गंडनि पै झलकै छवि कुण्डल नागरि-नैन विलोकि भरे हैं।
बालिन के रसखानि हरे मन ईषद हास के पानि परे हैं॥76॥

गोपी अपनी सहेली से कहती हैं- सखि! दु:ख-मोचन हैं कृष्ण के तिरछे नयन। उनके बड़े और लाली लिए हुए नयनों में बस प्रेम-ही-प्रेम है। कृष्ण के नयन देखने पर ऐसे लग रहे हैं जैसे वे मुख-सौंदर्य की मदिरा पीकर झूम रहे हों। उनके गालों पर कुंडलों की आभा झिलमिला रही है, जिसे देखकर ब्रज-बालाओं की आंखें उस सौंदर्य में खो जाती हैं। रसखान कहते हैं कि कृष्ण की जरा-सी मुस्कान पाकर ही ब्रज-बालाएं उनके प्रेम के वशीभूत हो जाती हैं।

अब ही खरिक गइ गाइ के दुहाइबे कौं
बावरी ह्वै आई डारि दोहनी यौं पानि की।

कोऊ कहै छरी कोई मौन परी कोऊ
कोऊ कहै मरी गति हरी अंखियानि की॥
सास व्रत टानै नन्द बोलत सयाने धाइ
धौरि-धौरि मानै-जानै खोरि देवतानि की
सखी सब हंसै मुरझानि पहिचानि कहूं
देखी मुसकानि वा अहीर रसखानि की॥77॥

गोपी अपनी सखी से कहती है- हे सखि! अभी-अभी तो वह गोपी गाय का दूध निकालने गई थी, पर क्या कहूं, वह बावरी दूध निकालने वाले बर्तन को फेंकर बदहवाश-सी लौट आई। कोई कहती है कि किसी ने इसको वश में कर लिया है, कोई कहती है कि यह भ्रमित हो गई हैं, कोई कहती है कि किसी कारण से भयभीत हो गई है, कोई कहती है कि यह मर गयी है और कोई कहती हैकि इसकी आंखों से कुछ दिखाई ही नहीं दे रहा है। जितनी गोपियां उतनी बातें। उसकी सास व्रत-उपासना करने को कहती है, ननद जादू-टोना ठीक करने वालों को बुलाकर लाती है और देवी-देवताओं से प्रार्थना करती है। लेकिन सखियां उस गोपी की बेहोशी के कारण को जानकर मुस्कराती हैं तथा बोलती हैं कि इसे कुछ नहीं हुआ है। इसने तो आनंद स्वरूप श्रीकृष्ण की मोहनी मुस्कान का दर्शन कर लिया है और इस पर उस मुस्कान का ही असर है।

कहने का भाव है कि उस आनंदमय कृष्ण की मुस्कान इतनी मोहिनी है कि जो भी ब्रज-बाला एक बार देख लेती है, वह अपनी सुधबुध खोकर बस उस मुस्कान की शोभा में ही उलझी रहती है।

मैंन मनोहर बैन बजै सु सजेतन सोहत पीत पटा है।
यों दमकै चमकै झमकैं दुति दामिनि की मनौस्याम घटा है॥
ए सजनी ब्रजराजकुमार अटा चढ़ि फेरत्त लाल बटा है।
रसखानि महा मधुरी मुख की मुसकानि करै कुलकानि कटा है॥78॥

गोपी अपनी सखी से कहती है - सखि! उस कृष्ण की आवाज में कामदेव की आवाज की तरह मधुरता है और उसने पीले वस्त्र धारण कर रखे हैं। उस कृष्ण के शरीर की आभा यूं चमकती है जैसे बादलों में बिजली चमकती है। सखि! नंदलला कृष्ण अटारी पर चढ़कर अपनी लाल गेंद को फेंकता है, जो देखने में अच्छा लगता है। कविवर रसखान कहते हैं कि कृष्ण

की मीठी मुस्कान गोपियों को कुल की की मर्यादा भुलाने पर मजबूर कर देती है यानी ब्रज-बालाएं उसकी मोहिनी मुस्कान पर इतना मोहित हो जाती हैं कि उन्हें लोक लज्जा का ध्यान ही नहीं रहता।

जा दिन तें मुसकानि चुभी चितता दिन तें निकसी न निकारी।
कुण्डल लोल कपोल महा छवि कुंजन तें निकस्यो सुखकारी।
हे सखि आवत ही दगरें पग पैंड़ तजी रिझई बनवारी।
रसखानि परी मुसकानि के पाननि कौन गनै कुलकानि विचारी॥

गोपी अपनी सखी से कहती है - सखि! जिस दिन से कन्हैया की मुस्कान मन में चुभी यानी बसी है, उस दिन से निकालने पर भी नहीं निकली है। गालों पर कुण्डलों को झुलाता हुआ वह सुखधाम कृष्ण अचानक ही कुंजों से निकल गया था। उस को देखते ही मैंने रास्ता बदल दिया और इसके साथ ही मैं उस पर रीझ गई यानी उस पर मोहित हो गई। क्या कहूं सखि, मैं तो उस सांवरे सलोने की मुस्कान के गिरफ्त में आ गई हूं। अब तो मुझे कुल के मान-मर्यादा का भी ध्यान नहीं रहा।

काननि दै अंगुरी रहिबो जबहीं मुरली धुनि मन्द बजै है।
मोहनी ताननि सो रसखानि अटा चढ़ि गोधन गैहै तौ गैहै॥
टेरि कहौं सिगरे ब्रज लोग नि काल्हि कोऊ सु कितौ समुझै है।
माइ री वा मुख की मुस्कानि सम्हारी न जैहे न जैहे न जैहे॥80॥

गोपी अपनी सखी से कहती है- जब कृष्ण की मुरली मधुर धुन में बजने लगती है तब कोई मेरे कानों में उंगली क्यों न दे दे, फिर भी मुझे वह धुन सुनाई देती है। कृष्ण अटारी पर चढ़कर ही क्यों न मधुर धुनों के साथ गोचारण के गीत गाएं, मैं सबसे चिल्ला-चिल्ला कर कहती हूं कि मुझे कोई कितना ही समझाए, पर मैं कृष्ण के चेहरे की मुस्कान सम्भाल नहीं पाती यानी मैं कृष्ण-प्रेम में एकदम से ही रम गयी हूं। अब कोई भी बंधन मुझे रोकने वाला नहीं।

आजु सखी नन्द-नन्दन की तकि ठाढ़ौ हों कुंजन की परछाहीं।
नैन बिसाल की जोहन को सब मोढ़ि गयौ हियरा जिन माहीं॥
चाइल घूमि सुमार गिरी रसखानि सम्हारति अंगनि जाहीं।
एते पै वा मुसकानि की डौढ़ी बजी ब्रज मैं अबला कित जाहीं॥81॥

गोपी अपनी सखी से कहती है - सखि! कुंजों की छाया में आज मैंने कृष्ण को खड़े हुए देखा था। उसके विशाल नयनों रूपी बाण ने मेरे दिल में छेद कर दिया। इस मार से मुझे चक्कर आ गया और मैं जमीन पर गिर पड़ी। मैं तो स्वयं को सम्भाल भी न सकी। कृष्ण के प्रति मेरे इस अनन्य प्रेम को देखकर ब्रज में ढोल बज गया यानी सबको इस बात का पता चल गया। समझ में नहीं आता मुझ जैसी अबला स्त्रियां ब्रज को छोड़कर कहां जाएं?

ए सजनी लोनो लला, लखौ नन्द के गेह।
चितयौ मृदु मुस्काई कै, हरी सबै सुधि देह।।82।।

गोपी अपनी सखी से कहती हैं - सखि! मैंने कृष्ण को नन्द बाबा के घर में देखा। उसने मुस्कराते हुए मुझे देखा तो मेरा सब कुछ ही लुट गया यानी मेरा अंग-अंग उसके ऊपर मोहित हो गया।

जोहन नन्द कुमार कों, गई नन्द के गेह।
मोहि देखि मुसकाइ कै, बरस्यौ मेह सनेह।।83।।

गोपी अपनी सखी से कहती है- सखि! मैं कृष्ण को देखने के लिए नन्द बाबा के घर गई थी। मुझ पर नजर पड़ते ही उसने मुस्करा दिया। उसकी मुस्कान से इतना प्रेम का मेह बरसा कि मैं धन्य हो गई।

मोर पखा सिर कानन कुण्डल कुंतल सों छवि गंडनि छाई।
बंक बिसाल रसाल बिलोचन हैं दुखमोचन मोहन माई।।
आली नवीन यह घन सोतन पीट घटा ज्यौं पठा बनि आई।
हौं रसखानि जकी सी रही कछु टोना चलाइ ठगौरी सी लाई।।84।।

गोपी अपनी सखी से कहती है- सखि! कृष्ण के सिर पर मोर पंख है और कानों में कुण्डल है। घुंघराले काले बालों का सौंदर्य गालों पर पसरा हुआ है। तिरछे नयन आनंद के धाम हैं और विशाल हैं, जो दुखों को हरने वाले और मन को मोहित करने वाले हैं। कृष्ण का सांवला बदन बादल की भांति हैं, जिस पर पीताम्बर बहुत ही खिल रहा है। सखि! मैं तो उस मन भावन कृष्ण के सौंदर्य को देखकर ठगी सी रह गई मानों कृष्ण ने जादू-टोना करके मुझे अपने वश में कर लिया हो। वह सांवरा-सलोना इतना सुंदर ही है कि तन-मन सब लूट लेता है।

जा दिन तें वह नंद को छोहरा या बन धेनु चराइ गयौ है।
मोहनी ताननि गोधन गावत बेन बजाइ रिझाइ गयौ है॥
वा दिन सों कछु टोना सो कै रसखानि हिये मैं समाइ गयौ है।
कोऊ न काहू की कानि करै सिगरौ ब्रज बीर! बिकाइ गयौ है॥85॥

गोपी अपनी सखी से कहती है– सखि! नन्द का पुत्र वह कृष्ण जिस दिन से इस वन में गायें चराकर गया है, मोहने वाली धुनों के साथ बांसुरी बजाकर तथा गोचारण के गीत गाकर सबको मोह गया है, उस रोज से ही जादू सा कर के वह मनमोहन दिल में बस–सा गया है। सखि, यही कारण है कि ब्रज–बालाएं अब किसी से नहीं शरमातीं। लगता है, पूरा ब्रज ही उसके हाथों बिक गया है यानी पूरा ब्रज ही उस पर मुग्ध हो गया है।

आयौ हुतौ नियरैं रसखानि कहा कहौं तू न गई वहि ठैया।
या ब्रज में सिगरी बनिता सब बारति प्राननि लेत बलैया॥
कोऊ न काहु की कानि करैं कछु चेटक सोजु कियौ जदुरैंया।
गाई गौ तान जमाइ गौ नेह रिझाइ गौ प्रान चराइ गौ गैया॥86॥

गोपी अपनी सखी से कहती है– सखि! रसों और आनंद का भण्डार कृष्ण आज मुझसे मिलने आया था। क्या कहूं, तुम वहां नहीं गई। ब्रज की सारी स्त्रियां अपने प्राणों को उस पर न्यौछावर करती हैं और उसकी बलैया लेती हैं। कोई भी स्त्री दूसरी स्त्री से नहीं शरमाती। सब की सब कृष्ण प्रेम में मस्त हैं। शरमाने का तो कोई सवाल ही नहीं उठता। कृष्ण ने कुछ जादू–टोना–सा सब पर कर दिया है। वंशी की मधुर धुन पर गोचारणसुनाकर, सब के दिलों में प्रेम जगाकर और प्राणों को अपने वश में कर वह गायों को चराकर चला गया।

कौन ठगौरी भरी हरि आजु बजाई है बांसुरिया रंग–भीनी।
तान सुनी जिनहीं तिनहीं तबहीं तित साज बिदा कर दीनी।
घूमैं घरी नन्द के द्वार नवीनी कहा कहूं बाल प्रवीनी।
या ब्रज–मण्डल में रसखानि सु कौन भटू जू लटू नहिं कीनी॥87॥

गोपी अपनी सखी से कहती है – सखि! आज कृष्ण ने न जाने किस जादू से भरी और प्रेम रस में डुबी वंशी बजायी कि उसकी तान जिस गोपी ने भी सुनी उसने ही लाज–शरम छोड़ दी। हे सखि! उस धुन को सुनने के बाद ब्रज–बालाएं नन्द बाबा के द्वार के आस–पास मंडराने लगीं। अब कोई भी ऐसी

गोपी नहीं बची है, जो कृष्ण के प्रेम के वश में न हो। सभी गोपियां कृष्ण के प्रेम के वशी भूत हो गयी हैं।

बांको धरै कलगी सिर ऊपर बांसुरी-तान कहै रस बरि के।
कुण्डल कान लसैं रसखानि विलोकन तीर अनंग तुनीर के।
डारि ठगौरी गयौ चित चोरि लिए है सबैं सुखसोखि सरीर के।
जात चलावन मो अबला यह कौन कला है भला वे अहीर के।। 88।।

गोपी अपनी सखी से कहती है - कृष्ण के सिर पर मोर मुकुट है, मीठी तान में वह वंशी बजाता है, उसके कानों में कुण्डल शोभायमान है, जिन्हें देखकर कामदेव के फूलों के बाणों-सा असर तन-मन पर होता है। वह कृष्ण मुझ पर जादू-सा कर मुझसे ही मेरा मन चुरा ले गया है और जीवन के सारे आनंद को नष्ट कर दिया है। हे अहीर के पुत्र यानी कृष्ण! मुझ अबला नारी पर काम-बाण चलाते हो, इसमें तुम्हारी कौन सी बहादुरी है?

कौन की नागरि रूप की आगरि जाति लिए संग कौन की बेटी।
जाको लसै मुख चंद-समान सु कोमल अंगनि रूप-लपेटी।।
लाल रही चुप लागि है डीठि सुजा के कहूं उर बात न मेरी।
टोकत ही टटकार लगी रसखानि भई मनौ कारिख-पेटी।।89।।

राधा कहीं जा रही है। कृष्ण की नजर राधा पर पड़ी तो उन्होंने एक गोपी से पूछ लिया- यह युवती जो रूप की खान है, जिसका चेहरा चन्द्रमा के समान उज्ज्वल है, जिसके अंग-अंग से सौंदर्य छलक रहा है, वह किसकी स्त्री है? कौन उसे साथ लिए जा रही है? किसकी कन्या है? कृष्ण के प्रश्नों को सुनकर वह गोपी मुस्कराई, फिर कहने लगी-हे कृष्ण! क्या बोलते हो, उसके दिल को अभी तक प्रेम की हवा ने नहीं छुआ है। मुझे भय है कि कहीं तुम्हारीं आंख उसे भी न लग जाए।

रसखान कहते हैं कि कृष्ण और गोपी की बात सुनते ही वह युवती यानी राधा ठिठक कर खड़ी हो गई और डर की वजह से उसका चेहरा काला पड़ गया जैसे वह कालिख की पेटी यानी संदूक बन गई हो।

मकराकृत कुंडल गुंज की माल के लाल लसै पग पांवरिया।
बछरानि चरावन के मिस भावतो दै गयो भावती भांवरिया।।90।।

रसखानि विलोकत ही सिगरी भई बावरिया ब्रज-डांकरिया।
सजती इहिं गोकुल मैं विष सो बगरायौ हे नन्द के सांवरिया।।

गोपी अपनी सखी से कहती है – सखि! कृष्ण के कानों में मकर–आकृति वाले कुंडल हैं, गले में गुंजों की माला है और पांवों में जूती है। वह बछड़ों को चराने के बहाने से अपनी सुन्दर मनमोहनी सूरत की झलक दिखला गया। कविवर कहते हैं कि कृष्ण को देखते ही ब्रज–बालाएं पगला गयीं। देखने से तो यही लगता है कि कृष्ण ने गोकुल में जहर छिड़क दिया है, जिससे ब्रज की नारियां बेचैन हो गयी हैं।

नवरंग अनंग भरी छवि सौं वह मूरति आंखि गड़ी ही रहें।
बतिया मन की मन ही मैं रहै घतिया उर बीच अड़ी ही रहैं।।
तबहूं रसखानि सुजान अली नलिनी दल बूंद पड़ी ही रहै।
जिय की नहिं जानत हौं सजनी रजनी अंसुवान लड़ी ही रहै।।91

गोपी अपनी सखी से कहती है– सखि! कृष्ण की युवावस्था कामदेव की शोभा से भरी हुई है। उनकी मोहनी सूरत आंखों में बसी रहती है। कृष्ण की प्रेम भरी बातें तो मन में ही रह गई और प्रेम की चोटें हृदय के मध्य में अड़ी हुई हैं। हे सखि! मेरे दिल पर क्या गुजर रही है, किसी को भी नहीं मालूम। मैं रात भर कृष्ण के प्रेम में आंसू बहाती रहती हूं।

मैन मनोहर ही दुःख दंदन है सुख कंदन नंद को नंदा।
बंक बिलोचन की अवलोकनि है दुःख योजन प्रेम को फंदा।।
जाको लखैं मुख रूप अनुपम होत पराजय कोटिक चंदा।
हौं रसखानि बिकाइ गई उन मोल लई सजनी सुखचंदा।।92।।

गोपी अपनी सखी से कहती है– सखि! नंद बाबा का पुत्र श्री कृष्ण तो कामदेव से भी अधिक मनोहारी है, दुःखों को दूर करने वाला है और सुखों को देने वाला है। उसके तिरछे नयनों की चितवन दुःखों को दूर कर प्रेम में बांधने वाली है। कृष्ण के विलक्षण और सुंदर मुख को देखकर करोड़ों चन्द्रमा भी पराजित हो जाते हैं यानी उसका मुख–सौंदर्य करोड़ों चन्द्रमाओं से भी कहीं अधिक है। हे सखि! मैं बिक गई हूं और सुखों के धाम श्री कृष्ण ने मुझे खरीद लिया है।

कहने का भाव है कि ब्रज–बाला कृष्ण के प्रेति एकनिष्ठ है और उनसे बेहिसाब प्रेम करती है।

सोहत है चंदवा सिरमोर के तैसिय सुन्दर पाग कसी है।
तैसिय गोरज भाल विराजति जैसी हिय बनमाल लसी है॥
रसखानि विलोकत बौरी भई दृगमूंदि कै ग्वालि पुकारि हंसी है।
खोलि री नैननि, खोलौं कहा वह मूरति नैनन मांझ बसी है॥93॥

गोपी अपनी सखी से कहती है- जैसे कन्हैया के सिर पर मोर मुकुट है, वैसे ही उसके सिर पर खूबसूरत पगड़ी भी है। जैसे उसके हृदय पर बनमाला है, वैसे ही माथे पर गायों के खुरों से उड़ी धूल विराजमान है। हे सखि, मैं तो उस आनंद धाम कृष्ण को देखकर बौरा गयी हूं। यह कहकर उस गोपी ने आंखें बंद कर हंस दिया। इस पर सखी आश्चर्य से कहने लगी-अरे यह क्या? आंखें तो खोल। गोपी ने जवाब में कहा कि मैं आंखें नहीं खोल सकती क्योंकि इन नैनों में भगवान श्री कृष्ण की सुन्दर छवि विराजमान है। मुझे इस बात का भय है कि आंखें खोलते ही कहीं वह मनोहर छवि मुझसे दूर न हो जाए।

सुनि री! पिय मोहन की बतियां अति दीठभयौ नहिं कानि करै।
निसि बासरु औसर देत नहीं छिनहीं छिन द्वार ही आनि अरै॥
निकसौ मति नागरि ढौंड़ी बजी ब्रज मंडल मैं यह कौन भरै।
अबरूप की रौर परी रसखानि रहै तिय कोऊ न मांझ धरै॥94॥

गोपी अपनी सखी से कह रही है - सखि! सुन तो जरा, कृष्ण बातें तो बहुत ही सुन्दर और मन को भाने वाली करता है लेकिन वह बहुत ढीठ है और बिल्कुल नहीं शरमाता है। वह छलिया, मुझे गलती से भी मौका नहीं देता है और उलटे दिन-रात या कभी भी मेरे दरवाजे पर आकर खड़ा हो जाता है। हे ब्रज-बालाओं, घर से बाहर न निकलो क्योंकि कृष्ण ढीठ और निर्लज्ज है, इस बात का ढिंढोरा पूरे ब्रज में बज रहा है। रसखान कहते हैं कि अब तो कृष्ण के रूप-सौंदर्य का चारों तरफ शोर मच गया है। भला ब्रज-बालाएं कृष्ण को देखें बिना कैसे रह सकती हैं। ढोल, ढिंढोरा आदि बजवाने का कोई लाभ नहीं। कोई भी ब्रज-बाला घर में नहीं रहने वाली।

रंग भर्‌यौ मुसकात लला निकस्यौ कल कुंजन ते सुखदाई।
मैं तब ही निकसी घर ते तनि नैन बिसाल की चोट चलाई॥
घूमि गिरी रसखानि तब हरिनी जिमि बान लगैं गिर जाई।
टूटि गयौ घर को सब बंधन छूटिगौ आरज लाज बड़ाई॥95॥

गोपी अपनी सखी से कहती है– 'सखि! प्रेममय मुस्कान चेहरे पर लिए सुखों के धाम श्रीकृष्ण सुंदर कुंजों से बाहर आए तो उसी समय मैं भी अपने घर से बाहर निकली। मुझ पर नजर पड़ते ही कृष्ण ने अपनी बड़ी-बड़ी आंखों से घायल कर दिया। मैं चक्कर खाकर वैसे गिर पड़ी जैसे बाण लगने पर हिरणी धरती पर गिर पड़ती है। फिर घर-कुल की मर्यादा का ध्यान न रहा और धर्म, बड़प्पन की लाज भी न रही यानी स्त्रीगत-लज्जा और धर्म-कुल की मर्यादा सब भुलाकर मैं उस चितचोर कृष्ण की तरफ एकटक ताकती रही।

खंजन नैन फंदे पिंजरा छवि माहिं रहै थिर कैसे हूं भाई।
छूटि गई कुल-कानि सखी रसखानि लखी मुसकानि सुहाई।।
चित्र कढ़े से मेरे नैन न बैन कढ़े मुख दीनी दुहाई।
कैसी करों कित जाऊं अली सब बोलि उठे यह बावरी आई।।96।।

गोपी अपनी सखी से कहती है– हे सखि! मेरे खंजन के समान नैन कृष्ण के सौंदर्य रूपी पिंजरा में कैद हो गये हैं। क्या बताऊं, ये किसी भी तरह से स्थिर और शांत नहीं रहते। खान दान की सारी मर्यादाएं मैं भूल गई और उस रस के खान श्री कृष्ण की मुस्कान ही अब मुझे अच्छी लगने लगी है। मैं बस उसी का सौंदर्य देखना चाहती हूं। मेरी आंखों में कृष्ण की छवि सी अंकित हो गई है और मुंह से कोई बात नहीं निकलती। मैं क्या करूं, कहां जाऊं। जिधर जाती हूं, सब यही कहते हैं कि देखो यह बावली आ गई। वह गोपी कृष्ण के प्रेम में एकदम से ही बावली हो गई है।

कुंज-गली मैं अली निकसी तहां सोवरे ढोटा कियौ भटमेरो।
माई री वा मुख की मुसकान गयौ मन बूढ़ि फिरै नहिं फेरो।।
डोरि लियौ दृग चोरि लियौ चित्त डार्‌यौ है प्रेम को फंद घनेरो।
कसा करौं अब क्यों निकसों रसखानि पर्‌यौ तनरूप को घेरो।।97।।

गोपी अपनी सहेली से कह रही है– सखि! आज सुबह-सुबह मैं कुंजगली से होकर निकल रही थी तो सहसा ही कृष्ण से मुलाकात हो गई। कृष्ण को देखते ही उसकी मुस्कान में मन इतना डूब गया यानी खो गया कि उस के मुख-सौंदर्य पर से हटाने पर भी नहीं हटा। उसकी मुस्कान ने मेरी आंखों को अपने वश में कर लिया। मन को सम्मोहित कर लिया, फिर अपने प्रेम के बंधन में बांध लिया। समझ में नहीं आता मैं कैसे उससे बचूं? वह मेरे

मन में बस गया है। कोई उपाय ही नहीं सूझता कि कैसे मन से बाहर निकालूं? उस कृष्ण के सौंदर्य ने मेरे शरीर को चारों तरफ से जकड़ लिया है।

देख्यौ रूप अपार, मोहन सुन्दर स्याम को।
वह ब्रजराज कुमार, हिय जिय नैननि बस्यौ॥98॥

गोपी सखी से कहती है- मैंने कृष्ण के विशाल सुन्दर रूप का दर्शन किया है। वह नंद का पुत्र कृष्ण मेरे दिल, मन और नयनों में बस गया है।

अन्त ते न आयौ याही गांवरे को जायो
माई बाप रे जिवायौ प्याइ दूध बारे बारे कौ।
सोइ रसखानि पहिचानि कानि छांड़ि चाहे
लोचन नचावत नचया द्वारे द्वारे को।
मैया की सौं सोच कछू मटकी उतारे को न
गोरस के ढारे को न चीर चीर डारे को।
यह दु:ख भारी गहै डगर हमारी मांझ
नगर हमारे ग्वाल बगर हमारे को॥99॥

एक गोपी कृष्ण से कह रही है- कृष्ण! तुम किसी और जगह के नहीं हो। तुमने तो इसी गांव में जन्म लिया है। दूध पिला-पिलाकर हमने मां-बाप की तरह तुम्हारा लालन-पालन किया है। हे आनंद स्वरूप कृष्ण, तुम उसी पहचान और मर्यादा को छोड़ने की बात कर रहे हो? तुम जब बहुत छोटे थे तब दरवाजे-दरवाजे पर नाचा करते थे और अब तुम हमें ही आंखें दिखा रहे हो और छोड़ने की बात कर रहे हो। यशोदा मैया की कसम जो तुमने हमारी मटकी उतारी। हमें न तो मक्खन के निकल जाने का भय है और न वस्त्र के फटने की चिंता है। हमें अफसोस है इस बात का कि तुम हमारे ही गांव के तथा हमारे ही घर के हो, फिर भी हमारी राह रोकते हो तथा अनेक प्रकार से परेशान करते हो।

एक ते एक लौं कानन में रहें ढीठ सखा सब लीने कन्हाई।
आवत ही हौं कहां लौं कहां कोउ कैसे सहै अति की अधिकाई॥
खायौ दही मेरी भाजन फोर्‌यौ न छाड़त चीर दिवाएं दुहाई।
सोंह जसोमति की रसखानि ते भागैं मरु करि छूटन पाई॥100॥

एक गोपी अपनी सखी से कह रही है- हे सखि! क्या बताऊं, कान्हा एक से एक ढीठ अपने दोस्तों के साथ वन में रहता है। किन शब्दों में उनकी ढीठाई को बताऊं और कोई कैसे उनकी शरारत की अति को बर्दाश्त करे और कब तक करे। वे उस राह से गुजरती किसी भी गोपी को छेड़ने से बाज नहीं आते हैं। कृष्ण सहित उनके दोस्तों ने मेरी दही भी खा ली और नहीं तो मटकी भी फोड़ दी। अनेक तरह की दुहाई देने के बाद भी मेरे चीर को नहीं छोड़ा। जब मैंने यशोदा जी की कसम दी तब कहीं जाकर उन्होंने मुझे छोड़ा और बड़ी मुश्किल से मेरी जान में जान आई।

आज महूं दधि बेचन जात ही मोहन रोकि लियौ मग आयो।
मांगत दान में आन लियौ सुकियो निलजी रस जीवन खायौ।।
काह कहूं सिगरी री विथा रसखानि लियौ हंसि के मुसकायी।
पाले मरी मैं अकेली लली, लला लाज लियो सुकियौ मन भायौ।।101।।

एक गोपी अपनी सखी से कहती है- हे सखि! आज मैं दही बेचने के लिए जा रही थी तो मोहन ने मेरी राह रोक ली। उसने दान के रूप में मुझसे दही भी मांगा और साथ ही इस दान के एवज में उसने मुझे निर्लज करके मेरे यौवन रस का पान भी किया यानी मेरे साथ छेड़छाड़ की। मैं अपनी पीड़ाओं के बारे में क्या कहूं, उस आनंदमय कृष्ण ने हंस-हंस कर मुझसे बातें कीं। मैं अकेली जो थी। मेरी लज्जा-शरम उसने ले ली और उसके जो मन भाया वही किया।

पहले दधि ले गई गोकुल में चख चारि भए नट नागर पै।
रसखानि कली उनि मैन मई कहैं दान दे दान खरे अर पै।।
नख तें सिख नील निचोल लपेटे सखी सम भांति कंपे-डर पै।
मनौ दामिनि सावन के घन से निकसे नहीं भीतर ही तरपै।।102।।

गोपी अपनी सखी से कहती है- सबसे पहले मैं दही लेकर गोकुल गई, वहां पर मेरी मुलाकात श्री कृष्ण से हो गई। उन्होंने मुझे प्रेम-रस से भर दिया अर्थात प्रेम-रस से मुझे सींच दिया। वह दी के लिए मेरे सामने आकर खड़े हो गए। मेरी सखियां तो अपने नीले वस्त्र थामे थरथर डर के मारे कांपने लगीं। वस्त्रों में छुपा उनका सौंदर्य यूं लग रहा था जैसे सावन के बादलों में से बिजली की चमक न निकल पाने की वजह से भीतर-ही-भीतर तड़प रही हो।

दानी नए भए मांगत दान सुने जु है कंस तौ बांधे न जैहों।
रोकत हौं बन में रसखानि पसारत हाथ महादुख पै हों॥
टूटैं छरा बछराविक गोधन जो धन है सु सबै पुनिरैहों।
जै है जो भूषण काहू तिया को तौ मोल छलाके लला न बिकै हौं॥103॥

दही के लिए जोर-जबर्दस्ती करने पर एक गोपी कृष्ण से कहती है - तुम दही मांगने के बहाने नये कर वसूलने वाले स्वयं ही बन गए हो, अगर कंस यह सुनेगा तो तुम्हें बंदी बनाकर कारागृह में डाल देगा। देखो कृष्ण, इस प्रकार से तुम्हारी मांगने की आदत ठीक नहीं है। तुम वन में हमारा रास्ता रोक कर हाथ पसारकर दही मांगते हो, एक दिन तुम्हें बहुत कष्ट भोगना पड़ेगा। इस बलजोरी में किसी गोपी की गुंजों की माला टूट गई तो बछड़ा आदि गायों को उसके एवज में तुम्हें देना पड़ जाएगा और यदि किसी गोपी का कोई गहना टूटा या खो गया तो एक अंगुठी के मोल में तुम बिक जाओगे।

छीर को चाहता चीर गहैं एजूलेउ न केतिक छीर अचैहौ।
चाखन के मिस-माखन मांगत खाउ न माख केतिक खैहौ॥
जानति हौं जिय की रसखानि सु काहे कौ एतिक बात बढ़ै हौं।
गोरस के मिस जो रस चाहत सो रस कान्हजू नेकुन पै हौं॥104॥

एक गोपी कृष्ण से कह रही है - हे लाल! तुम मेरा वस्त्र थाम कर दूध मांग रहे हो तो लो पियो। आज मुझे भी देखना है तुम कितना दूध पी जाते हो। चखने के बहाने से मक्खन मांग रहे हो, तो लो खाओ, देखती हूं कितना खाते हो। हे लाल, मुझे सब पता है कि तुम इतनी बात क्यों बढ़ा रहे हो। दूध के बहाने तुम जिस आनंद को पाना चाहते हो, वह आनंद तुम्हें जरा-सा भी नहीं मिलने वाला।

लंगर छैलहि गोकुल मैं मग रोकत संग सखा ढिंग तै हैं।
जाहि त ताहि दिखावत आंखि सु कौन गई अब तोसों करे हैं॥
हांसीं में हार हट्यौ रसखानि जु जौ कहूं नेकु तगा टूटिजै हैं।
एकहि मोती के मोल लला सिगरे ब्रज हाटहि हाट बिकै हैं॥105॥

गोपी कृष्ण से कह रही है- हम सभी गोपियां जानती हैं कि तुम छैला बनकर गोकुल में हम सब की राह रोक लेते हो, तुम्हारे साथ तुम्हारे बहुत सखा जो हैं, पर हमें अपनी आंखें दिखाने की आवश्यकता नहीं है। हम तुमसे डरती

नहीं हैं। हे सुखधाम कृष्ण, तुमने बातों-बातों में मेरा हार हथिया लिया है। लेकिन मेरी बात सुन लो, हार का एक भी मोती टूटकर गिर गया तो तुम ब्रज के बाजार में सरेआम बिकते नजर आओगे।

काहू को माखन चाखि गयौ अरु काहू को दूध-दही ढरकायो।
काहू को चीर लै रूप चढ्यौ अरू काहू को गुंज छरा छहरायौ॥
मानै नही बरजें रसखानि सु जानियै राज इन्हैं घर आयौ।
आवरी बुझैं जसोमति सौं यह छोहरा जायौ कि मेव मंगायौ॥106॥

गोपियां आपस में बातें कर रही हैं-

इस कृष्ण ने भी हम सब की नाक में दम कर रखा है। किसी का मक्खन चख गया और किसी का दूध-दही गिरा दिया। किसी का वस्त्र लेकर वृक्ष पर चढ़ गया और किसी की गुंजों की माला तोड़कर बिखेर दी। मना करने पर भी इसमें कोई सुधार नहीं हो रहा है। लगता है इसी की ही ब्रज में चलती है। सब इसका ही राज्य है। चलो सखियों, यशोदा मां से चलकर पूछते हैं कि तुमने पुत्र पैदा किया है या लुटेरा?

दूध दुह्यौ सीरो पर्यौ तातो न जमायौ कर्यौ
जामन दयौ सो धर्यौ, धरयौई खटाइगौ।
आन हाथ आन पाइ सबही के तब ही तें
जब ही तें रसखानि तानंनि सुनाइगौ।
ज्यौं ही नर त्यौं हों नारी तैसीयै तरुन बारी
कहिये कहा री सब ब्रिज बिललाइगौ।
जानियै न माली यह छोहरा जसोमति को
बांसुरी बजाइ गौ कि विष बग राइगौ॥107॥

गोपी अपनी सखी से कहती है - कृष्ण ने बांसुरी से जाने कैसी धुन निकाली कि जो दूध गर्म था वह ठंडा हो गया, जिससे उसमें जामन नहीं डाला जा सका। जिस गोपी ने दूध में जामन डाल दिया था, वह उसे सही जगह पर रखना भूल गई, जिससे वह वहीं पड़ा-पड़ा खट्टा हो गया। जब से कृष्ण ने बांसुरी की मधुर धुनें सुनाई हैं, ब्रज-बालाओं के हाथ-पैर उनके वश में ही नहीं हैं। स्त्री-पुरुष दोनों की ही मनोदशा एक जैसी ही है। हे सखि! मैं ब्रज के बारे में क्या कहूं, पूरा ब्रज ही आकुल-व्याकुल है। यशोदा नंदन ने न जाने वंशी

बजाई थी या वंशी की धुनों को सुनाने के बहाने पूरे ब्रज में जहर उड़ेल दिया था, जिससे ब्रजवासियों की कार्य करने की शक्ति ही क्षीण हो गई।

जलकीन घट भरैं मग की न पग धरैं
घर कीन कछु करैं बैठी भरैं सांसुरी
एकै सुनि लोट गई एकै लोट-पोट भई
एकनि के दृगनि निकसि आग आंसुरी।
कहै रसखानि सो सबै ब्रज वनिता वधि
वधिक कहाय हाय भई कुल हांसुरी॥
करियै उपायै बांस डारियै कटाय
नाहिं उपजैगी बांस नाहिं बाजै फेरि बांसुरी॥108॥

एक गोपी अपनी सखी से कहती हैं- सखि! कृष्ण ने भी जाने कैसी बांसुरी से धुन निकाली। पूरा ब्रज ही अस्त-व्यस्त हो गया। जो गोपियां पानी भरने के लिए यमुना में उतरी थीं, वे अपने घड़े में पानी नहीं भर सकीं और जो रास्ते में थीं, वे वहीं पत्थर बनकर खड़ी हो गयीं। जो गोपियां घर में थीं, वे काम छोड़कर लम्बी-लम्बी सांस लेने लगीं। बांसुरी की तान सुनकर एक गोपी बेहोश हो गई और एक गोपी धरती पर लेट गई और एक गोपी के नयनों से आंसू बहने लगे। कृष्ण तो ब्रज की स्त्रियों की हत्या कर हत्यारा बन गए और हम गोपियां उनसे प्रेम कर अपने खानदान की बदनामी का कारण बन गईं। अब तो यही एक रास्ता है कि सारे बांसों को ही काट कर फेंक दिया जाए ताकि न बांस होगा, न बांसुरी बनेगी। जब बांसुरी नहीं होगी तब बजेगी भी नहीं और सारा ब्रज सुख की नींद लेगा।

चंद सों आनन मैन-मनोहर बैन मनोहर मोहत हौ मन।
बंक विलोकनि लोट भई रसखानि हियो हित दाहत हौ तन॥
मैं तब तैं कुल कानि की मैंड़ नखी जु सखी अब डोलत हों बन।
बेनु बजावत आवत है नित मेरी गली ब्रजराज को मोहन॥109॥

एक गोपी अपनी सखी से कहती है - हे सखि, चन्द्र के समान उज्ज्वल मुख और कामदेव के समान मनोहर कृष्ण की मीठी वाणी ने मुझको अपने रंगों में घोल लिया है अर्थात मैं उन पर मोहित हो गयी हूं। उसकी तिरछी नजर पर

तो मैं मर मिट गई। रसों के खान उस श्री कृष्ण का मेरे ह्रदय में ठहरा हुआ प्रेम पूरे बदन को दाहत यानी जला रहा है। मैं ने कुल की मर्यादा की हद पार कर ली है और उसके प्रेम में वन-वन घूम रही हूं। वह ब्रजराज यानी कृष्ण रोजाना ही वंशी बजाता हुआ हमारी गलियों में आया करता है।

कृष्ण के प्रेम में गोपी की दशा दयनीय है। वह कृष्ण के प्रेम को हर हाल में पाना चाहती हैं।

बांकी विलोकनि रंग भरी रसखानि खरी मुसकानि सुहाई।
बोलत बोल अमीनिधि चैन महारस-ऐन सुनै सुखदाई॥
सजनी पुर - बीथिन मैं पिय-गोहन लागी फिरैं जित ही तित जाई।
बांसुरी टेरि-सुनाइ अली अपनाइ लई ब्रजराज कन्हाई॥110॥

गोपी अपनी सखी से कहती हैं-हे सखि! उस कृष्ण की तिरछी नजर प्रेम से भरी हुई है और सुन्दर मुस्कान मन को भाती है। उसकी बोली में अमृत का भंडार है, जिसको सुनकर महासुख मिलता है। हे सखि! ब्रज की गलियों में गोपियां कृष्ण के साथ घूम रही हैं और वह जिधर भी जाते हैं, गोपियां उधर ही दौड़ पड़ती हैं। उस मनमोहन ने वंशी की मीठी धुन सुनाकर गोपियों को अपने वश में कर लिया है।

डोरि लियौ मन मोरिलियो चित जोह लियौ हित तोरि कै कानन।
कुंजनि तें निकस्यौ सजनी मुसकाइ कह्यौ वह सुन्दर आनन।
हौं रसखानि भई रसमत सखी सुनि के कल बांसुरी कानन।
मत्त भई बन बीथिन डोलति मानति काहू की नेकुन आनन॥111॥

गोपी अपनी सखी से कहती है- हे सखि! उस चितचोर कान्हा ने मेरे मन को अपने वश में कर लिया है, मेरे मन को चुरा लिया है और लोक लज्जा छोड़कर मुझसे दिल लगा लिया है। हे सखि! वह अपने चेहरे पर मोहक मुस्कान लिए कुंजों से निकला और मैं वन में उसकी वंशी की मीठी तान सुनकर धन्य हो गई। उसके रूप और वांसुरी की मीठी तान का ही यह कमाल है कि मैंउसके प्रेम में सुधबुध खोकर जंगल-जंगल तथा गली-गली भटकती फिर रही हूं और किसी भी तरह की अड़चन से मुझे डर नहीं लग रहा है।

मेरो सुभाव चितैबे को माइ रीलाल निहारि कै बंसी बजाई।
वा दिन तें मोहि लागी ठगौरी सी लोग कहैं कोई बावरी आई॥
यों रसखानि घिर्‌यो सिगरो ब्रज जानत वे कि मेरो जिय राई।
जौ कोउ चाहै भलौ अपने तौ सनेह न काहू सों कीजियो माई॥121॥

एक गोपी अपनी सखी से कह रही है- सखि! श्रीकृष्ण ने मुझे अच्छी तरह से जानने के लिए, मुझे देखा तो अपनी बांसुरी बजाई। बस तबसे ही मुझ पर जादू सा हो गया है। लोग मुझे देखते हैं तो यही कहते हैं कि कोई बावरी है यानी लोग मुझे पगली कहते हैं। फिर सारे ब्रजवासी मेरे पास आ जाते हैं लेकिन सच तो यह है कि मैं कोई बावरी नहीं हूं। मेरे मन की या तो मैं या फिर कृष्ण जानते हैं। मैं तो कहती हूं कि अगर इस संसार में सुख-चैन से जीना है तो कोई किसी से प्रेम न करे।

मोहन की मुरली सुनि कै बौरि ह्वै आनि अटा चढ़ि झांकी।
गोप बड़ेन की डीठि बचाइ कै डीठि सों डीठि मिली दुहूं झांकी।
देखत मोल भयौ अंखियान को को करै लाज कुटुम्ब पिता की।
कैसे छुटाई छुटै अंटकी रसखानि दुहूं की विलोकनि बांकी॥

एक गोपी अपनी सखी से कह रही है- सखि! मोहन की मुरली की आवाज सुनकर वह बावली सी हुई आई और अटारी पर चढ़कर नीचे की तरफ झांकने लगी। बड़ों से नजर बचाकर उसने कृष्ण की आंखों में देखा। दोनों की आंखें एक दूसरे की आंखों से मिलते ही दोनों में प्रेम हो गया, फिर तो कुल और पिता की लाज का का भी बोध उन्हें नहीं रहा अर्थात इसका कोई ध्यान ही नहीं रहा। रसखान कहते हैं कि भला तिरछी नजर छुटाने से कैसे छूट सकती है। यह प्रेम तो हृदय से पैदा हुआ है, जो अटूट और अखंड है।

बंसी बजावत आनि कढ़ौ सोंगली मैं अली! कछु टोना सौ डारे।
हेरि चिते, तिरछी करि दृष्टि चलौ गयौ मोहन मूठि सी मारे।
ताही घरी सों परी घरी सेज पै प्यारी न बोलति प्रान हूंवारे।
राधिका जी है तो जी हैं सबै न तो पी हैं हलाहल नन्द के द्वारे॥114॥

राधा की प्रेम-व्यथा का वर्णन एक गोपी अपनी सखी से कुछ इस तरह से कर रही है- क्या कहूं सखि! वह कृष्ण वंशी से मधुर धुन निकालता हुआ सहसा ही गली में आ गया और राधा पर जाने कैसा जादू कर गया। उसकी ओर देखा,

फिर तिरछी नजर करके मन मोहक इशारे करके चला गया अर्थात उसने राधा को यह जतला दिया कि वह उस पर मोहित है। तबसे ही राधा बिस्तर पर निष्प्राण सी लेटी है। वह बोलती नहीं है, बस अपने प्राण को न्यौछावर करने पर तुली है। हे सखि! राधा जिन्दा है तो हम सब भी जिन्दा हैं। अगर वह जिन्दा न रही तो हम सब भी नन्द बाबा के दरवाजे पर जाकर जहर पी लेंगी।

कल काननि कुण्डल मोरपखा उर पै बनमाल बिराजति है।
मुरली कर में अधरा मुसकानि-तरंग महाछवि छाजति है॥
रसखानि लखें तन पीत पटा सत दामिनि सी दुति लाजति है।
वहि बांसुरी की धुनि कान परे कुलकानि हियो तजि भाजति है।115॥

एक गोपी अपनी सखी से कहती है- हे सखि! भगवान कृष्ण के सुंदर कानों में कुण्डल हैं। सिर पर मोर पंख है और गले से हृदय तक बनमाला है, जिससे उनका सौंदर्य और भी अधिक मोहक हो गया है। हाथ में बांसुरी है, होठों पर मुस्कानों की आभा है, जो उनकी शोभा को और बढ़ा रही है।

रसखान कहते हैं कि कृष्ण के बदन पर जो पीला वस्त्र है, उसके सौंदर्य की चमक के सामने सैकड़ों बिजलियों की चमक शर्मिंदा है अर्थात फीकी है। उसकी बांसुरी की धुन कानों में जाने पर ब्रज की नारियां अपने मन से कुल की मर्यादा निकालकर उसी तरफ दौड़ी चली जाती हैं। कृष्ण का प्रेम, उसकी वंशी की धुन और उसका रूप-सौंदर्य इतना मोहक है।

काल्हि भटू मुरली-धुनि में रसखानि लियौ कहूं नाम हमारौ।
ता छिन ते भई बैरिनि सास कितौ कियौ झांकन देति न द्वारौ॥
होत चबाब बलाई सों आली जो भरि आंखिन मेटिये प्यारौ।
बाट परी अबहीरी ठिठक्यौ हियरे अटक्यौ पियरे पटवारौ।116

एक गोपी अपनी सखी से कह रह है- हे सखि! कृष्ण के प्रति अपने प्रेम का वर्णन मैं किन शब्दों में करूं? कल कृष्ण ने मुरली-धुन में मेरा नाम ले लिया था। उस पल से मेरी सास मेरी दुश्मन हो गई है। अब तो वह मुझे लाख कोशिश करने के बाद भी न तो दरवाजे तक आने देती है और न ही झांकने देती है। हे सखि! मैं जरा भी कृष्ण को देख लेती हूं तो मेरी काफी बदनामी होती है। जब से कृष्ण मेरे मन में बसा हुआ है तब से ही राह रुक गई है और मेरा हृदय भी धड़कना भूल गया है।

कहने का भाव है कि कृष्ण को हृदय से निकालना मुश्किल ही नहीं असंभव-सा है।

आज भटू इक गोपवधू भई बावरी नेकु न अंग सम्हारै।
माई सु धाई कै टोना सो ढूढति सास सयानी-सवानी पुकारै॥
यौं रसखानि घिरौ सिगरो ब्रजआन को आन उपाय विचारै।
कोउ न कान्हर के कर ते वहि बैरिनि बांसरिया गहि जारै॥117॥

गोपी अपनी सखी से कहती है - सखि! मनमोहन की वंशी की तान सुनकर एक गोप की बहू बावरी हो गई या अपनी सुधबुध खो बैठी और उसे अपने अंगों का भी ध्यान न रहा कि उन पर कपड़े हैं या नहीं। दूसरी गोपियां उस जादू करने वाली को दौड़-दौड़ कर खोजने लगीं और उसकी सास भी टोना करने वाली को आवाज देने लगी। रसखान कहते हैं कि शोर इतना हुआ कि आस-पास के सभी वहां आ गए और गोप की बहू को चारों ओर से घेर लिया। सभी अपनी-अपनी सोच के अनुसार उपचार बताने लगे पर किसी के भी दिमाग में यह बात नहीं आई कि कान्हा यानी कृष्ण के हाथ से उस जादुई बांसुरी को लेकर जला दे। बांसुरी की धुनों का ही तो यह असर था कि गोप वधू अपनी सुध बुध खो बैठी थी।

कान्ह भए बस बांसुरी के अब कौन सखि! हमको चाहि है।
निस दौस रहे संग साथ लगी यह सौतिन तापन क्यों सहि है॥
जिन मोहिलियौ मन मोहन को रसखानि सदा हमको दहि है।
मिलि आऔ सबै सखि! भागि चलै अब तौ ब्रज में बसुरी रहि है॥118॥

एक गोपी अपनी सखी से कह रही है- हे सखि! कृष्ण की बांसुरी ने तो जीना मुहाल कर दिया है। कान्हा तो उस मुई बांसुरी के वश में हो गया है। अब हमें कौन चाहेगा? रात-दिन वह कृष्ण के साथ ही रहती है। यह सौतिया-डाह हमसे बर्दाश्त नहीं होता। पूरे ब्रज का मन मोहने वाले के मन को इस बांसुरी ने मोह लिया है। यह बांसुरी सदा ही हमको सताती रही है। आओ सखियों, हम सब ब्रज को छोड़कर कहीं और जगह भाग चलें। ब्रज में तो अब हमारी सौतन बांसुरी ही रहेगी।

ब्रज की वनिता सब घेरि कहैं, तेरो ढारो विगारो कहा बसरी।
अरी तू हमको जमकाल भई नैक कान्ह इही तौ कहा रस री॥

रसखानि भली विधि आनि बनी बसिबो नहीं देत दिसादस री।
हम तो ब्रज को बसि बोई तजौ बसरी ब्रज बैरिन तू बसरी॥119॥

कृष्ण का बांसुरी के प्रति अनन्य प्रेम देखकर गोपियां दुःखी हैं और इस प्रयास में हैं कि कृष्ण का किसी भी तरह से बांसुरी से मोह भंग हो जाए। गोपियां बांसुरी को अपनी सौत मानती हैं और बांसुरी से पूछती हैं-बोलो बांसुरी! हम गोपियों में से किसने तेरा क्या अहित किया है, जो तू हमारे लिए यमराज बन गई है? कान्हा ने तुझे जरा-सा स्पर्श कर ही लिया तो तुझे कौन-सा सुख मिल गया। रसखान कहते हैं कि गोपियों की व्यथा इतनी बढ़ गयी कि वे बदहवाश-सी बोल पड़ीं-हमने यह अच्छी तरह से जान लिया है, तू हमें यहां रहने नहीं देगी। हमने तो ब्रज को एक तरह से त्याग ही दिया है। अब तू ही ब्रज में कृष्ण के साथ सुखपूर्वक रह। हमने अपनी हार मान ली।

यहां कृष्ण के प्रति गोपियों के अटूट प्रेम की झलक है। वे नहीं चाहतीं कृष्ण और उनके प्रेम के बीच निर्जीव बांसुरी भी हो।

बजी है बजी रसखानि बजी सुनिकै अब गोपकुमारी न जी है।
न जी है कोऊ जो कदाचित कामिनी कान मैं बाकी जुतान कुपी है॥
कुपी है विदेस संदेसन पावति मेरी अब देहु को मौन सजी है।
सखी है तौ मेरो कहा बस है सुतौ बैरिन बांसुरी फेरिबजी है॥120॥

रसखान कहते हैं कि कान्हा की वंशी बजते ही ब्रज-बालाएं व्याकुल हो उठती हैं और उनका जिन्दा रहना कठिन हो जाता है अर्थात बांसुरी की आवाज में इतनी मिठास है कि वे अपनी सुध-बुध खो बैठती हैं। उनका जिन्दा रहना मरने जैसा हो जाता है। बाकी गोपियों का हाल ये हो जाता है कि क्रोधित होकर कहने लगती हैं कि कृष्ण कितना निर्दयी है, जो रहता हमसे इतनी दूर है। कोई खोज खबर भी नहीं लेता। सारे बदन में तो कामदेव का रंग फैल गया है यानी कृष्ण से मिलने की इच्छा प्रबल हो उठी है। ऊपर से बैरिन बांसुरी मधुर तान छोड़कर मन में विरह की पीड़ा को और जगा देती है। क्या करें, इस पर कोई जोर भी तो नहीं चलता।

मोर-पखा सिर ऊपर राखि हौं गुंज की माला गरें पाहिरौंगी।
ओढ़ि पिताम्बर लै लकुटी बन गोधन ग्वारिन संग फिरौंगी॥

भाव तो वोहि मेरो रसखानि सो तेरे कहें सब स्वांग करोंगी।
या मुरली मुरलीधर की अधरान धरीं अधरा न धरौंगी॥121॥

एक गोपी अपनी सखी से कहती है- हे सखि! मोर पंख मैं अपने सिर पर रखूंगी, वैजयंती माला गले में डालूंगी। पीताम्बर ओढ़कर हाथ में लाठी लेकर और ग्वालिन का भेष बनाकर मैं वन-वन गायों के साथ-साथ घूमूंगी। आनंदमय कृष्ण मेरा प्रियतम है और उसका प्रेम पाने के लिए तेरे कहानुसार सब स्वांग करुंगी लेकिन कान्हा की बांसुरी को, जिसे वह होंठों पर धरे रहता है, अपने होठों पर नहीं धरुंगी। उस बैरिन बांसुरी ने ही मुझे यह सब करने के लिए मजबूर किया है।

आपनो सो ढोटा हम सब ही को जानत है।
दोऊ प्रानी सब ही के काजनित धाव हीं॥
ते तौ रसखानि अब दूर तें तमासो देखें
तर नितनूजा के निकट नहि आवहीं।
आन दिन बात अनहितुन सौं कहौं कहा।
हितू जेऊ आए ते ये सोचन राव हीं।
कहा कहौं आली खाली देत सग ठाली पर
मेरे बनमाली कों न काली तें छुरावहीं॥122॥

यशोदा अपनी एक सखी से कालिया-दमन के बारे में बता रही है-सखि! मैं और नन्द बाबा दोनों ही सभी ग्वाल-बालों को अपना ही पुत्र मानते हैं और हम दोनों सबके ही काम आते हैं। वे ही लोग अब दूर खड़े होकर तमाशा देख रहे हैं। उनमें से कोई एक भी यमुना के समीप नहीं आता। न मालूम हमने किसको क्या बुरी बात सुना दी कि जो दोस्त थे, वे अब नजरें छुपा रहे हैं यानी कोई भी कृष्ण की मदद के लिए आगे नहीं बढ़ रहा है। सखि! क्या कहूं, सब ही तो यहां खड़े हैं और फुर्सत में भी हैं, पर मेरे कृष्ण को कोई भी उस कालिया नाग से नहीं बचा रहा है।

लोग कहें ब्रज के सिगरे रसखानि अनंदित नंद जसोमति जू पर।
छोहरा आजुनयो जनम्यौ तुमसो कोऊ भाग भर्‌यौ नहीं भू पर॥
वारि कै दाम संवार करौ अपने अपचाल कुचाल ललू पर।
नाचत रावरो लाल गुजाल सो काल सौं व्याल-कपाल के ऊपर॥123॥

कृष्ण कालिया नाग के फन पर नाच रहे हैं। ब्रज के लोग प्रसन्न हैं और वे यशोदा से कह रहे हैं- तुम्हारे पुत्र को नवजीवन मिला है। इस धरती पर तुम्हारे जैसी भाग्यवाली मां कोई नहीं है। तुम कृष्ण पर मुद्राएं वार कर दान करो ताकि तुम्हारे बुरे दिन दूर हो जाएं। अब घबराने की कोई आवश्यकता नहीं है। देख नहीं रही, तुम्हारा पुत्र कालिया-नाग के फन पर कितनी निर्भयता से नृत्य कर रहा है।

एक समै जमुना-जल मैं सब मज्जन हेत धसीं ब्रज-गोरी।
त्यौं रसखानि गयौ मनमोहन लै कर चीर कदम्ब की छोरी॥
न्हाइ जबै निकसी वनिता चहुं ओर चितै चित करोरी।
हार हियैं भरि भावन सों पट दीने लला वचनामृत बोरी॥124॥

रसखान कहते हैं- एक समय ब्रज की स्त्रियां यमुना में नहाने के लिए उतरीं। इतने में सुखों के खान कृष्ण उनके वस्त्रों को लेकर कदम्ब के पेड़ पर चढ़ गए। वे नहाकर जब यमुना के जल से बाहर निकलीं तो अपने वस्त्रों को कहीं न देखकर क्रोधित हो गयीं। जब उन्होंने अपनी हार मानते हुए अनेक प्रकार से अनुनय-विनय किया तब भगवान कृष्ण ने अनेक प्रकार के अमृत तुल्य भावों को प्रकट करते हुए उन्हें उनके वस्त्र लौटा दिए। ब्रज की स्त्रियां उनके अमृत-वचनों को सुनकर आनंद के सागर में डूब गईं।

प्रान वही जू रहैं रिझि वा पर रूप वही जिहि वाहि रिझायौ।
सीस वही जिन के परसे पद अंक वही जिन वा परसायौ।
दूध वही जु दुहायौ री वाही दही सु सही जु वही ढर कायौ।
और कहां लौं कहौं रसखानि री भाव वही जु वही मन भायौ॥125॥

एक गोपी अपनी सखी से कहती है- प्राण वही है, जो कृष्ण पर मोहित हो जाए, वही रूप है, जो कृष्ण को मोहित कर ले। सिर वही है, जो भगवान कृष्ण के चरणों में झुक जाए, गोद वही है, जिसने कृष्ण को छुआ हो। दूध वही है, जिसे कृष्ण ने दुहा हो, दही वही है जिसे कृष्ण ने ढरकाया हो। अब और कहां तक कहूं, भाव भी वही है, जो कृष्ण को भाता हो।

कहने का भाव है कि इस जीवन की सार्थकता तभी है जब या तो कृष्ण मोहित हो जाएं या कृष्ण पर आप मोहित होकर उनके अनुकूल ही सब कार्य करें।

देखन कौं सखी नैन भए न सबै तन आवत गाइन पाछैं।
कान भए प्रति रोम नहीं सुनिबे कों अमी निधि बोलनि आछैं।
ए सजनी न सम्हारि भरै वह बांकी बिलोकनि कोर कटा छै।
भूमि भयौ न हियो मेरी आली जहां हरि खेलत काछनी का छै॥126॥

एक गोपी अपनी सखी से कह रही है- सखि! कान्हा गायों के पीछे-पीछे आ रहा है। उसको देखने के लिए अच्छा होता कि सारे शरीर में आंखें होतीं। मैं जी भर कर उसे निहारती। श्री कृष्ण की अमृत तुल्य बोली सुनने के लिए मेरे रोम-रोम में कान क्यों नहीं हो गए। मैं उसकी मधुर वाणी ठीक से सुन सकती। हे सखि! कृष्ण की तिरछी व तीखी नजर मैं चाहकर भी संभाल नहीं पाती अर्थात उसकी आंखों की चितवन का जादू मुझ पर चल ही जाता है। हे सखि! मेरा हृदय धरती क्यों नहीं बन गया। कृष्ण कच्छा पहन कर उस पर खेलता और मेरा जन्म-जन्मांतर धन्य हो जाता।

मोर पखा मुरली बनमाल लखे हिय कों हियरा उमह्यौ री।
ता दिन ते इन बैरिन को कहि कौन न बोल कुबोल सह्यौ री॥
तौ रसखानि सनेह लग्यौ कोउ एक कह्यौ कोउ लाख कह्यौ री।
औ तौ रंग रह्यौ न रह्यौ इकरंग रंगी सोह रंग रह्यौ री॥127॥

गोपी अपनी सखी से कहती है- मोर पख, मुरली और वैजयंती की माला को धारण करने वाले कान्हा को जब से मैंने ध्यान से देखा है तब से ही हृदय का भी हृदय बेकाबू है। सखि! उस दिन से इन बैरिन स्त्रियों की अच्छी-बुरी कौन सी बात मैंने बर्दाश्त नहीं की है। मैंने तो आनंदधाम कृष्ण को दिल दे दिया है। कोई एक सुनाए या लाख सुनाए कृष्ण के प्रति जो मेरा प्रेम है, वह घटने वाला नहीं है। मुझ पर और रंग रहे या न रहे, पर कृष्ण के प्रेम का जो रंग मुझ पर चढ़ गया है, वह अब उतरने से रहा। अब तो मेरे पास शेष यही रंग है।

बन बाग तड़ागनि कुंज गली अंखियां मुख पाइ हैं देखि दई।
अब गोकुल मांझ बिलोकियैगी वह गोपसभाग-सुभायरई॥
मिलिहै हंसि गाइ कबै रसखानि कबै ब्रजबालनि प्रेम भई।
वह नील निचोल के घूंघट की छवि देखवी देखन लाज लई॥128॥

एक गोपी अपनी सखी से कह रही है- सखि! वनों में, बागों में, तालाबों में और कुंज गलियों में मैंने तो कृष्ण को कई बार देखा है। मेरी हार्दिक इच्छा

है कि मैं उस सुखदायक सौंदर्य से युक्त कृष्ण को गोकुल में देखूं। हे सखि, न जाने वह कृष्ण गोपियों के साथ कब हंस-मिलकर रास लीला करेगा और मैं कब नीले घूंघट से शरमाते हुए उस कृष्ण की रासलीला देखूंगी तथा उसकी शोभा का आनंद लूंगी?

कािल्ह पर्‌यौ मुरली-धुन मैं रसखानि जू कानन नाम हमारो।
ता दिन तें नहि धीर रखौ जग जानि लयौ अति कीनौ पंवारौ॥
गोवन गोवन मैं अब तौ बदनाम भई सब सों कै किनारो।
तौ सजनी फिरि फेरि कहौं पिय मेरो वही जग ठोंकि नगारो॥129॥

एक गोपी अपनी सखी से कहती है- सखि! रसों के खान श्रीकृष्ण ने कल बांसुरी की धुन में मेरा नाम लिया। जब से मेरे कानों में वह धुन पड़ी है तब से ही मैं सुख-चैन खो बैठी हूं। सब को ही यह मालूम हो गया है कि मैंने अच्छा झंझट पाल लिया है। गांव-गांव मैं बदनाम तो हुई ही, साथ ही सबने मुझसे किनारा भी कर लिया यानी मुझसे अलग हो गए। हे सखि! फिर भी मैं तुमसे कहती हूं कि वह कान्हा ही मेरा प्रियतम है और मैं यह नगाड़ा बजाकर कह रही हूं। मुझे किसी की परवाह तनिक भी नहीं है।

देखि हौं आंखिन सों पिय कों अरु कानन सों उन बैन कों प्यारी।
बांके अनंगनि रंगनि की सुरभीनि सुगंधनि नाक में डारी॥
त्यौं रसखानि हिये मैं धरौं वहि सांवरी मूरित मैन उजारी।
गांव भरौ कोउ नांव धरौं पुनि सांवरी हों बनि हों सुकुमारी॥130॥

गोपी अपनी सखी से कह रही है- हे सखि! मैंने अब सोच लिया है, इन आंखों से सिर्फ अपने प्रियतम कृष्ण को ही देखूंगी और इन कानों से केवल उनकी अनन्य प्यारी वंशी की मीठी धुन ही सुनुंगी। कृष्ण की कामदेव के समान छवि की ख़ुशबुओं को ही नाक से सूघूंगी। मैं उस सुखों के धाम कृष्ण की कामदेव से भी सुन्दर सूरत को अपने दिल में बसाऊंगी। अब पूरा गांव मेरी कितनी भी निंदा करे, मैं उस सांवले से यह नेह का बंधन नहीं तोड़ूंगी।

तुम चाहो सो कहौ हम तौ नन्दवारे के संग ठई सो ठई।
तुम ही कुलबीने प्रवीने सबै हम ही कुल छांड़ि गईं सो गई।

रसखानि यों प्रीत की रीत नई सुकलंक की मोटें लई सो लई।
यह गांव के बासी हंसे सो हंसे हम स्याम की दासी भई सो भई॥131॥

एक गोपी दूसरी गोपियों से कह रही है कि वे कृष्ण के प्रेम को भुला दें, इस पर गोपियां कहती हैं–तुम्हें जो कहना है, वह कहो, पर हमारा संकल्प दृढ़ है। हमने उस कृष्ण से प्रेम कर लिया है तो कर लिया है। तुम कुलवती और सब प्रकार से निपुण हो, सही है। हमने तो कुल की मर्यादा को छोड़ दी है। प्रेम करना, फिर छोड़ना, यह हमारे प्रेम की रीति नहीं है। हमारी जो बदनामी हुई है, उसे हमने हंसी-खुशी से मान लिया है। अब गांव के लोग चाहे जितना भी हम पर हंसें, हम तो श्याम की प्रेम दीवानी बन गयी हैं। हमारा फैसला अब बदल नहीं सकता है।

मोरपखा धरे चारिक चारु विराजत कोटि अमेठनि फैंटो।
गुंज छरा रसखान बिसाल अनंग लजावत अंग करैटो॥
ऊंचे अटा चढ़ि एड़ी ऊंचाई हितौ हुलसाय कै हौंस लपेटो।
हौं कब के लखि हौं भरि आंखिन आवत गोधन धूरि घूरैटो॥132॥

एक गोपी अपनी सखी से कह रही है- शाम हो गई है और कृष्ण गाय चरा कर वन से लौट रहे हैं। हे सखि! उनके सिर पर मोर पंख है और अनेक फेटों से बनी पगड़ी विराजमान है। गले से हृदय तक लटकी हुई गुंजों की बड़ी माला है और उनका सांवला बदन कामदेव को भी शर्मिंदा कर रहा है। सखि! मैंने ऊंची अटारी पर चढ़ कर एड़ी उठाकर हर्षित मन से कई इच्छाओं को लिए उनको देखा है। मैं कबसे ही गायों के पैरों से उड़ी धूल से नहाए कृष्ण को आंखें फाड़े देख रही हूं। सखि! यह दृश्य बड़ा ही मनोहारी है।

कुंजनि कुंजनि गुंज के पुंजनि मंजुलतानि सौं माल बनै बो।
मालती मल्लिका कुंद सौं गूंदि हरा हरि कै हियरा पहिरैबो॥
आली कबै इन भावने भाइन आपुन रीझि कै प्यारे रिझैवो।
माइ झकै हरि हांकरिबो रसखानि तकै फिरि कै मुसकैबो॥133॥

अपनी इच्छाओं के विषय में एक गोपी अपनी सखी को बता रही है- हे सखि! मैं हर कुंज से गुंजों के समूहों को लाकर जमा करूंगी और उनकी सुंदर लताओं से माला बनाऊंगी। मालती, मल्लिका और कुंदों से हार गूंथूंगी,

फिर हरि यानी कृष्ण को पहराऊंगी, जो उनके गले से हृदय तक सुशोभित होगा। हे सखि! न जाने कब इन प्रिय भावों से खुद ही रीझ कर कृष्ण को रीझाऊंगी। मैं उन्हें आवाज दूंगी, वे मुड़ कर देखेंगे, फिर मैं कृष्ण को यह माला भेंट कर दूंगी। मेरे इन मनोभावों से वह मुझ पर जरूर ही रीझ जाएंगे।

सब धीरज क्यों न धरौं सजनी पिय तो तुम सों अनुरागेइगौ।
जब जोग संजोग को आन बनै तब जोग विजोग को मानेइगौ॥
निसचै निरधार धरौ जिय में रसखान सबै रस पावेइयौ।
जिनके मन सो मन लागिन रहै तिनके तन सौं तन लागेइगौ॥134॥

गोपी अपनी सखी से कह रही है- सखि! तू धीरज धर। कृष्ण तुमसे एक दिन प्रेम अवश्य ही करेंगे। जब योग-संयोग बन जाएगा तो विरह की बेला भी समाप्त हो जाएगी। तू निश्चिंत होकर धीरज रख। तू आनंद के सागर कृष्ण के प्रेम-रस का आनंद जरूर लेगी। जिसके मन से तेरा मन लगा है, उसके तन से भी तेरे तन की मुलाकात होगी।

उनहीं के स्नेहन सानी रहैं उन्हीं के नेह दिवानी रहैं।
उन्हीं की सुनै न औ बैन त्यौं सैंन तों चैन अनेकन ठानी रहैं।
उनहीं संग डोलन मैं रसखान सबै सुख सिन्धु अघानी रहैं।
उनहीं बिन ज्यौं जलहीन ह्वै मीन सी आंखि मेरी अंसुवानी रहैं॥135॥

एक गोपी अपनी सखी से कह रही है- सखि! मैं कृष्ण के प्रेम से ही संतुष्ट रहती हूं, मैं कृष्ण के प्रेम की दीवानी हूं। मैं केवल कृष्ण की बातें सुनती हूं और दूसरों की बातें नहीं सुनती हूं। उनकी चितवन से ही मुझे आनंद मिलता है। मैं कृष्ण के साथ रहकर इतना सुख पा लेती हूं कि पूरी तरह से संतुष्ट हो जाती हूं। कृष्ण के बिना मेरी आंखें आंसू बहाते हुए इस तरह से तड़फड़ाती हैं जिस तरह से जल के बिना मीन।

चन्दन खोर पै बिन्दु लगाय कै कुंजन तें निकस्यौ मुसकातो।
राजत है बनमाल गरे अरु मोरपखा सिर पै पहरातो॥
मैं जब ते रसखान बिलोकनि ही कजु और न मोहि सुहातो।
प्रीति की रीति मैं लाज कहा सखि है सब सों बड़ नेह को नातो॥136॥

एक गोपी अपनी सखी से कह रही है- सखि! कृष्ण कुंजों से बाहर

निकला तो उसके माथे पर चंदन का तिलक था और उस पर बिन्दी लगी हुई थी। उसने वैजयंती माला गले में डाल रखी थी और सिर पर मोर पंख हवा में फहरा था। मैंने जबसे उस आनंदमय कृष्ण की इस छवि को देखा है, मुझे कुछ भी नहीं भा रहा है। सखि! मैंने तो अब तक यही महसूस किया है कि प्रेम में शर्म-संकोच के लिए कोई जगह नहीं है क्योंकि सबसे बड़ा प्रेम का ही रिश्ता है।

कौन को लाल सलोनो सखी वह जाकी बड़ी अंखिया अनियारी।
जोहन बंक बिसाल के बाननि बेधत हैं घट तीछन भारी।
रसखानि सम्हारि परै नहिं चोट सु कोटि उपाय करें सुखकारी।
भाल लिख्यौ विधि हेत को बंधन खोलि सकै ऐसो को हितकारी॥137॥

एक गोपी अपनी सखी से कृष्ण के बारे में पूछ रही है- सखि! यह सलोना पुत्र किसका है, जिसकी आंखें अत्यंत ही अद्भुत और अनोखी हैं? ये तिरछी बड़ी आंखें अपने तीखे बाण से हृदय को भीतर तक बेध रही हैं। रसखान कहते हैं कि कोई करोड़ों जतन करे, पर नयनों के इन बाणों के घाव को नहीं सह सकता। अगर विधाता ने ललाट में कृष्ण से नेह का बंधन लिख दिया है तो फिर कोई भी इस बंधन को तोड़ नहीं सकता।

आली पग रंगे जे रंग सांवरे मो पै न आवत लालची नैना।
धावत हैं उनहीं जित मोहन रोके रूकै, नहिं घूंघट से ना।
काननि कौं कलनाहिं परै सखी प्रेम सों भीजे सुनैं बिन नैना।
रसखानि भई मधु की मछियां अब नेह को बंधन क्यों हूं छूटैना॥138॥

एक गोपी अपनी सखी से कह रही है- सखि! मेरे ये लोभी नयन कृष्ण के कैदी हो गए हैं। अब इन पर मेरा कोई अधिकार नहीं रहा। ये उधर दौडते हैं, जिधर मोहन होते हैं। रोकने पर भी नहीं रुकते हैं और घूंघट में भी नहीं रहते हैं। सखि! कानों को तब तक चैन नहीं मिलता जब तक ये कृष्ण के मधुर वचनों को सुन नहीं लेते। रसखान कहते हैं कि मेरी आंखें तो मधुमक्खियों के समान बन गई हैं। अब यह नेह का बंधन छूटने वाला नहीं है। शहद की मक्खियां शहद के छत्ते से बाहर कहां निकल पाती हैं। खुद ही के बनाए छत्ते में कैद होकर रह जाती हैं। गोपियों की भी दशा कुछ ऐसी ही है।

श्री वृसभान की छान धुजा अटकी लरकार तें आन लई री।
या रसखान के पानि की जानि छुड़ावति राधिका प्रेम मई री।
जीवन मूरि सी नेज के लिए इनहूं चितयौ ऊनहूं चितई री।
लाल लली दृग जोरत ही सुरझानि पड़ी उरझाय दई री॥139॥

कोई गोपी अपनी सखी से कह रही है- सखि! वृषभान की छत पर पतंग आकर अटक गयी थी, जिसे दूसरे लड़कों ने आकर ले ली। प्रेममयी राधा ने समझा कि वह पतंग कृष्ण के हाथों की है तो वह उनसे छीनने लगी। तभी जीवनदायिनी तथा बरछी की तरह वार करने वाली आंखों से कृष्ण की तरफ देखा, फिर कृष्ण ने भी राधा को देखा। उन दोनों की आंखें आपस में मिलते ही जो डोर सुलझ रही थी, वह और भी अधिक उलझ गई।

छूट्यौ गृह काज लोक लाज मन मोहिनी को
भूल्यो मन मोहन को मुरली बजाइबो।
देखो रसखान दिन द्वै में बात फैलि जै है
सजनी कहां लौं चन्द हाथन दुराइबो।
कालि ही कालिन्दी कूल चितयौ अचानक ही
दोउन को दोऊ ओर मुरि मुसकाइबो।
दोऊ परै पैंया दोऊ लेत हैं बलैया इन्हें
भूल गई गैया उन्हें गागर उठाइबो॥140॥

एक गोपी ने राधा-कृष्ण को एक साथ देखा है। वह उनके मिलन का वर्णन कुछ इस तरह से कर रही है- हे सखि! राधा ने घरेलू कार्यों और लोक-लाज को छोड़ दिया है। कृष्ण वंशी बजाना भूल गए हैं। देखना, यह बात कुछ ही दिनों में चारों तरफ फैल जाएगी। भला चन्द्रमा को कब तक हाथों से ढका जा सकता है। कल ही तो दोनों ने यमुना के तट पर अचानक ही एक दूजे को देखा था और एक-दूसरे को देखकर मुस्कराया था। दोनों एक दूसरे के पैर पड़कर बलैया लेने लगे। प्रेम में दोनों ही इतना खो गए कि कृष्ण अपनी गायों को चराना भूल गए तथा राधा अपनी गागर में जल भर कर उठाना भूल गई। कहने का भाव है कि राधा-कृष्ण प्रेम में लोक-लाज और नित्त कार्य भुला कर बस प्रेम में ही रम गए।

मंजु मनोहर मूरि लखैं तब हीं सबहीं पतहीं तज दीनी।
प्रान पखेरू परे तलफैं वह रूप के जाल मैं आस-अधीनी।

आंख सों आंख लड़ी जब हीं तब सों ये रहैं अंसुवा रंग भीनी।
या रसखानि अधीन भई सब गोप-लली तजि लाज नवीनी॥141॥

गोपी अपनी सखी से कह रही है- हे सखि! कृष्ण के सुन्दर और मनोहर छवि को देखकर गोपियों ने अपना मान और अपनी मर्यादा दोनों को ही छोड़ दिया है, जिससे उनके प्राण रूपी पक्षी कृष्ण के सौंदर्य रूपी जाल में फंस गए हैं और आजाद होने के लिए छटपटा रहे हैं। गोपियों के जीवन रूपी आशा की डोर कृष्ण के अधीन हो गई है। गोपियों की आंखें जब से कृष्ण की आंखों से मिली हैं तबसे ही उनकी आंखें लगातार आंसू बहा रही हैं। सारी गोपियां लाज-शरम को छोड़कर उस आनंद के सागर श्री कृष्ण के अधीन हो गयी हैं।

नन्द को नंदन है दुखकन्दन प्रेम के फंदन बांधि लई हौं।
एक दिना ब्रजराज के मंदिर मेरी अली इक बार गई हौं॥
हेरयौ लला लचका कै मोहन जोहन की चक डोर भई हौं।
दौरी फिरौं दृग डोरन मैं हिय मैं अनुराग की बेलि दई हौं॥142॥

एक गोपी अपनी सखी से कह रही है- हे सखि! नंद बाबा के पुत्र कृष्ण बहुत ही दुःख देते हैं ।देखो न, कृष्ण ने मुझे भी अपने प्रेम के फंदे में बांध लिया है। मैं उस रोज कृष्ण के घर गई थी, कृष्ण ने ललचाई आंखों से मुझे देखा और मैं तो उनकी नजर के लिए चकई की डोर ही बन गई अर्थात वह मुझे बार-बार देखते रहे। तब से ही मैं दौड़ती फिर रही हूं और मेरे दिल में कृष्ण के लिए प्रेम की लता फैलती ही जा रही है। अब मैं कुछ नहीं कर सकती।

तीरथ भीर में भूलि परी अली छूट गई नेकू धाय की बांही।
हों भटकी भटकी निकसी सु कुटूम्ब जसो मति की जिहि बांही॥
दखत ही रसखान मनौ सु लय्यौ ही रह्यौ कब कौंहियरांही।
भांति अनेकन भूली हुती उहि द्योस को भूलनि भूलत नांही॥143॥

एक गोपी अपनी सखी से कहती है- हे सखि! मैं कुछ समझ न सकी और भ्रमित हो गई तथा तीर्थ-यात्रियों की भीड़ में चलती चली गयी। धाय की बांह अचानक ही मेरे हाथ से छूट गई। मैं भटकती हुई यशोदा के घर की ओर आ गई। मुझ पर नजर पड़ते ही कृष्ण इस कदर मुझ पर मोहित हो गए जैसे कब से मुझे जान रहे हों। मैं यह भूल गयी कि मैं भटक गयी हूं। उस दिन की भूल, जो कृष्ण-मिलन की वजह हुई थी, वह तो अब भुलाने पर भी नहीं

भूलती। मेरा अचानक भूलवश भीड़ में आना कोई घाटे का सौदा नहीं रहा। इसी बहाने मैं कृष्ण प्रेम की पात्र तो बन गई।

मारग रोकि रह्यौ रसखानि के कान परी झनकार नई है।
लोग चितै चित वै चितए नख तैं मन माहिं निहाल भई है॥
ठोढी उठाइ चितै मुसकाइ मिलाइ कै नैन लगाइ लई है।
जो बिछिया बजनी सजनी हम मोल लई पुनि बेचि लई है॥144॥

एक गोपी अपनी सखी से कहती है- हे सखि! आनंद कन्द कृष्ण ने राधा का रास्ता रोक लिया। राधा के कानों में एक नई झंकार पड़ गई। इस झंकार को ध्यान लगाकर सबने सुना और राधा भी उस झंकार को सुनकर पूरी तरह से निहाल हो गई। कृष्ण ने राधा की ठोढ़ी पकड़कर उसे देखा और मुस्करा पड़े। दोनों की ही आंखें एक दूजे से मिलीं। हे सखि! जो बजने वाली बिछिया मैं मोल लाई थी, उसी ने मुझे कृष्ण के हाथों बेच दिया। कहने का भाव है कि वही बजने वाली बिछिया कृष्ण-प्रेम का कारण बन गई। वह न बजती और न कृष्ण हमारी तरफ आकृष्ट होते।

यमुना-तट बीर गई जब तें तब तें जग के मन मांझत हों।
ब्रज मोहन गोहन लागि भटू हौं लूट भई लूट सो लाख लहौं॥
रसखान लला ललचाइ रहे गति आपनी हौं कहि कासों कहौं।
जिय आवत यों अबतों सब भांति निसंक ह्वै अंक लगाय रहौं॥145॥

एक गोपी अपनी सखी से कह रही है- हे सखि! मैं यमुना-तट पर जब से गई हूं और वहां कान्हा से मेरी भेंट हुई है, तब से ही सब मुझसे जलने लगे हैं। सबके मन में मेरे प्रति द्वेष पैदा हो गया है। हे सजनी! मुझे जब से कृष्ण का साथ मिला है तब से ही मुझे लाखों की प्रेम-सम्पदा लूट में मिल गयी है। आनंद कन्द कृष्ण मुझ पर इतने मोहित हैं या आकर्षित हैं कि मैं इसका वर्णन नहीं कर सकती। मेरा मन तो अब यही कह रहा है कि सब तरह से निश्चिंत और निर्भय होकर कृष्ण के हृदय से लगी रहूं। कृष्ण के प्रेम के आगे यह सारा जग मिथ्या है। कृष्ण-प्रेम ही सार है।

औचक दृष्टि परे कछू कान्ह जू तासो कहै ननदी अनुरागी।
सो सुनि सास रही मुख मोहि जिठानी फिरै जिय में रिस पायी॥

नीके निहारि कै देखे न आंखिन हों कबहूं भरि नैन न जागी।
मो पछितावो यहै जु सखी कि कलंक लग्यो पर अंक न लागी।।146।।

एक गोपी अपनी सखी से कह रही है- हे सखि! सहसा ही मेरी नजर कृष्ण पर पड़ गई और मैं उन्हें अपलक निहारने लगी। तभी ननद ने देख लिया। और उसने यह बात फैला दी कि मैं कृष्ण पर मोहित हूं। मुझे उनसे प्रेम हो गया है। इस अफवाह को सुनकर सास ने बोलना छोड़ दिया है और जेठानी गुस्से से लाल-पीली हुई घूम रही है। हे सजनी! तू मेरी आंखों में झांककर सच-सच बता, क्या ऐसा तुझे लगता है कि मैं कृष्ण के रूप का सौंदर्य अपनी आंखों में भर करजागी हूं? मुझे इस बात का बहुत अफसोस है कि मैंने कभी कृष्ण से दिल नहीं लगाया और मुझे कलंक भी लग गया।

समुझे न कछू अजहूं हरि सो ब्रज नैन नचाइ नचाइ हंसै।
नित सास की सी उसासिन सों दिन ही दिन माइ की कांतिन सै।।
चहुं ओर बाबा की सौं सोर सुनैं मन में तेऊ आवति री सकसै।
पै कहा करौं वा रसखानि विलोकि हियो हुलसे हुलसे हुलसे।।147।।

एक गोपी दूसरी गोपी के बारे में अपनी सखी से कहती है - सखि! वह गोपी तो कुछ नहीं जानती। कान्हा को देखती है तो आंखों को घुमा-घुमा कर हंसने लगती है। सास की ठंडी सांसों से उस गोपी की आभा पल-पल कम होती जा रही है। मैं अपने बाबा की कसम खाकर कह रही हूं, बदनामी उसकी हो रही है और परेशान मैं हूं। लेकिन वह है कि उस आनंद सागर कृष्ण को देखकर प्रसन्न हो जाती है। उसे तो इस बात की परवाह ही नहीं है कि वह पूरे ब्रज में बदनाम हो गयी है।

सास की सासन हौं चलिबो चलियै निसिद्यौस चलावे जिही ढंग।
आली चबाव लुगाइन के डर जाति नहीं न नदी ननदी-संग।।
भावती औ असभावती भीर में छूवै न गयौ कबहूं अंग सों अंग।
घेरू करें घरू हाई सबै रसखानि सौं मो सौं कहा कहा के भयोरंग।।148।।

एक गोपी अपनी सखी से कहती है- सखि! मैं सास के कहने के अनुसार ही चलती हूं। वह रात-दिन जैसा कहती है, वैसा ही करती हूं, अर्थात उनकी सारी बातें मानती हूं। बदनामी के डर से मैं ननद के साथ भी नदी-तट पर नहीं जाती हूं। भीड़-भाड़ में भी कृष्ण के शरीर से अपना शरीर स्पर्श नहीं होने

दिया है। फिर भी स्त्रियां मुझे बदनाम करती हैं। कृष्ण के साथ मैंने प्रेम क्या किया मानो मैंने जान का जंजाल मोल लिया।

घर ही घर घैरू घनो घरिहि घरिहाइनि आगे न सांस भरौं।
लखि भेरियै ओर सिसाहिं सबैं सतराहिं जौं सौं हैं अनेक करौं।
रसखानि तो काज सबैं ब्रज तो मेरी बैरी भयौ कहि कासों लरौं।
बिनु देखे न क्यों हूं निमेषै लगैं तेरे लेखें न हू या परेखे मरौं॥

एक गोपी कृष्ण से कह रही है- हे लाल! मैंने तुमसे प्रेम क्या किया घर-घर में पल भर में ही मैं बदनाम हो गई। मैं तो अब उन स्त्रियों के सामने सांस भी नहीं ले सकती, जो मुझे बदनाम कर रही हैं। मैं सफाई में कुछ कहती हूं या कसम खाती हूं तो वे आंखें तरेर कर और भौंहें चढ़ाकर गुस्से से मुझे घूरने लगती हैं।

हे सुखों के धाम श्रीकृष्ण! तुझसे प्रेम करने के कारण पूरा ब्रज ही दुश्मन बन गया है। अब तुम ही कहो किस-किस से लड़ूं? न तो तुम्हें देखे बिनाचैन है और न देखने पर ही चैन। मैं तो इसी पछतावे में मर रही हूं।

स्याम सघन घन कै, रस बरस्यौ रसखानि।
भई दिवानी पानि करि, प्रेम-मद्य मन मानि॥150॥

एक गोपी अपनी सखी से कह रही है-सखि! बादल रूपी श्री कृष्ण ने मुझ पर आनंद रूपी बारिश की और मैंने पूर्ण तृप्त होकर प्रेम रूपी मदिरा पी। मत पूछो, मैं तो प्रेम की मदिरा पीकर कृष्ण-दीवानी ही हो गयी। मुझे तो अब कुछ भी नहीं भाता।

कोऊ रिझावन कौ रसखानि कहै मुकतानि सौं मांग भरौंगी।
कोऊ कहैं गहनो अंग-अंग ढुकूल सुगंध पर्‌यौ पहिरौंगी।
तं न कहै न कहै तौ कहौं हौं कहूं न कहौं तेरे पांय परौंगी।
देखहि तू यह फूल की माल जसोमति-लाल-निहाल करौंगी॥151॥

गोपी अपनी सखी से कह रही है- सखि! सुखों के धाम श्री कृष्ण को गोपियां नाना विधि से रीझाने में लगी हैं। एक गोपी कहती है कि मैं अपनी मांग में मोतियों को भरूंगी। दूसरी कहती है कि मैं अंगों को गहनों से सजाऊंगी और तीसरी कहती है कि मैं अपने परिधानों को मनभावन व मादक खुशबू से

महकाऊंगी। सखि! तू अगर मेरी बात किसी से न कहे और इस बात को अपने तक ही रखे तो मैं तुझे बता दूं कि फूलों की माला से ही मैं यशोदा-नंदन को निहाल कर दूंगी । मुझे इतना सब करने की आवश्यकता नहीं है।

प्यारी पै जाइ कितौ परि पाइ पची समझाइ सखी की सौं बैना।
बारक नन्दकिशोर की ओर कह्यौ दृग छोर की कोर करै ना॥
ह्वै निकस्यौ रसखान कहू उत डीठ पर्यौ पियरो उपरै ना।
जीव सोपाय गई पचिवाय कियौ रुचि नेह गए लचि नैना॥152॥

एक गोपी किसी अन्य गोपी की दशा का वर्णन करते हुए अपनी सखी से कह रही है- सखि! मैं तुम्हारी कसम खाकर कहती हूं। मैंने उस गोपी के पांव पड़कर न जाने कितनी ही बार एक ही बात को समझाया कि गलती से भी तुम कृष्ण की तरफ अपनी आंखों की पलकें न उठाना, लेकिन वह गोपी मजबूर है। जब भी कृष्ण बाहर नजर आते हैं, उनके पीताम्बर पर उसकी नजर चली ही जाती है, फिर उसमें नवीनता आ जाती है और उसका वात-रोग दूर हो जाता है। वह कृष्ण से अटूट प्रेम करने लगती है और उसकी आंखें लाज के मारे झुक जाती हैं। मेरे समझाने का असर उस पर न होकर उलटे कृष्ण के रूप-सौंदर्य का असर हो गया।

सखियां मनुहारि कै हारि रही भृकुटी कोन छोर ललीनचयौ।
चहुंवा घनघोर नयौ उतयौ नभ नायक ओर चितै चितयौ॥
बिकि आप गई हिय मोल लियौ रसखान हितू न हियौ रिझयौ।
सिगरो दुःख तीछन कोटि कटाछन काटि कै सौतिन बांटि दियौ॥153॥

एक गोपी किसी दूसरी गोपी की प्रेम-दशा का वर्णन करते हुए अपनी सखी से कह रही है- सखी! सारी गोपियां उस गोपी की मनुहार करके हार गयी हैं लेकिन वह फिर भी गुस्सा ही रही। सहसा ही आसमान में बादल छा गए। ऐसे मौसम में कृष्ण की तरफ उस गोपी का ध्यान चला गया। वह खुद-ब-खुद ही बिक गई और आनंद कन्द श्री कृष्ण ने उसे खरीद लिया यानी वह कृष्ण के प्रेम-रंग में पूरी तरह से रंग गई। कृष्ण ने दूसरी गोपियों के दिल को भी अपने वश में कर लिया। तब उस गोपी ने उन्हें कड़वे वचन सुना-सुनाकर अपने दुःखों को उन गोपियों में बांट दिया। इस प्रकार उसका मन हल्का हो गया।

खेलै अलीजन के गन मैं उत प्रीतम प्यारे सों नेह नवीनो।
बैननि बोध करै इत कौं उत सैननि मोहन को मन लीनो।।
नैननि की चलिबी कछु जानि सखी रसखानि चितैवे कौं कीनो।
जा लखि पाइ जंभाइ गई चुटकी चटकाइ विदा करि दीनो।। 154।।

एक गोपी दूसरी गोपी के बारे में बताते हुए अपनी सखी से कह रही है- सखि! वह गोपी सखियों के साथ खेल रही थी, लेकिन उसका ध्यान कृष्ण की तरफ था। अभी नया ही प्रेम हुआ था। वह बातों से तो इस ओर का बोध करा रही थी, किन्तु आंखों से उस ओर चलने का इशारा कर मोहन को मोहित कर रही थी। सखि! उस गोपी की आंखों के इशारे को देखकर कृष्ण ने उसे प्रेम से देखा। कृष्ण के देखते ही उस गोपी ने अंगड़ाई ली और चुटकी बजाकर कृष्ण को जाने को कह दिया अर्थात उसने इशारों से ही बता दिया कि कहां मिलना है।

मोहन के मन भाइ गयौ इक भाइ सों ग्वालिनै गोधन गायो।
ताकों लग्यौ चट, चौहट सों दुरि औंचक गात सौं गात छ्वायौ।।
रसखानि लही इनि चातुरता चुपचाप रही जब लों घर आयो।
नैन नचाइ चितौ मुसकाइ सू ओठ ह्वे जाइ अंगूठा दिखायौ।।154।।

गोपी अपनी सखी से कह रही है- सखि! एक गोपी ने गोचारण-गीत गाया तो कृष्ण का मन उस गोपी की तरफ अचानक ही चला गया और वह उस पर मोहित हो गए। उसका गीत गाना उनके दिल को छू गया। वह गोपी इतनी लजा गई कि अपना शरीर अपने शरीर में छिपा लिया। रसखान कहते हैं कि वह गोपी इतनी चतुर निकली कि जब तक उसका घर निकट नहीं आया तब तक वह चुपचाप ही रही। जब घर के पास वह आ गई तो आंखें घुमाकर मुस्कराई, फिर आड़ में होकर अंगूठा कृष्ण को दिखाया और दरवाजे से होते हुए अंदर चली गयी।

कान परे मृदु बैन मरु करि मौन रहौ पल आधिक साधे।
नंद बाबा घर कों अकुलाय गई दधि लै बिरहानल दाधे।
पाय दुहूननि प्राननि प्रान सों लाज दबै चितवे दृग आने
नैननि ही रसखान सनेह सही कियो लेउ दही कहि राधे।।155।।

एक गोपी राधा की प्रेम विह्वलता का वर्णन अपनी सखी से इस प्रकार

कर रही है- राधा के कानों में कृष्ण के मीठे शब्द पड़े तो वह क्षण भर बड़ी मुश्किल से मौन रही, फिर अगले ही पल व्याकुल हो गई और विरहाग्नि में तड़प कर नंद बाबा के घर चली गई। कृष्ण घर पर ही मिल गए। दोनों प्राण से भी बढ़कर एक दूसरे को चाहते थे। उन्होंने एक दूसरे को कनखियों से देखा, फिर शर्मवश वे डर गये। रसखान कहते हैं कि आंखों-ही-आंखों से दोनों ने अपना प्रेम एक दूसरे को महसूस करवा दिया। किसी को इस प्रेम लीला की भनक तक भी न लगे यह सोचकर राधा ने 'दही लो' की आवाज निकालनी शुरू कर दी।

केसरिया पट, केसरि खौर, बनौ गर गुंज को हार ढरारो।
को हौ जू आपनी या छवि सों जुखरे अंगना प्रति डीढि न डारो।
आनि बिकाऊ से होइ रहे रसखानि कहै तुम्ह रौकि दुबारो।
है तो बिकाउ जौ लेत बनै हंस बोल निहारो है मोल हमारो॥156॥

गोपी अपनी सखी से कह रही है – हे सखि! कृष्ण के शरीर पर केसरिया परिधान है। केसरी रंग का तिलक माथे पर है और गुंजों की सुंदर माला गले में है। ब्रज में ऐसी कौन सी ब्रज-बाला है जो ऐसे सुन्दर बदन वाले कृष्ण पर अपनी निगाहें न डाले। वह कृष्ण तुम्हारा द्वार रोककर या रास्ता रोककर यह कहे कि मैं बिकाऊ हूं और मेरा मूल्य बस तुम्हारा हंसना-बोलना है तो तुम अन्य गोपियों की तरह ही उनकी प्रेम दीवानी हो जाओगी यानी तुम स्वयं को रोक नहीं पाओगी।

एक समय इक ग्वालिन कों ब्रजजीवन खेलत दृष्टि पर्‌यौ है।
बाल प्रवीन सकै करि कै सरकाइ के मौरन चीर धर्‌यौ है।
यौं रस ही रसखानि सखी अपनी मन भायो कर्‌यौ है।
नन्द के लाड़िले ढांकि दै सीस इहा हमरो बरू हाथ भर्‌यौ है॥157॥

एक गोपी अपनी सखी से कह रही है- हे सखि! खेलते हुए कृष्ण पर एक गोपी की दृष्टि जा ठहरी। वह नवयौवना थी और कृष्ण निपुण थे। कृष्ण ने अपने सिर से मोर-मुकुट उतारा और उस गोपी के सिर पर बल पूर्वक धर दिया। इस तरह से कृष्ण ने अपनी मनमानी कर ली। तब वह गोपी बोली कि हे नन्दलाल! सिर उघाड़ा है तो उसे ढक भी तो दो। मेरे हाथ स्वयं मेरा सिर नहीं ढक सकते क्योंकि वे खाली नहीं हैं। इस

तरह से उस गोपी ने भी बड़ी चतुरता से कृष्ण को स्वयं की ओर आकृष्ट कर लिया।

मैं रसखानि की खेलनि जीति कैमालती माल उतार लई री।
मेरीये जानि कैसूधि सबै चुप ह्वै रही काहू करी न खई री॥
भावते स्वेंद की, बास सखी ननदी पहिचानि प्रचंड भईरी।
मैं लखिबो के अंखियां मुसकाय लचाय नचाइ दई री॥158॥

गोपी अपनी सखी से कहती है- हे सखि! कृष्ण को खेल में मैंने जीतकर उसकी मालती की माला ले ली। मेरी सखियों ने यही समझा की यह माला मेरी है और इस भ्रम में उन्होंने मुझसे कोई लड़ाई नहीं की। लेकिन उस माला से कृष्ण के पसीने की आती सुगंध को मेरी ननद ने पहचान लिया और मुझ पर क्रोधित हो गई। फिर मैंने मुस्कराकर, पलकों को नीचा करके और आंखों की गोलियों को नचाकर वह माला मैंने उन्हें ही दे दी।

वृषभान के गेह विचारो के द्यौस अहीर अहीरनि भीर भई।
जिसही तितही धुनि गोधन की सब ही ब्रज ह्वै रह्यौ रागमई॥
रसखान तबै हरि राधिका यों कदू सैननि ही रस बेल बई।
उहि अंजन आंखिन आंज्यौ भटू इत कुंकुम आड़ लिलार दई। 159॥

एक गोपी अपनी सखी से कह रही है- हे सखि1 दीवाली के मौके पर ग्वाल-ग्वालिनों की भारी भीड़ वृषभान के घर हुई। गोचारण के गीत गाये गए। चारों तरफ हंसी-खुशी वाला माहौल था। इसी बीच कृष्ण और राधा ने एक दूसरे को देखा और उनके दिलों में एक-दूसरे के लिए प्रेम बेल अंकुरित हुई। राधा ने अपने माथे पर कुंकुम सजाया और कृष्ण ने अपनी आंखों में काजल लगाया। कृष्ण ने इशारे से राधा को बताया कि तुम्हें काजल की तरह सदा ही आंखों में रखूंगा और राधा ने इशारे से बताया कि कुंकुम की तरह मैं सदा ही तुम्हें अपना गौरव बना कर रखूंगी।

बात सुनी न कहूं हरि की न कहूं हरि सों मुख बोल हंसी है।
काल्हि ही गोरस बेचन कौं निकसि ब्रजवासिनि बीच लसी है।
आजु ही बारक लेहु दही कहि कै कछु नैनन में बिहसी है।
बैरिनि वाहि भई मुसकानि जु वा रसखानि के प्रान बसी है॥160॥

एक गोपी अपनी सखी से एक अन्य गोपी की दशा का वर्णन करते हुए कह रही है- सखि! उस गोपी ने तो कृष्ण की कोई बात कभी सुनी ही नहीं, न ही कभी कृष्ण से हंसकर बोली ही। वह कल दही बेचने के लिए निकली तो मैंने देखा ब्रज के लोगों के बीच दही बेच रही है। आज वह एक बार 'लो दही' कहकर आंखों-ही-आंखों में मुस्करा दी। बस उसकी यही मुस्कान उसके लिए दुश्मन बन गई और वह रसों के खान श्री कृष्ण के हृदय में समा गई अर्थात कृष्ण उस की इस अदा पर मुग्ध हो गए।

ग्वालिन द्वैक भुजान गहैं रसखानि कौं लाई जसोमति पाहैं।
लूटत हैं कहैं ये बन मैं मन मैं कहैं ये सुख लूट कहां है॥
अंग ही अंग ज्यों ही लगैं त्यौं त्यों ही न अंग ही अंग समाहैं।
वे पछलैं उलटैं पग एक तौ वै पछलै उलटै पग जा हैं॥161॥

रसखान कह रहे हैं- एक-दो ग्वालिनें कृष्ण को पकड़कर यशोदा मां के पास ले गई, फिर वे कृष्ण की शिकायत करते हुए बोलीं- मैया, कृष्ण से पूछो कि ये हमें वन में तथा मन में क्यों लूटते हैं। ऐसा करके इन्हें कौन सा आनंद मिल जाता है? इनके शरीर से हमारा शरीर जैसे जैसे स्पर्श करता है त्यों-त्यों हमें ऐसे अलौकिक सुखों की अनुभूति होती है कि हम गोपियांभीतर-ही-भीतर आनंद से विभोर हो जाती हैं।

दूर तें आई दुरे हीं दिखाइ अटा चढ़ि जाइ गह्यो तहां आरो।
चित कहूं चितबै कितहूं, चित्त और सों चाहि करै चखवारो॥
रसखानि कहै यहै बीच अचानक जाइ सिढ़ी चढ़ि सास पुकारो।
रुखि गई सुकुवार हियो हनि सैन भटू कह्यौ स्याम सिधारो॥162॥

एक गोपी आ रहे कृष्ण को दिखाकर अपनी सखी से बोली - वह-देखो कृष्ण आ गया है। अटारी पर चढ़कर देखो। वह सखी अटारी पर जाकर चढ़ गई लेकिन उसका मन कहीं और था, जिससे वह कृष्ण को न देखकर किसी दूसरे की ओर देखने लगी। रसखान कहते हैं कि तभी सहसा ही सीढ़ी पर चढ़कर सास ने उसे आवाज दी। वह कोमल हृदय वाली डर के मारे सूख गई और उसका हृदय जोर-जोर से धड़कने लगा। तभी उस गोपी ने आंखों के इशारे से उसे बता दिया कि कृष्ण चला गया। बेकार में ही डरी हुई हो।

बंक विलोकनि हंसनि मुरि, मधुर बैन रसखानि।
मिले रसिक रसराज दोउ, हरखि हिये रसखानि॥163॥

रसखान कहते हैं- तिरछी नजर से देखते हुए कृष्ण मुस्कुराए, फिर मुड़कर मीठी वाणी से बोलते हुए आनंद निधि कृष्ण प्रसन्न मन से राधा से इस प्रकार मिले जैसे रसिक और रसराज दोनों एक दूजे से मिल रहे हों। यह मिलन अद्‌भुत और विलक्षण है।

वह गोधन गावत गोधन मैं जब तें द्वहि मारग ह्‌वै निकस्यौ।
तबते कुलकानि कितीय करौ यह पापी हियो हुलस्यो हुलस्यो।।
अब तौ जू भईसु भई नहिं होत है लोग अजान हंस्यौ सुहंस्यौ।
कोउ पीर न जानत सो तिनके हिय मैं रसखानि बस्यौ।।164।।

एक गोपी अपनी सखी से कह रही है- हे सखि! जब से कृष्ण गोचारण का गीत गाता हुआ गायों के साथ इस रास्ते से गया है, तब से ही कुल-मर्यादा का ध्यान दिमाग से उतर गया है और यह पापी हृदय बार-बार आनंदित हुआ जा रहा है। अब तो जो हो गया है उसे अनदेखा नहीं किया जा सकता। जिसे हंसना है वह चाहे कितना भी मुझ पर हंस ले, मेरे हृदय की पीड़ा का उसे क्या अनुमान। इसका बोध तो सिर्फ मुझे ही है। मन-मंदिर में कृष्ण की छवि बसी है। कृष्ण-प्रेम का आनंद लेने वाला दुनिया की परवाह कहां करता है।

वा मुसकान पै प्रान दियौ जिय जान दियौ वहितान पै प्यारी।
मान दियौ मन मानिक के संग वा मुख मंजु पै जीवन वारी।
वा तन कौं रसखानि पै रीताहि दियौ नहि ध्यान विचारी।
सो मुंह मौरि करी अब का हुए लाल लै आज समाज में रुवारी।।165।।

गोपी अपनी सखी से कह रही है- 'हे सखि! कृष्ण की एक मुस्कान पर मैंने अपना प्राण वार दिया था। उसकी वंशी की मीठी धुन पर अपने मन को अर्पित कर दिया था। मोती जैसे अपने मन और आबरू को भी उसे दे दिया था। उसके मुख-सौंदर्य पर मुग्ध होकर यह अपना यौवन भी न्यौछावर कर दिया था। अपना शरीर भी उसे दे दिया था। इतना सब कुछ देते समय मैंने अपने खानदान की प्रतिष्ठा व मर्यादा का जरा सा भी विचार नहीं किया। हे सखि! अब वही कृष्ण कितना निर्मोही हो गया। मुझसे मुंह मोड़कर चला गया है। मैं उस कृष्ण को अब क्या कहूं। उसके चलते ही तो समाज में मेरी इतनी बदनामी हुई है।

मोहन सों अटक्यौ मनु री कल जाते परै, सोई क्यों न बतावै।
व्याकुलता निरखे बिन मूरति भागति भूख न भूषण भावै॥
देखे तें नेकु सम्हार रहै न तबै झुकि के सखि लोग लजावै।
चैन नहीं रसखानि दुहूं विधि भूली सबैं न कछू वानि आवैं॥166॥

एक गोपी अपनी सखी से कह रही है– हे सखी! उस मनमोहन से मेरा दिल जुड़ गया है, मुझे चैन मिले, ऐसा उपाय मुझे कोई क्यों नहीं बताता। कृष्ण को जब तक मैं नहीं देख लेती तब तक मैं व्याकुल ही रहती हूं। भूख नहीं लगती और कोई गहना भी मुझे नहीं भाता अर्थात साज श्रृंगार करने का मन नहीं करता। जब मैं कृष्ण को आंखों से जी भर के देख लेती हूं तो स्वयं पर कोई वश नहीं रहता। तब उसके सामने मुझे झुके हुए देखकर लोग शर्मिंदा करते हैं। क्या बताऊं सखि, मुझे तो किसी भी तरह से शांति नहीं मिल रही। देखूं तब भी बेचैन और न देखूं तब भी बेचैन। यह कृष्ण प्रेम की कैसी खुमारी है? उसे देखते ही मैं सब कुछ भूल जाती हूं और कुछ भी समझ में नहीं आता।

भई बावरी ढूंढति वाहि तिया अरी लाल ही लाल भयौ कहा तेरो।
ग्रीवा तें छूटिं गयौ अब हीं रसखानि तज्यौ घर मारग हेरो।
डरियैं कहै माय हमारौ बुरी हिय नेकु न सुनो सहै छि मेरो।
काहे को खाइबो जाइबो है सजनी अनखाइबो सीस सहेरो॥167॥

एक गोपी अपनी सखी से पूछ रही है– हे सखि! तुम बावरी-सी बनकर किसको खोज रही हो? वह सखी जवाब में कहती है कि मेरे घर में जो रत्न था, वह टूटकर यहीं कहीं गिर गया है। वह अभी ही तो टूटकर गर्दन से गिरा है। मैंने घर से रास्ते तक देख लिया, पर वह कहीं नजर ही नहीं आया। अब गोपी कहती है कि जाने दो इतना परेशान क्यों हो?

सखी कहती है कि परेशान होने की तो बात है ही, मेरी सासू मां बहुत ही बुरी हैं। वह मेरा गला सूना नहीं देख सकतीं। मुझे अब तो उनकी डांट फटकार सुननी ही है। सखी बड़ी चतुराई से मन की बात छिपा लेती है। वह असल बात नहीं बताती है कि वह कृष्ण को ढूंढ़ रहे हैं।

मो मन मोहन कों मिलि कै सबहों मुसकानि दिखाई दई।
वह मोहनी मूरति रूपमई सब हीं चितई सब हौं चितई॥

उन सौ अपने घर की रसखानि चलौ विधि राह लई।
कछु मोहि को पाप पर्यौ पल मैं पय पावत औरि पहार भई॥168॥

एक गोपी अपनी सखी से कह रही है- सखि! मेरा दिल कृष्ण से लगा तो सभी सखियां मुस्करा दीं। सच्चाई तो यह है कि कृष्ण की मोहनी सूरत जब सखियों ने देखी थी, तब मैंने भी देखी थी। सखियां तो सही-सलामत अपने-अपने घर चली गई, लेकिन मुझसे यह पाप हो गया कि मुझे पैदल चलकर घर तक जाना पहाड़ बन गया।

डोलियो कुंजनि कुंजनि को अरु बेनु धेनु चरैबो।
मोहिनी ताननि सों रसखानि के संग को गोधन गैबो।
ये सब डारि दिए मन मारि बिसारि दयौ सगरौ सुख पैयौ।
भूलत क्यों करि नेहन ही को 'दही' करिबो मुसकाइ चितैबो॥169॥

एक गोपी अपनी सखी से कहती है- कृष्ण तो कृष्ण हैं। उनका कुंज-कुंज में चलना-फिरना, वंशी बजाना और गोचारण के गीत गाना, गायों को चराना, मन को आकर्षित करने वाली धुनें सुनाना, मुस्कुराकर ताकना और सप्रेम दही मांगना ये सब ही तो मन को भला लगने वाला है। कोई भला कैसे इन क्रीड़ाओं को भूल सकता है। सखि! कृष्ण की इन्हीं अदाओं ने मुझे वश में कर लिया है और मेरा सारा सुख-चैन लुट गया है।

प्रेम मरोरि उठै तब ही मन पाग मरोरनि में उर झावै।
रूसे से ह्वै दृग मोसों रहैं लखि मोहन मूरति मोपै न आवै॥
बोले बिना नहिं चैन परै रसखानि सुने कल श्रीनन पावै।
भौंह मरोरिबो रो रूसिबो झुकिबो पिय सों सजनी निखरावै॥170॥

एक गोपी अपनी सखी से कह रही है- सखि! वह छलिया कृष्ण पगरी की सलवटों (मरोड़ों) में मुझे जब भी उलझाता है, तो मेरा प्रेम नया हो जाता है। मेरी आंखों पर अब मेरा कोई जोर नहीं और वे हमेशा मुझसे नाराज रहती हैं। कृष्ण से बोले बिना या उसकी मधुर आवाज सुने बिना मुझे क्षण भर के लिए आराम नहीं मिलता है। मेरे कानों को कृष्ण की आवाज सुनने के बाद ही चैन पड़ता है ।रसखान कहते हैं कि गोपी की बातें सुनने के बाद सखी हंस पड़ी और बोली - कृष्ण को देखकर भौंहें मरोड़, तिरछी नजरों से देख, उस पर नाराज

भी हो और मनाने पर मान भी जाया कर....इन सब बातों से प्यार बढ़ता भी है और नया भी हो जाता है।

बागन में मुरली रसखान सुनी सुनिकै जिय रीझ पचैगो।
धीर समीर को नीर भरौं नहिं माइ झकै और बबा सकुचैगो॥
आली दुरेधे को चोटनि नैम कहो अब कौन उपाय बचैगो।
जायबौ भांति कहां घर सों परसों वह रास परोस रचैगो॥171॥

कोई गोपी अपनी सखी से कह रही है- हे सखि! बागों से आती कृष्ण की बांसुरी की मधुर धुन सुनकर मेरा यह मन उनके प्रेम में उलझ गया और धीर समीर से पानी भरकर लाना ही मैं भूल गयी, जिससे सास से बकझक हो गयी। बाबा शर्म के मारे सकुचा गए। सखि! उस बेशरम कान्हा की मोहनी मूरत के आकर्षण से भला कुल-खानदान की मान-मर्यादा कैसे बची रह सकती है। अब मैं घर छोड़कर कहां जाऊं, परसों ही तो पड़ोस में कृष्ण रासलीला करेगा।

बेनु बजावत गोधन गावत ग्वालन संग गली मधि आयौ।
बांसुरी मैं उनि मेरोई नांव सुग्वालिनि के मिस टेरि सुनायौ॥
ए सजनी सुनि सास के त्रासनि नन्द के पास उसास न आयौ।
कैसी करौ रसखानि नहिं हित चैनन ही चितचोर चुरायौ॥172॥

एक गोपी अपनी सखी से कह रही है- हे सखि! बांसुरी बजाते हुए, गोचारण के गीत गाते हुए ग्वालों के साथ कृष्ण मेरी गली में आए तो उन्होंने अच्छी ग्वालिन के बहाने से बांसुरी में मेरा नाम बजाकर मुझे सुनाया। हे सखि! मैं बांसुरी की धुन में अपना नाम सुनकर सास के डर से इतनी भयभीत हो गई कि ननद की मौजूदगी में मैं पूरी तरह से सांस भी नहीं ले सकी। मैं तो उसके प्रेम-रस में डूबकर खुद को ही भूल बैठी। तब से ही मेरा हाल ये है कि मैं उस चितचोर को एक पल के लिए भी भुला नहीं सकी हूं। मैं हर पल उसके लिए तड़पती रहती हूं।

एरी चतुर सुजान भयौ अजान हिजान कै।
ताजे दीनी पहचान, जान अपनी जान कौं॥173॥

एक गोपी अपनी सखी से कह रही है- सखि! वह चालाक प्रियतम अर्थात श्रीकृष्ण मुझे पहचानने के बाद भी अनजान बना हुआ है। यानी वह

मुझे नजरंदाज कर रहा है। मुझसे बेपनाह प्रेम करके और मुझे अपनी प्रेयसी स्वीकार करके वह आज मुझे पहचान तक भी नहीं रहा है।

पूरब पुन्यानि तें चितई जिन ये अंखियां मुसकानि भरी जू।
कोऊ रहीं पुतरी सौ खरी कोऊ घाट डरी कोऊ बाट परी जू॥
जे अपने घर हौं रसखानि कहैं अरु हौं सनि जाति मरी जू।
लाख जे बाल बिहाल करी ते निहाल करी ने निहाल करी जू॥174॥

एक गोपी अपनी सखी से कह रही है- सखि! जो ब्रज-बालाएं कृष्ण की मुस्कान भरी आंखों को निहार पाई यानी प्रेम पूर्वक देख पाई, वह उनके जन्म-जन्मों के पुण्यों का फल था। कृष्ण की आंखों की मुस्कान देखकर कोई तो पुतली की तरह निष्प्राण खड़ी रही, कोई यमुना तट पर डर गई और कोई सुध बुध खोकर रास्ते में ही अचेत पड़ गई।

रसखान कहते हैं कि जो ग्वालिनें अपने घर पर थीं, वे अपनी हसीन अभिलाषाएं लिए मरी जा रही थीं। सच तो यह है कि जो ब्रज-बालाएं कृष्ण के प्रेम में स्वयं को बेचैन-व्याकुल समझ रही थीं, उन्हें कृष्ण ने व्याकुल व बेचैन न कर हर्ष व आनंद से भर दिया था।

आज री नन्दलला निकस्यौ तुलसीबन तें बन कैं मुसकातो।
देखें बै न बनै कहते अब सो सुख जो मुख मैं न समातो।
हौं रसखानि बिलोकिबे कौं कुलकानि के काज कियौ हिय हा तो।
आइ गई अलबेली अचानक ए भटू लाज को काज कहा तो॥175॥

एक गोपी अपनी सखी से कह रही है- सखि! नन्दलाला यानी कृष्ण आज सज-संवर कर वृंदावन से मुस्कराता हुआ निकला। उसका रूप-सौंदर्य न देखते बन रहा था और न कहते बन रहा था और उसका सौंदर्य देखकर मन व आंखों को जो तृप्तिदायक सुख मिला उसको कहने के लिए तो शब्द ही नहीं हैं। ग्वालिनों ने उस सुख-सागर कृष्ण की शोभा को देखने के लिए कुल खानदान की सारी मर्यादाएं मन-हृदय से निकाल बाहर कीं और अपलक उस मोहन को देखने लगीं। हे सखि! तभी सहसाही वह अलबेली भी आ गई, फिर अब शरम-लाज का कोई काम ही नहीं था यानी सारी ग्वालिनें लोक-लाज को भुलाकार कृष्ण-प्रेम में खो गईं।

अति लोक की लाज समूह में छौंरि कै राखि थकी वह संकट सों।
पल मैं कुल मानि की मेढ़ नखी नहिं रोकी रुकी पल के पटसों।
रसखानि सु केतो उचाटि रही उचटी न संकोच की औचट सों।
आलि कोटि कियो हटकी न रही अटकी अंखियां लट की औचट सों॥176॥

एक गोपी अपनी सखी से कह रही है- सखि! कृष्ण को मैंने भीड़ में ही देख लिया। मैं उस पर मोहित हो गई। लोक-लज्जा को छोड़कर मैं संकट में पड़ गई। क्या करती , मन पर काबू रख ही नहीं सकी। देखत-ही-देखते मैंने कुल की मर्यादा की हद पार कर दी। मैं उनसे मिलने के लिए कितनी भी उतावली रही, पर संकोच के कारण मैं ऐसा कर न सकी। हे सखि! संकोच आखिर टूट ही गया। बहुत प्रयास किए लेकिन मन पर लगाम नहीं लगा सकी और अंतत: मेरी आंखें कान्हा के सौंदर्य में उलझ गई।

अधर लगाइ रस प्याइ बांसुरी बजाइ
मेरो नाम गाइ हाइ जादू कियौ मन मैं।
नटखट नवल सुधर नन्दनन्दन ने
करि कै अचेत चेत हरि कै जतन मैं।
झटपट उलट पुलट पट परिधान
जानि लागीं लाजन पै सबै वाम बन मैं।
रस रास सरस रंगीलो रसखानि आनि।
जानि जोरि जुगुति बिलास कियौ जन मैं॥177॥

गोपी रासलीला का वर्णन अपनी सखी से कर रही है- सखि! श्रीकृष्ण ने होंठों पर बांसुरी रखी, फिर होंठों का रस उसे पिलाकर मेरा नाम लेकर बजायी तो हाय! मेरे मन पर जादू सा चल गया। मैं उस पर मुग्ध हो गयी। उस नटखट युवा कृष्ण ने मुझे बेसुध कर दिया और जबर्दस्ती मेरा ध्यान हरि में लगा दिया। मैं केवल और केवल कृष्णमय हो गयी। मुझे किसी बात का होश ही न रहा। बांसुरी की मधुर और मनोहर धुन ब्रज-बालाओं के कानों में पड़ी वे उल्टे-सीधे कपड़े पहनकर वन में पहुंच गई। फिर रासलीला में प्रवीण रंगीले और सुन्दर कृष्ण ने रासलीला की और ब्रजबालाओं के संग विविध क्रीड़ाओं का आनंद लिया।

काछ नयौ इक तौ बर जेउर दीठि जसोमति राज कर्‌यौ री।
या ब्रज-मंडल में रसखान कछू तब तें रस रास पर्‌यौ री॥

देखियै जीवन को फल आजु ही लाजहिं काल सिंगार हौं बौरी।
केते दिनानि पैजानति हो अंखियान के भागनि स्याम नच्चौरी॥178॥

गोपी रासलीला का वर्णन अपनी सखी से कर रही है – सखि! कृष्ण की कमर में जो वस्त्र है, वह नया और अनोखा है। उनके शरीर पर खूबसूरत गहने हैं। मां यशोदा ने कृष्ण के माथे पर सुन्दर सा काजल का टीका लगा दिया है। जब से आनंद-रस के भंडार कृष्ण ब्रज में रासलीला करने लगे हैं, तब से ब्रज के लोगों का कायाकल्प हो गया है। हे पगली! जन्म-जन्मों के पुण्य फल के प्रताप से आज रासलीला का आनंद ले ले, अगले दिन से लाज-संकोच का श्रृंगार कर लेना।

कहने का भाव है कि यह रासलीला कोई मामूली लीला नहीं, इस लीला को तो वही देख सकता है, जिसके पास जन्म-जन्मों का पुण्य फल जमा हो।

आजु भटू इक गोपकुमार ने रास रच्यौ इक गोप के द्वार।
सुन्दर बानिक सों रसखानि बन्यौ वह छोहरा भाग हमारें।
ए विधना! जो हमें हंसतीं अब नेकु कहूं उतकों पग वारें।
ताहि बदौं फिरि आवे घरै बिन ही तन और मन जोवन बारें॥179॥

एक गोपी अपनी सखी से कह रही है- हे सखि! आज कान्हा ने ए गोप के दरवाजे पर रासलीला की। हमारे भाग्य से नंद लाल कृष्ण ने अनुपम और मनोहारी रूप धारण कर लिया। हे विधाता! जो हम पर कृष्ण-प्रेम के कारण हंसती हैं, अगर वे इधर चली आएं तो कृष्ण की रास लीला देखकर अपना तन, मन, यौवन सब कुछ ही अर्पित किये बिना वापस घर नहीं जा सकतीं। उनका मन, तन, धन सब कुछ ही यहां चोरी हो जाएगा।

आज भटू मुरली-बट के तट नंद के सांवरे रास रच्यौरी।
नैननि सैननि बैननि सों नहिं कोऊ मनोहर भाव बच्यौ री॥
जद्यपि राखन कौं कुलकानि सबै ब्रज-बालन प्रान पच्यौरी।
तद्यपि वा रसखानि के हाथ बिकानी कौं अंत लच्यौपैलच्यौरी॥180॥

एक गोपी कृष्ण की रास लीला के विषय में अपनी सखी से कह रही है- सखि! आज मुरली-वट के नीचे कान्हा ने रासलीला की थी। उनकी आंखों से, इशारों से और वाणी से कोई भी सुन्दर भाव अछूता नहीं रहा अर्थात कृष्ण ने वाणी, नयन एवं अंगों की मुद्राओं से सब कुछ व्यक्त कर दिया था।

ब्रज-बालाएं अपने कुलों की मर्यादाएं छोड़कर कृष्ण से प्रेम करना नहीं चाहती थीं और उन्होंने काफी कोशिश भी कीं, पर खुद पर संयम नहीं बनाए रख सकीं और कृष्ण के हाथों उन्हें बिकना ही पड़ गया। कहने का भाव है कि सभी ब्रज-बालाएं और स्त्रियां कृष्ण के सौंदर्य पर मोहित हो ही गयीं। उनका प्रण टूट ही गया।

कीजै कहा जु पै लौग चबाब सदा करिबौ करि हैं बजमारौ।
सीत न रोकत राखत कागु सुगावत ताहिरौ गावन हारौ।
आव री सीरी करैं अंखिया रसखान घनै धन भाग हमारौ।
आवत है फिरि आज बन्यौ वह राति के रास को नाचन हारौ॥181॥

एक गोपी अपनी सखी से कह रही है- सखि! लोग हमारी सदा ही दिल को कचोटने वाली निंदा करते रहते हैं तो, हमें इसको लेकर दुखी नहीं रहना चाहिए। किसी ने सच ही कहा है कि कौ आ भले ही कितनी भी कांव-कांव कर ले लेकिन वह सर्दी के मौसम को आने से नहीं रोक सकता। इन निंदकों का हाल काग की तरह ही है। चलो सखी, कृष्ण की रासलीला में शामिल होकर हम भी अपनी आंखें ठंडी करें अर्थात रासलीला का आनंद उठाएं। हम किस्मत वाली हैं कि हमें कृष्ण की लीलाएं देखने का अवसर मिला हुआ है। कल की रासलीला में नाचने वाला कृष्ण आज की रासलीला में भी नाचने वाला है। उसका बनाव-श्रृंगार कई जन्मों के पापों को धो देने वाला है। यह रासलीला मोक्ष देने वाली है।

सासु अछै बरज्यौ बिटिया जु बिलोके अतीक लजावत है।
मोहि कहै जु कहूं वह बात कही यह कौन कहावत है॥
चाहत काहू के मूंड़ चढयौ रसखान झुकै झुकि आवत है।
जब तै वह ग्वाल गली में नच्यौ तब तै वह नाच नचावत है॥ 182॥

एक गोपी अपनी सखी से रासलीला के विषय में बताते हुए कह रही है- हे सखि! अपनी बहू को सास ने रासलीला में जाने से सख्त रूप से मना कर दिया, फिर भी वह बहू स्वयं को रोक न सकी और रासलीला देखने चली गयी। अब सास यह सोचकर शर्मिंदा है कि बहू ने उसकी बात नहीं मानी। मुझसे वह ऐसा कहती तो मैं अगले पल ही जवाब दे देती कि यह कहां की बात है। आनंद दाता कृष्ण, क्या इतने सिर पर चढ़ गए हैं कि वे जिस किसी

को अपने वश में करना चाहते हैं और बार-बार झुक-झुक कर गोपियों की ओर आते हैं। हे सखि! सच तो यह है कि जब से कृष्ण नेउस गली में रासलीला रची है, तब से ही गोपियां कृष्ण के वश में हो गयी हैं। रसखान कहते हैं कि कृष्ण का अकर्षक रूप ही ऐसा है तो इसमें इनका कसूर ही क्या है।

देखत सेज विछी री अछी सु बिछी विष सो भिदिगौ सिगरे तन।
ऐसी अचेत गिरी नहिं चेत उपाय करे सिगरी सजनी जन।
बोली सयानी सखि रसखानि बचै यौं सुनाइ कह्यौ जुवतीगन।
देखन कौं चलियै रीचलौ सब रास रच्यौ मनमोहन जूबन।।183।।

एक गोपी रासलीला के विषय में अपनी सखी को बता रही है- सखि! वह गोपी सेज को अचछी तरह से बिछी हुई देखकर उस पर सोने के लिए बढ़ी तभी उसके कानों में बांसुरी की मधुर धुन पड़ गयी। धुन सुन कर उसके सारे शरीर में जहर-सा दौड़ गया। वह बेहोश होकर गिर पड़ी। सखियों ने होश में लाने की बहुत कोशिश की, लेकिन उसे होश नहीं आया, इतने में एक सयानी गोपी बोली कि इसकी बेहोशी तभी टूट सकती है जब इसके कान में ये शब्द पड़े कि चलो कृष्ण ने वन में रासलीला शुरू कर दी है।

कहने का भाव है कि कृष्ण की रास लीला का प्रभाव गोपियों पर इस कदर छाया हुआ है कि उनकी बेहोशी का उपचार इससे ही होने लगा है।

खेलत फागलख्यौ पिय प्यारी को ता मुख की उपमा कीहिं दीजै।
देखत ही बनि आवै भलै रसखान कहा है जौ बार न कीजै।
ज्यों ज्यों छबीली कहै पिचकारी लै एक लई यह दूसरी लीजै।
त्यों त्यों छबीली छकै छवि छाक सों हेरै हंसे नटरै खरौ भीजै।।184।।

एक गोपी अपनी सखी से होली का वर्णन कर रही है- सखि! मैंने राधा-कृष्ण को होली खेलते हुए देखा। उस समय की शोभा की उपमा मैं किस चीज से दूं, समझ में नहीं आता। वह शोभा देखने लायक थी। उस शोभा पर कोई भी चीज न्योछावर नहीं की जा सकती। वह अनमोल थी। जैसे-जैसे राधा प्यारी कान्हा पर पिचकारी से रंग डालती हैं वैसे-वैसे कान्हा राधा के रूप-सौंदर्य के नशे में डूबते जा रहे हैं। उन्हें उनके ऊपर राधा का रंग डालना इतना अच्छा लग रहा है कि वह राधा की पिचकारी देख कर मुस्करा रहे हैं और खड़े-खड़े ही भीग रहे हैं।

खेलत फाग सुहाग भरी अनुरागहिं लालन कौ झरि कै।
मारत कुंकुम केसरि के पिच कारिन मैं रंग को झरि कै।
गेरत लाल गुलाल लसी मन मोहिनि मौज मिटा करि कै।
जात चली रसखानि अली मदमत्त मनी-मन कौं हरि कैं।।185।।

एक गोपी अपनी सखी से होली के सौंदर्य का वर्णन करते हुए कह रही है- सखि! कृष्ण का प्रेम पवित्र और अनोखा है तभी तो विवाहित स्त्रियां भी कृष्ण के प्रेम को मन में बसाकर होली खेल रही हैं। कुंकुम और केसर मिले रंग की पिचकारी में भरकर कृष्ण के ऊपर फेंक रही हैं। सुन्दर ब्रजबालाएं सब कुछ भुलाकर कृष्ण के ऊपर लाल गुलाल डाल रही हैं। सखि! वह ब्रजमाला मन को ही चुरा कर चली जा रही हैं। होली का त्योहारा निराला है। सब प्रेम के रंगों में रंगे हैं।

फागुन लाग्यौ जब तें तब तें ब्रजमंडल धूम मच्यौ है।
नारि नवेली बचैं नहिं एक बिसेख यहै सबै प्रेम अच्यौ है।।
सांझ सकारे वही रसखानि सुरंग गुलाल लै खेल रच्यौ है।
को सजनी निलजी न भई अब कौन भूटू जिहिं मान बच्यौ है।।186।।

एक गोपी अपनी सखी से होली के विषय में कह रही है–सखी! ब्रज में फागुन का महीना जब से आया है, तब से ही पूरे ब्रज में होली की धूम है। कोई भी युवती इस होली के रंगों से बची नहीं है और सभी ने एक खास किस्म का प्रेम-रस पी लिया है। सुबह-शाम मुरलीधर कृष्ण अबीर-गुलाल से होली खेलते नजर आते हैं। हे सखि! कौन ऐसी स्त्री है, जो बेशरम नहीं हो गई है और कौन ऐसी ब्रज बाला है जिसको रंग कृष्ण ने नहीं लगाया है।

आई खेलि होरी ब्रजगोरी वा किशोरी संग
अंग अंग अंगनि अनंग सरकाइगौ।
कुंकुम की मार वापै रंगनि उद्दार उड़ै
बुक्का औ गुलाल लाल लाल बरसाइगौ।
छोड़े पिचाकारिन वपारिन बिगोई छोड़ै
तोड़ै हिय-घर हार रंग बरसाइ गौ।
रसिक सलोनो रिझवार रसखानि आजु
फागुन मैं औगुन अनेक दरसाइगौ।।187।।

एक गोपी अपनी सखी से होली के दृश्य का वर्णन कर रही है- सखि! ब्रज बालाओं और राधा के साथ कृष्ण ने खूब होली खेली। जिससे उनका अंग-अंग रंग गया और वे कामाग्नि में जलने लगीं। कुंम की बौछार कर और दूसरे रंगों को उन पर कृष्ण ने उड़ेल दिया। मुट्ठी भर-भर कर लाल गुलाल बिखेर गया और जाते-जाते सब को तरसा गया। उसने पिचकारियों से रंग डाला, होली के गीत गाए तथा ब्रज की नारियों के हारों को तोड़कर रंग पर उड़ेल गया। सखि! वह रसिया कृष्ण होली के खेल में अपने सारे अवगुण सब को दिखा गया।

गोकुल को ग्वाल काल्हि चौमुंह की ग्वालिन सों
चाचर रचाइ एक घूमहिं मचाइगौ।
हियो हुलसाइ रसखानि तान गाइ बां की
महज सुभाइ सब गांव ललचाइगौ।
पिचका चलाइ और जुवती भिजाइ नेह
लोचन नचाइ मेरे अगहि नचाइगौ
सासहिं नचाइ भोरि नंदहि नचाइ खोरी
बैरनि सचाइ गोरी मोहि सकुचाइगौ।188।।

एक गोपी होली का वर्णन अपनी सखी से इस प्रकार कर रही है- सखि! तुम कहां थी? कृष्ण ने कल गोपियों को घेरकर खूब रंग लगाया और चांचर रचाकर चारों तरफ धूम मचा गया। कृष्ण नेसुन्दर वंशी की धुन सबको सुनाया और उनके मन में हर्षोल्लास भर दिया तथा स्वाभाविक रूप से सब को ललचा गया। उसने अपनी पिचकारी से खूब रंग फेंका। युवतियों को रंगों में भिगोया और आंखों को गोल-गोल घुमाकर मुझ को भी नचा गया। हमारी ही गली में सास तथा सीधी-सादी ननद को भी नचाकर पुरानी रंजिश का बदला लेकर मुझे शर्मिंदा करके चला गया।

आवत लाल गुलाल लिये मगसूने मिली इकनार नवीनी।
त्यौं रसखानि लगाइ हिये भटू मौज कियो मन माहि अमीनी।
सारी फटी सुकुमारी हटी अंगिया दरकी सरकी रंग भी नी।
गाल गुलाल लगाइ लगाइ कै अंक रिझाइ विदा कर दीनी।।189।।

एक गोपी होली के दृश्यों का वर्णन करते हुए अपनी सखी से कह रही

है- सखि! कृष्ण गुलाल लिए आ रहे थे, तभी रास्ते में एक युवती मिल गई। उन्होंने उसे पकड़कर खूब रंग लगाया। इस हाथापाई में उसकी साड़ी दरक गई और उस युवती की अंगिया अर्थात चोली भी अंगों से हट गई। फिर कान्हा ने गुलाल लगाकर उसे हृदय से लगाया और स्वयं प्र मोहित कर उसे जाने दिया।

लीने अबीर भरे पिचकारी रसखानि खरौ बहु भाय भरौजू।
मार से गोप कुमार से देखत ध्यान टरौ न टरौजू॥
पूरब पुन्यनि हाथ पर्‌यौ तुम राज करौ उठि काज करौजू।
ताहि सरौ लखि लाज करी इहि पाख पतिव्रत ताख धरौजू॥190॥

एक गोपी अपनी सखी से कहती है – हे सखी! मदन गोपाल यानी कृष्ण अबीर भरी पिचकारी हाथ में लिए अनेक भावों के साथ खड़ा था। कम उम्र का कृष्ण कामदेव की तरह आकर्षक और सुंदर नजर आ रहा था। निगाह उस पर से हटने का नाम ही नहीं ले रही थी। यह सुनकर सखी कहने लगी कि वह तुम पर रीझ गया है, यह तुम्हारे जन्म-जन्मों का ही पुण्य फल है। तुम उठकर अपना कार्य करो और उसके प्रेम का आनंद लो। हे सखि! अब उससे शरमाना छोड़ दो और आवश्यकता पड़े तो उसके प्रेम को पाने के लिए अपने पतिव्रत धर्म को भी छोड़ दो।

मिलि खेलत फाग बढ़्यौ अनुराग सुराग सनी सुख की रमकै।
करि कुंडल लै कर कंज मुखी प्रिय के दृग लाखन कौं घूम कै।
रसखानि गुलाल की धूंघर मैं ब्रजबालन की दुति यौं दमकै।
मनौ सावन मांझ ललाई के मांज चहूं दिसि तें चपला चमकैं॥191॥

कोई गोपी अपनी सखी से कह रही है- सखि! कान्हा गोपियों के संग हिल-मिलकर होली खेल रहे हैं। प्रेम में भीगी सुख की इन अठखेलियों में आपस का प्रेम बढ़ गया है और दूरियां मिट गयी हैं। हाथ में कुंकुम लिए सुंदर मुखवाली गोपियां कृष्ण पर फेंकने के लिए मौके की तलाश में हैं। रसखान कहते हैं कि धुंआधार उड़ते इस गुलाल में गोपियों की सौंदर्य आभा यूं नजर आ रही है मानों सावन माह की ललाई में सब ओर बिजली कौंध रही हो।

आजु बरसाने बरसाने सब आनंद सों
लाड़िली बरस गांठि आई छवि छाई है।
कौतूक अपार घर घर रंग बिसतार
रहत निहारि सुध बुध बिसराइ है।
आये ब्रजराज ब्रजरानी दधि दानी संग
अति ही उमगे रूप रासि लूटि पाइ है
गुनी जन गान धन दान सनमान, बाजे-
पौरिन निसान रसखान मन आई है।।192।।

एक गोपी राधा के सौंदर्य का वर्णन कर रही है- हे सखि! आज इस बारिश के मौसम में बरसाने के लोग बहुत ही खुश हैं। सब खुश क्यों न हों, राधा का जन्म दिन जो है। इस खुशी में बरसाने में सुन्दर छटा चारों तरफ बिखरी पड़ी है। पूरे बरसाने में हर्षोल्लास भरा माहौल है। लोग अपनी सुध बुध खो बैठे हैं। नंद बाबा और यशोदा के संग दही का दान लेने वाले अर्थात कृष्ण भी यहां आये हुए हैं। कृष्ण बहुत प्रसन्न हैं। आज सूरत-सीरत की खान राधा को जी भरकर देखने का उन्हें मौका जो मिला है। बरसाने के गुणी जन खुशी के गीत गा रहे हैं और सम्मान सहित धन का दान गरीबों में कर रहे हैं। पूरा बरसाना गांव नगाड़े की ध्वनि से गुंजायमान है।

कैषो रसखान रस कोस दृग प्यास जानि
आनि के पियूष पूष कीनो विषि चंद धर।
कैषो मनि मानिक बैठारिवै को कंचन मैं
जरिया जोवन जिन गढ़िया सुघर घर।
कैषो काम कामना के राकत अधर चिन्ह
कैषो यह भौंर ज्ञान बोहित गुमान हर
एरी मेरी प्यारी दुति कोटि रति रम्भा की
वारि डारो तेही चित चोरनि चिबुक पर।।193।।

एक गोपी राधा से कह रही है- हे राधा, विधाता ने तुम्हारी आंखों में आनंद-निधि भर दिया है, जिससे संसार प्यासा न रहे और उसकी प्यास बुझती रहे। तुम्हारा मुख-सौंदर्य अमृत का सार है, मानो उसे बटोर कर चंद्रमा तुम्हारे मुखमंडल पर विराजमान हो गया हो। तुम्हारे शरीर की रचना ऐसी है जैसे सोने

में मणियों को जड़ने के लिए कारीगर ने सुन्दर घर बना दिया हो। तुम्हारे होठों की लाली में काम भावना अंकित है। तुम्हारी नाक का छेद उस भौरे के समान है, जिसमें ज्ञान-ध्यान रूपी नाव का सारा अभिमान डूब जाता है। राधा! तुम्हारी ठोड़ी के सौंदर्य पर करोड़ों रति और रम्भा जैसी सुन्दर स्त्रियां न्योछावर हैं। तुम्हारा सौंदर्य अवर्णनीय है।

श्री मुख यों न बखान सकै वृषभान सुता जू को रूप उजारो।
हे रसखान तू ज्ञान संभार तैरनि निहार जू रीझन हारो।
चारु सिंदूर को लाल रसाल लसै ब्रजबाल को भाल टिकारो।
गोद में मानो विराजत है घनस्याम के सारे की सारे को सारो॥194॥

एक गोपी अपनी सखी से राधा के सौंदर्य का वर्णन कर रही है- सखि! राधा के चेहरे का सौंदर्य अवर्णनीय है। उसका रूप-सौंदर्य चारों तरफ उजाला फैलाने वाला है। रसखान कहते हैं कि हे लोगों! तुम सब अपना ज्ञान सहेज लो और राधा के सौंदर्य के बारे में कुछ जानना चाहते हो तो नक्षत्रों को ध्यान से निहारो। राधा का रूप-सौंदर्य नक्षत्रों की तरह ही विलक्षण है। राधा कोई साधारण ब्रजबाला नहीं है। उसके माथे पर जो सिन्दूर का लाल तिलक है, वह सुन्दर है तथा सरस भी है और देखने से ऐसा लगता है जैसे चन्द्रमा की गोद में मंगल ग्रह विराजमान है।

तन चन्दन खौर कै बैठी भटू रही आजु सुधा की सुता मनसीं।
मनौ इन्दुबधून लजावन को सब ज्ञानिन काढ़ि धरी गनसी॥
रसखानि विराजति चौकी कुचौ विच उत्तम ताहि जरी तन सी।
दमकै दृग वान के घायल को गिरि सेत के संधि के जीवन सी॥195॥

एक गोपी अपनी सखी से राधा के सौंदर्य के विषय में बात कर रही है- सखि! राधा अपने बदन पर चन्दन का लेप लगाकर बैठी है और देखने से वह सुधा की मानस पुत्री जैसी लग रहे हैं। उसकी इस शोभा के आगे चन्द्रमा की पत्नियां और तारिकाएं भी शर्मिंदा हैं। रसखान कहते हैं कि उसके दोनों स्तनों के मध्य जो हार है, वह चन्दा जैसा खिल रहा है, मानो वहां वह जड़ दिया गया हो। वह चन्दा ऐसा जान पड़ता है जैसे आंखों के बाणों का जख्म चमक रहा हो या दोनों स्तनों के मध्य में कोई सरोवर हो।

आज संवारति नेकु भटू तन, मंद परी रति की दुति लाजै।
देखत रीझि रहे रसखानि सु और छटा विधिना उपराजै।
आए हैं ज्योति तरैयन के मनो संग पतंग पंतगजू राजै।
ऐसें लसै मुकुतागन मैं नित तेरे तरौना के तीर बिराजै॥196॥

एक गोपी राधा के सौंदर्य पर मोहित होकर राधा से ही कह रही है- सखि! आज अपना शरीर जरा संवार लो। तुम्हारे सौंदर्य के सामने कामदेव की पत्नी रति का सौंदर्य फीका पड़ गया है। वह इस वजह से बहुत शर्मिंदा है। आनंद कंद श्री कृष्ण तुम्हारे रूप-सौंदर्य को देखकर मोहित हैं। राधा! तुम ब्रह्मा की सौंदर्य-सृष्टि की चरम पराकाष्ठा हो अर्थात अब ब्रह्मा तुम से अधिक रूपवान स्त्री की रचना नहीं कर सकता। हे राधा! तुम्हारा तरौना मोतियों से सुशोभित है और तरौना के किनारे पर जो तिल है, वह यूं लग रहा है मानो सूर्य के चारों तरफ नक्षत्र आकर जमा हो गए हैं।

प्यारी की चारु सिंगार तरंगनि जाय लगी रति की दुति कूलनि।
जो बन जेब कहा कहियै उर पै छवि मंजू अनेक ठुकूलनि।
कंचुकी सेत मैं जावक बिन्दु विलोकि मरैं मघवानि की सूलनि।
पूजे है आजु मनौ रसखान सु भूत के भूप बंधूक के फूलनि॥197॥

एक गोपी राधा के सौंदर्य का वर्णन करते हुए अपनी सखी से कह रही है- सखि! राधा रानी की सुन्दरता की तरंगें रति की सुंदरता के तटों से जा लगी हैं। कहने का भाव है कि राधा का सौंदर्य रति से अधिक है, कम नहीं है। राधा के यौवन की चमक का तो कुछ कहना ही नहीं। उसने अनेक खूबसूरत परिधानों को धारण किया है। राधा की सफेद चोली में लाल बिन्दु को देखकर कोई भी वज्र की चोट की तरह चोट खाकर मर जाता है। राधा के स्तनों पर जो लाल वस्त्र हैं, उसे देखकर यूं लगता है मानों बन्दूक के फूल भगवान शिव पर चढ़ाए गए हों।

बांकी मरोर गटी भृकुटीन लगीं अंखियां तिरछानि तिया की।
टांक सी लांक भई रसखानि सुदामिनि तें दुति दूनी हिया की।
सोहैं तरंग अनंग को अंगनि ओप उरोज उठी छलिया की।
जोवनि जोति सुयौं दमकै उकसाइ दइमनो बाती दिया की। 198॥

गोपी अपनी सखी से कह रही है- सखि! राधा की तिरछी आंखें भृकुटी

तक फैली हुई हैं और उनमें गजब का बांकपन है। सब प्रकार के रसों की खान राधा की कमर पतली हो गई है। उसका शारीरिक सौंदर्य बिजुरी से भी अधिक चमकीला हो गया है। उसके अंग-अंग में काम भाव उत्पन्न हो गए हैं। उसके उठे हुए स्तनों का सौंदर्य बढ़ गया है। उसका सम्पूर्ण यौवन यूं दमक रहा है जैसे दीये की बाती को बढ़ा दिया गया हो अर्थात राधा के शरीर में यौवन का उजाला फैल गया है।

बासर तूं जु कहूं निकरै रवि को रथ मांझ आकाश अरै री।
रैन यहै गति है रसखानि छयाकर आंगन तें न टरै री।
द्यौस निस्वास चल्यौई करै निसि द्यौस की आसन पाय धरैरी।
तेरो न जात कछू दिन राति विचारे बटोही की बाट परै री।।199।।

एक गोपी राधा से उसकी सुन्दरता का वर्णन करती हुई कह रही है- राधा! तू दिन में बाहर आ जाती है तो सूर्य तेरे रूप-सौंदर्य को देखकर अचंभित हो जाता है और आकाश में रथ खड़ा कर देता है। हे रसों की धाम राधा, रात में भी यही दशा है। तेरे शरीर की शोभा को देखकर चन्द्रमा तेरे आंगन में ही खड़ा होकर एकटक तुझे देखने लगता है और वह अपनी चाल ही भूल जाता है। दिन में तो हवा चलती ही है, रात में भी तेरे सौंदर्य के उजाले के कारण दिन समझकर वह तेरे आसपास बहती रहती है। कहने का भाव है कि हवा भी तेरे सौंदर्य पर मोहित हो कर दिन-रात अबाध गति से बहती रहती है। हवा के दिन-रात बहने से तेरा तो कुछ नहीं जाता है, पर बेचारे राहगीरों की राह रुक जाती है। कहने का भाव है कि उसे तेज हवा के कारण अपनी यात्रा स्थगित करनी पड़ जाती है।

जाको लसै मुखचन्द समान कमानी सी भौंह गुमान हरै।
दीरघ नैन सरोजहुं तैं मृग खंजन मीन की पांत दरै।।
रसखान उरोज निहारत ही मुनि कौन समाधि न जाहिट रै।
जिहिं नीके नवै फटि हार के भार सों तासों कहैं सब काम करैं।।200।।

एक गोपी अपनी सखी से कह रही है - सखि! राधा का चेहरा चन्द्र के समान सुन्दर है, धनुष की कमानी सी भौंहें हैं, जो गर्व का हरण करती हैं। विशाल और कोमल नयन कमल से भी अधिक खूबसूरत हैं और मृगु, खंजन तथा मछली के नयनों को भी मात देने वाले हैं। रसों की खान राधा के स्तनों

को देखकर मुनियों की समाधि भी टूट जाती है। वह राधा कमर के भार से ही अपनी कोमलता के कारण झुक जाती है, भला उससे सब कहते हैं कि कार्य करो। सखि, क्या यह उचित है।

वारति जा पर ज्यौ न थकै चहुं ओर जिती नृपती धरती है।
मान सखै धरती सों कहां जिहि रूप लखै रति सी रत्ती है।
जा रसखान विलोकन काजू सदाई सदा हरती बरती है।
तो लगि ता मन मोहन कौं अंखियां निसि द्यौस हहा करती है।।201।।

राधा को सखियां समझा रही हैं– हे राधा! राजाओं की पत्नियां जिस मदन गोपाल पर अपनी जान न्योछावर करते हुए नहीं अघाती हैं। ऐसी स्त्रियां तो हैं ही नहीं, जो कान्हा से मुंह मोड़कर जी सकें। वे कामदेव की पत्नी रति से भी खूबसूरत क्यों न हों, फिर भी कृष्ण पर वे अवश्य ही मुग्ध हैं। जिस कृष्ण की एक झलक पाने के लिए सभी स्त्रियां हमेशा उतावली रहती हैं, उसी रसराज कृष्ण के नयन दिन–रात तेरे लिए जागते रहते हैं। तू अपना मान भुलाकर उस कृष्ण से प्रेम कर।

मान की औधि है आधी धरी अरी जो रसखानि डरै हित के डर।
कै हित छोड़ियै पारियै पाइनि एसे कटाछन हीं हियरा-हर।।
मोहनलाल कों हाल बिलोकियै ने कु कछू किनि छ्वैक रसों कर।
ना करिबे पर वारे हैं प्रान कहा करि हैं अब हां करिबे पर।।202।।

एक गोपी अपनी सखी राधा को समझा रही है– 'हे राधे! अगर कृष्ण प्रेम के कारण डर गये हों तो मान आधी घड़ी ही होना चाहिए यानी तुझे मान जाना चाहिए। या तो तुम प्रेम करना ही बंद कर दो, अगर ऐसा नहीं कर सकती तो उसके चरणों में गिरकर ऐसी तिरछी आंखों से देखो कि उसके मन को ही जीत लो। तुम जरा कृष्ण का हाल तो देखो, वह तुम्हारे विरह में कैसे हाथ से हाथ मल रहा है। वह कृष्ण तुम्हारा ऐसा प्रेमी है, जो तुम्हारे नाम पर भी खुद को वारता है। तुम्हारे 'हां' बोलने पर न मालूम वह क्या करेगा। कहने का भाव है कि कृष्ण का राधा से प्रेम सात्विक और सदाबहार है।

पिय सों तुम मान कर्यौ कत नागरि आजु कहा किनहूं सिख दीनी।
ऐसे मनोहर प्रीतम के तरूनी बरूनी पग पोंछ नवीनी।।

सुन्दर हास सुधा निधि सो मुख नैननि चैन महारस भीनी।
रसखानि न लागत तोहि कछू अब तेरो तिया कि नहूं मति दीनी।।203।।

एक गोपी राधा को समझा रही है—राधा! तुम अपने प्रियतम से क्यों रूठी हुई हो? आज तुझे क्या हो गया है? तुझे किसने ऐसी सीख दी है? तेरा प्रियतम तो इतना सुंदर और मनोहर है कि युवतियां उसके चरणों को अपनी पलकों के बालों से पोंछती हैं। उसकी हंसी सुंदर है, उसका चेहरा चन्द्रमा जैसा खूबसूरत है और उसकी आंखों में सुख-चैन तथा आनंद का सागर समाया हुआ है। भला तू ऐसे गुणों वाले प्रियतम से नाराज हो। क्या वह अब तेरा कुछ नहीं लगता ? राधा, न मालूम किसने तेरी बुद्धि तुझसे छीन ली है, जो तू इतने सुंदर प्रियतम से रूठी हुई है।

डहडही बैरी मंजु डार सहकार की पै।
चहचही चुहल चहूकित अलीन की।
लहल ही लोभी लता लपटी तमालन पै
कहकही तापै कोकिला की काकलीन की।
तहतही करि रसखानि के मिलन हेत
बहबही वानि तजि मानस मलीन की।
महमही मन्द-मन्द मारुत मिलनि तैसी
गहगही खिलनि गुलाब की कलीन की।।

एक गोपी नाराज राधा से कह रही है- 'हे राधा! आम पर बौर आ गई हैं तथा फल भी लग गए हैं, जिससे डाली-डाली पर भौरो की गूंज गूंज रही है। हरी भरी सुन्दर बेलें तमाल के पेड़ों से लिपटी हुई हैं। इन वृक्षों पर कोयलें कूक रही हैं। अपने मन की मलीनता त्याग कर गोपियां कृष्ण से जल्द से जल्द मिलने के लिए व्याकुल हैं। हवा मंद-मंद बह रही है तथा गुलाब की कलियां पूरी तरह से खिल गई हैं, ऐसे हसीन मौसम में क्या तेरा कृष्ण से रूठना सही है?

जो कबहूं मग पांव न देत सु तो हित लालन आपुन गौनै।
मेरो कह्यौ करि मान तजौ कहि मोहन सों बलि बोल सलोने।
सौहैं दिवावत हौं रसखानि तूं सो हैं करै किन लखनि लोनै।
नोखो तूं मानिन मान कर्‌यौ किन मान बसत मैं की नौहै कीनै।।205।।

गोपी राधा को समझा रही है- हे सखि! जो औरतें कभी घर से बाहर पांव नहीं रखतीं, वे भी कृष्ण के लिए छिपकर घर से पांव रखने में संकोच नहीं करती हैं। तू मेरा कहना मान और ये नाराज होना छोड़ और मोहन से मीठी वाणी में बोलना शुरू कर दे। मैं तुझे कसम दिलाकर कहती हूं कि हे रूपवती राधा! तू कृष्ण के सामने जा। तू तो बहुत ही अद्‌भुत है, भला बसंत के इस मौसम में कोई अपने प्रियतम से नाराज होकर दूर होता है। छोड़ ये अब रूठना और कृष्ण से बातें करना शुरू कर दे।

तौ पहिराइ गई चूरिया तिहिं को घर बादरी जाय भरै री।
वा रसखान को एतौ अधीन कै मान करै चलि जाहि परै रही।
आवन कौं पुसतीत हठा करैं नैननि वारि अखण्ड ढरै री।
हाथ निहारि निहारि लला मनिहारिन की मनुहारि करै री।।206।।

एक गोपी अपनी सखी को समझा रही है - हे सखी! जो स्त्री तुझे चूड़ियां पहना गई है, तू उसे पर्याप्त धन क्यों नहीं दे आती। तूने उस मनमोहन को अपने अधीन कर लिया है, जो पलभर तुझसे दूर नहीं रह सकता और तू है कि उसके नजदीक आने में संकोच कर रह ीहै। उसे स्वयं को करीब आने से मना करती है। तुझसे मिलने के लिए कृष्ण की आंखें तुझसे आग्रह करती हैं। तेरे विरह में कृष्ण की आंखें लगातार आंसू बहाती रहती हैं। तेरे इन चूड़ियों वाले हाथों को देखकर कृष्ण उस मनिहारिन का मनुहार जरूर करेंगे और उसे मालामाल कर देंगे।

मेरी सुनौ मति आइ अली उहां जौनी गली हरि गावत है।
हिर है विलोकति प्राननि कौं पुनि गाढ़ परै घर आवत है।
उन तान की ताल ठनी ब्रज मैं रसखानि समान सिखावत है।
ताकि पाय धरौं रपटाय नहीं वह चारो सो डारि फंदावत है।

गोपी अपनी सखी से कह रही है- सखि! मैं जो कहती हूं, उस पर ध्यान दो। कृष्ण मुरली बजाता हुआ जिस गली से गुजरता है, उस गली में भूलकर भी मत जाना। वह एक नजर में ही मोहित कर लेता है, फिर प्रेम का रोग लेकर घर को आना पड़ता है। कृष्ण की बांसुरी की धुनें पूरे ब्रज में छायी हुई हैं। सखि! मैं तुझको समझा रही हूं ताकि तुम्हारा पांव कहीं रपटे नहीं। कृष्ण बहुत ही छलिया है। जैसे चारा डालकर मछली को कांटे में फंसाया जाता है, कृष्ण उसी प्रकार अपने प्रेम में फंसाता है।

बांके कटाक्ष चितैबो सिख्यौ बहुधा बरज्यौहित कै हितकारी।
तू अपने ढंग की रसखानि सिखावनि देति न हौं पचिहारी।
कौन की सीख सिखीं सजनी अज हूं तजि दै बलि जाउं तिहारी।
नन्द के नंदन के फन्द अजूं परि जै हैं अनोखी निहारि निहारी।।208।।

गोपी अपनी रूठी हुई सखी को समझा रही हैं– सखि! तूने तिरछे कटीले नयन से देखना सीख लिया है, लेकिन तू अक्सर ही प्रेम करने वाले प्रियतम की निंदा कर देती है। तू तो अपने ही ढंग की आनंद से सराबोर स्त्री है, जो मेरा कहा मानने को तैयार नहीं। मैं तो समझा–समझा कर हार गयी हूं। हे सखि! तूने किस की बात को हृदय में बैठा लिया है? अब मान भी जा। मैं तुझ पर खुद को समर्पित करती हूं। हे अनोखी आंखों से ताकने वाली, अगर तू कहीं कृष्ण के आकर्षण के जाल में फंस गई तो फिर तेरी जान को आफत आ जाएगी। यह नाराजगी भुलाकर अपने प्रेमी कृष्ण से प्रेम करना ही उचित है। तू आज से ही अपने प्रियतम से नाराज होने की बात मन से निकाल दे।

बार ही गोरस बेचि री आजु तू माइ के मूढ़ चढ़ै कल मौंड़ी।
आवत जात ही होइगी सांझ भदू जमुना मत रौंड़ लौ औंडी।
पार गए रस खानि कहै अंखियां कहूं होहिंगी प्रेम कनौड़ी।
राधे बलाइ ल्लौं जाइगी बाज आवै ब्रज राज सनेह की डौंढ़ी।।209।।

गोपी अपनी सखी से कह रही है– सखि! आज तू दही नदी के इस पार ही बेच ले। नदी के उस पार आज न जा। यमुना पार कर मत रौड़ तक जाते–जाते शाम हो जाएगी। नदी के उस पार जाने पर कान्हा मिल सकता है। वह जादूगर है, उसको देखते ही तू उसके प्रेम के वश में हो सकती है। इस की खबर राधा को भी मिल सकती है, फिर ब्रज में इस बात का ढिंढोरा बज जायेगा।

ब्याहीं अनब्याही ब्रज माहीं सब चाही तासों।
दूनी सकुचाही दीठि परै न कुन्हैया की।
नेकु मुसकानि रसखानि की बिलोकनि ही
चेरी होति एक बार कुंजनि दिखैया की।
मेरी कह्यौ मानि अन्त मेरो गुन मानि है री
प्रात खात जात न सकात सो हैं मैया की

माई की अटक तौ लौं सासु की हटक जौ लौं
देखीना लटक मेरे दूलह कन्हैया की।।210।।

एक गोपी अपनी सखी से कह रही है- सखि! विवाहित-अविवाहित सभी ब्रज की गोपियां बस कान्हा को ही पसंद करती हैं। चांदनी की नजर भी उन पर न अटक जाए, इसलिए दोगुने संकोच से वे बाहर किसी कार्यवश निकलती हैं। लज्जा इतनी है, पर चाहत कन्हैया को पाने की है। कृष्ण की मुस्कान देखते ही वे फौरन उसकी दासी बन जाती हैं। हे सखि! तू मेरी सलाह मानो। देखना बाद में तुम मेरी प्रशंसा करोगी। तुम्हें तुम्हारी मां की कसम है, तुम सुबह के समय कभी भी बिना भोजन किए वन में मत जाना। अगर बिना खाए गई तो तुम्हें भूखा ही रह जाना पड़ेगा। मां की बंदिशें और सास की रुकावटें हमारे रास्ते में तब तक ही हैं, जब तक कान्हा से उनकी भेंट नहीं हुई है। अगर कृष्ण को वे एक बार देख लेंगी तो फिर वे भी उस कृष्ण की शोभा की दीवानी हो जाएंगी।

मो हित तो हित है रसखान छयाकर जानहिं जान अजा नहिं।
सोच चबाव चल्यौ चहुंधा चलि री चलि री खतरो हि निदनहिं।
जो चाहियै लहियै भरिचाहि हिये उहियै हित काज कहा नहिं।
जान दे सास रिसान वै गन्दा ह पानि वै मोहि तू कान वैतानहि।।211।।

एक गोपी अपनी सखी से कह रही है- सखि! मेरा हित तेरा हित है। तू चन्द्रमा को जानती है, वह काम भाव बढ़ाता है, फिर भी तू उस चन्द्रमा रूपी कृष्ण से मेल जोल क्यों नहीं बढ़ा रही है। चारों ओर तेरी बदनामी की बात चल रही है और इससे तेरा ही अहित होगा। तू कृष्ण से जाकर मेल जोल बढ़ा। तू कृष्ण से प्रेम करना चाहती है उसे जी भरकर देखना चाहती है तो तुझे लोगों की तरह-तरह की बातें और निन्दा को बर्दाश्त करना ही होगा क्योंकि प्रेम को पाने के लिए सब कुछ किया जाता है और यह जरूरी भी है। देख, तू सास की चिंता करना छोड़, ननद को गुस्सा करने दे और तू बस कृष्ण का प्रेम पाने के बारे में सोच। तू मुझ पर भरोसा कर और कृष्णमय हो कर उनसे मिल ले।

तेरी गलीन मैं जा दिन से निकसे मन मोहन गोधन गावत।
ये ब्रज लोग सो कोन सी जात चलाइ कै जो गहि नैन चलावत।
वे रसखानि जो रीझ हैं नेकु तो रीझि कै क्यों न बनाई रिझावत।
बावरी जौ पै कलक लग्यौ तोनिसंग ह्वैक्यौं नहीं अंक लगावत।।212।।

गोपी अपनी सखी को समझा रही है- सखि! गोचारण का गीत गाते हुए जबसे मोहन तेरी गली से गुजरे हैं, तब से ही ब्रज में लोगों ने न मालूम क्या बात फैला दी है कि तेरी पलकें गिरना और बंद होना ही भूल गई हैं। अगर आनंद की मूर्ति श्री कृष्ण तुझ पर जरा-सा भी मोहित हो गए हैं तो तू उन्हें पूरी तरह से मोहित कर अपनी मुट्ठी में क्यों नहीं कर लेती। अगर तू बदनाम हो ही गयी है तो अब डरने की क्या जरूरत है। पूरी निर्भयता के साथ उनसे प्रेम क्यों नहीं करती। डर तो तब तक ही लगता है, जब तक बदनामी न हुई होती है।

जाहु न कोई सखी यमुनाजल रोके खड़ो मग नन्द को लाला।
नैन नचाइ चलाइ चितै रसखानि चलावत प्रेम की माला।
मैं जु गई हुती बैरन बाहर मेरी करी गति टूटि गौ माला।
होरी भई कै हरी भए लाल कै लाल गुलाल पगी ब्रज बाला।।213।।

एक गोपी अपनी सखी को समझा रही है - सखि! हममें से कोई भी गोपी यमुना जल के लिए नहीं जाएगी। कृष्ण रास्ते में ही खड़ा हमारी राह देख रहा है। वह छलिया कृष्ण आंखों को नचाकर और मन को चला कर प्रेम का भाला फेंकता है। मैं यमुना जल भरने गई थी। उसने मेरी जो गति की उसका वर्णन क्या करूं। मेरे गले की माला भी टूट कर गिर गई। न जाने यह होली है या जबर्दस्ती है। सभी गोपियों को कान्हा ने गुलाल से लाल कर दिया है।

बिहरें पिय प्यारी सनेह सने छहरें चुनरी के फवा कहरें।
सिहरें नव जीवन रंग अनंग सुभंग अपांगनि की गहरें।
बहरें रसखानि नदी रस की लहरें वनित कुल हू महरें।
कहरें विरही जन आतप सों लहरें लली लाल लिए पहरें। 214।।

एक गोपी ने राधा-कृष्ण के मिलन को देखा है और वह इसी विषय में अपनी सखी से बात कर रही ह—सखि! कान्हा प्यारी राधा के संग प्रेमपूर्वक टहल रहे हैं। राधारानी की चुनरी में जो फुंदने हैं, वे छहर रहे हैं। खूबसूरत आंखों के किनारों की कठोरता से उसका नव-यौवन सिहर रहा है तथा प्रेमभाव वश कामाग्नि की लहर सी उठ रही है।

रसखान कहते हैं कि राधा-कृष्ण के मिलन स्थल पर हर्षोल्लास की सरिता बह रही है और उसके तटों पर गोपियां कांप रही हैं तथा विरहिणियों का ताप और बढ़ता ही जा रहा है। राधा-कृष्ण प्रसन्न हैं।

अंगनि अंग मिलाइ दोऊ रसखानि रहे लिपटे तरु धाहीं।
संगनि संग अनंग की रंग सुरंग सनी पियवै गल बाहीं।
बैन ज्यौं मैन सु ऐन सनेह को लूटि रहे रति अंदर जाहीं।
नीची गहैं कुछ कंचन कुम्भ कहै वानिता पिय नाही जुनाहीं॥215॥

एक गोपी अपनी सखी से किसी दूसरी गोपी के संयोग-रस के विषय में बात कर रही है - हे सखि! शरीर से शरीर को वे दोनों पेड़ की छाया में मिला रहे थे। वह गोपी प्रेम के रस में इतनी गहराई तक डूबी हुई थी कि अपने प्रियतम को बांहों में तलाओं की तरह लपेट लिया था। उस गोपी की बातें इतनी कामोत्तेजक थीं कि कामदेव का घर लगती थीं अर्थात उसके एक-एक शब्द से काम भाव टपक रहा था। जब उसका प्रेमी स्तनों का पान करता था, वह गोपी 'नहीं-नहीं' करने लगती थी। उनका यह मिलन अद्भुत और विलक्षण था।

आज अचानक राधिका रूप-निधान सों भेंट भई बन माहीं।
देखत दीठि परै रसखानि मिले भरि अरु दिये गलबाहीं।
प्रेम-पगी बतियां दुहूं वां की दुहूं कों लगीं अति ही जित चाहीं।
मोहिनी मंत्र वसीकर जन्त्र हटा पिय की तिय की नाहिं नाही॥216॥

एक गोपी राधा-कृष्ण के मिलन का वर्णन अपनी सखी से कर रही है-सखि! राधा और रूप-निधान कृष्ण की सहसा ही मुलाकात बन में हो गई। कृष्ण ने राधा को देखते ही उसके गले में बांहें डालकर उसे हृदय से लगा लिया। प्रेम रस से पगी बातें वे करने लगे। दोनों के ही मन में मिलन की अभिलाषा थी। कृष्ण का प्रेम निवेदन करना मोहिनी मंत्र था तो राधा का उस 'प्रेम निवेदन' के लिए मना करना वशीकरण मंत्र थ। राधा की ना और कृष्ण की हां से उनके आपस की कामभावना और भी अधिक भड़कती चली गई।

अंखिया अंखियां सों सकाइ मिलाइ हिलाइ रिझाइ हियो हरिबो।
बतिया चित चोरन चेटक सीरस चारु चरित्र न ऊच रिबो॥
रसखानि के प्रान सुधा मरिबो अधरान पैत्यौं अधरा धरिबो थे।
इतने सब मै न के मोहिनी जन्त्र पै मन्त्र वसीकर सो करिबौ॥217

एक गोपी अपनी सखी से कह रही है- सखि! उस गोपी को तो देखो। उसने अपने प्रियतम से आंखें बहुत संकोच करते हुए मिलाई। उसने गर्दन बड़ी

अदा से हिला कर अपने प्रियतम को मोहित कर लिया और मन को वश में करने वाली बातें कर संग-साथ का भरपूर आनंद लिया तथा दिया। फिर उस बाला ने प्रियतम के होंठों पर अपने होंठ रखकर प्रियतम के शरीर में काम भावना का संचार कर दिया। इतनी सारी काम-क्रीड़ा करने के बाद भी उसने सीत्कार यानी 'सी-सी' की आवाज निकालकर प्रियतम को अपनी मुट्ठी में कैद कर लिया अर्थात उस पर ऐसा वशीकरण मंत्र फेंका कि वह उसके अंगों से लिपटकर उसके यौवन के आनंद रस में डूबता चला गया।

बागन काहे को जाओ पिया, बैठी ही बाग लगा न दिखाऊं।
एड़ी अनार सी मोरि रही, बरियां दोउ चम्पे की डार नवाऊं।
छातानि मैं रस के निबुआ अरु घुंघट खोलि कै दाखचखाऊं।
टांगन के रस चस के रति फूलनि की रसखानि लुटाऊं।।218।।

एक प्रेमिका अपने प्रियतम से कह रही है- हे पिया! तुम बाग में क्यों जाते हो? मैं तो यहीं बैठे-बैठे ही तुम्हें बाग का दर्शन करा सकती हूं। मेरी एड़ियां अनार की तरह फूली हुई हैं। क्या ये अनार से कम हैं। मेरे दोनों बांहें चम्पे की डाली हैं। छाती में जो स्तन हैं, वे रस भरे नींबू हैं और घूंघट खोल कर अंगूर चखा सकती हूं। टांग रूपी छुहारों का रस तुम्हें चखा सकती हूं और प्रेम के फूलों को तुम पर लुटा सकती हूं।

फूलत फूल सबै बन-बागन बोलत भौर बसंत के आवत।
कोमल की किलकार सुनै सब कंत विदेहन तें सब घावत।
ऐसे कठोर महा रसखान जु नेकुह मोरी ये परि न पावत।
हक सी सालत है हिय में जब बैरिन कोमल कूक सुनावत।।

एक गोपी अपनी सखी से कह रही है- सभी वन-बागों में फूल खिल गए हैं। बसंत के आने से भौंरे उन पर मंडरा रहे हैं। सबके प्रियतम कृष्ण इतने निर्मोही बन गए हैं कि कोयल की कूक सुनकर भी मेरी विरह-पीड़ा की परवाह नहीं कर रहे हैं। कोयल की कूक दिल में लगती है तो बरछी के समान दिल में उतर जाती है।

बाल गुलाब के नीर उसीर सों पीर न जाइ हियै जिन ढारी।
कंज की माल करौ जू बिछावत होत कहा पुनिचंदन गारौ।

एते इलाज बिकाज करौ रस खानि को काहे को जारे पैजारौ।
चाह हौ जु छिवायौ भटूतौ दिखावौ बड़ी बड़ी आंखन वारो।। 220।।

विरह-संताप में जल रही एक गोपी अपनी सखी से कह रही है- सखि! छाती पर गुलाब जल और खस का छिड़काव करना व्यर्थ है। फूलों की सेज लगाना और चंदन का सुगंधित लेप लगाना मूर्खता भरा ही कार्य है। बिना प्रियतम के ये सारे उपाय किसी काम के नहीं हैं। इनसे तो विरह-ताप और बढ़ ही रहा है। हे सजनी! तुम मेरी विरह वेदना कम करना चाहती हो या मुझे जिन्दा देखना चाहती हो तो सुन्दर व विशाल आंखों वाले कृष्ण की एक झलक मुझे दिखा दो।

काह कहूं रतियां की कथा बतियां कहि आवत है न कछूरी।
आइ गोपाल लियौ भरि अंक कियौ मन भायौ पियौ रस कूरी।
ताहि बिनासों गड़ी अंखियां रसखानि मेरे अंग अंग मैं पूरी।
पैन दिखाई परै अब बावरी दै कै वियोग विथा मजूरी।।221।।

एक गोपी अपनी सखी से मन के भाव प्रकट करती हुई कह रही है- हे सखी! मैं रात की बातें तुमसे क्या बताऊं? समझ में नहीं आता उन बातों को कैसे कहूं। गोपाल ने आकर मुझे गोद में ले लिया, फिर जो अच्छा लगा किया और खूब रस का पान किया। तब से ही उस कृष्ण की निगाहें मेरे अंग-अंग में धंसी हुई हैं यानी मैं उनके सौंदर्य की दीवानी हो गई हूं लेकिन वह अब नजर नहीं आता। वह तो विरह ताप पारिश्रमिक रूप में देकर तब से ही गायब है। मैं क्या करूं। कहां जाकर उसको ढूंढूं।

आये कहा करि कै कहिए वृषभान लली सों लला दृग जोरत।
ता दिन तें अंसुवन की धार रूकी नहीं जद्यपि लोग निहारत।।
बेगि चलो रसखान बलाइ लौं क्यों अभिमानन भौंह मरोरत।
प्यारे, सुन्दर होय न प्यारी अबै पल अधिक में ब्रज बोरत।।222।।

कृष्ण को राधा की कोई सखी समझा रही है- हे लाल! तुम यह तो बताओ कि राधा से नयन मिलाकर तुम उस पर क्या मंत्र मार आए हो कि तब से ही उसकी आंखों से अश्रुधारा बह रही है और रुकने का नाम ही नहीं ले रही। वैसे हम सब उससे धीरज रखने के लिए कहते हैं। हे सुखों के सागर कृष्ण, अभी तुरंत चलो, मैं तुमसे निवेदन करती हूं, क्यों व्यर्थ में अभिमान वश तुम

नाराज हो। हे लाल! तुम मेरे साथ नहीं चले तो विरह व्यथा में डूबी राधा अगले पल ही सारे ब्रज को अपने आंसुओं में डुबो देगी।

गोकुल नाथ वियोग प्रलै जिमि गोविन नंद जसोमति जू पर।
वाहि गयौ अंसुवन प्रवाह भयौ जल में ब्रज लोक तिहू पर।
तीरथराज सी राधिका सु तो रसखान मनौं ब्रज भू पर।
पूरन ब्रहम ह्वै ध्यान रह्यौं पिय औषि अखै बट पात के ऊपर।।223।।

एक गोपी अपनी सखी से कह रही है- हे सखि! गोकुल नाथ यानी कृष्ण के विरह में गोपियां, नन्द बाबा व यशोदा माता एकदम से निढ़ाल पड़ गई हैं। वे सब दु:खी हैं और उन पर प्रलय का पहाड़ टूट पड़ा है। इन आंसुओं की धारा में पूरा ब्रज जलमग्न हो गया है। तीर्थराज यानी प्रयाग सी पवित्र राधा ही पूरे ब्रज में धरती पर बच गयी है। राधा इस प्रलय की घड़ी में पूर्ण ब्रह्म यानी अपने प्रियतम के ध्यान में है और उनके आने की अवधि को गिनती हुई अक्षय बट के पत्तों पर चढ़ गयी है।

ए सजनी जब तें मैं सुनी मथुरा नगरी वरषा रितु आई।
लै रसखान सनेह की ताननि कोकिल मोर मलार मचाई।
सांझ तें भोर लौं भोर तें सांझ लौं गोपिन चातक ज्यौं रट लाई।
एरी सखी कहिए तो कहां लगि बैर अहीर ने पीर न पाई।।224।।

एक गोपी दूसरी गोपी से कह रही है- 'हे सखि! जब से मैंने सुना है कि मथुरा में बरसात का मौसम आ गया है, कोयल प्रेम की धुन कूकने लगी है तथा मोर मल्हार गाने लगा है, तब से ब्रज बालाएं सांझ से भोर और भोर से सांझ यानी हर पल चातक पक्षी की तरह 'पी-पी' की रट लगा रखी हैं। किन्तु सखि! यह तो किसी को भी नहीं मालूम कि उस बैरी कृष्ण को गोपियों की विरह-पीड़ा की कहां तक जानकारी हैं। वह तो बहुत ही निर्मोही और पत्थर-हृदय है।

मग हेरत घूंघरे नैन भए रसना रट गुन गावन की।
अंगुरी गनि हार थकी सजनी सगुनौती चलै नहि पावन की।
पथिकौ कोउ ऐसाजु नाहिं कहै सुधि है रसखान के आवन की।
मन भावन आवन सावन में कही औषि करी डग बावन की।।225।।

गोपी अपनी सखी से कह रही है- सखि1 कृष्ण की राह देखते हुए आंखें धुंधली हो गई हैं। जीभ उसकी प्रशंसा कर-कर के थक गई है। हे सखि! अंगुली उसके आने के दिनों को गिन-गिन कर हार- गई, पर कृष्ण के आने का एक भी शुभ संकेत नहीं मिला। ऐसा एक भी राही नहीं आया, जो कृष्ण के आने का शुभ संदेश सुनाए। कृष्ण तो सावन में वापस आने की बात कह गए थे, लेकिन कहां आए हैं। उनके वापस आने का समय तो 'वामन-अवतार' की भांति क्षण-प्रतिक्षण बढ़ता ही जा रहा है।

जो ग सिखावत आवत है वह कौन कहावत को है कहां को।
जानति हैं बर नागर है पर नेकहु भेद लख्यौ नहिं ह्यां को
जानतिना हम और कछू मुख देखि जियैं नित नंदलला को
जानति नहीं रसखान हमें तजि राखनहारी है मोरपखा को।।226।।

निर्गुण ब्रह्म के उपासक उद्धव को देखकर गोपियां आपस में बातें कर रही हैं-निराकार ब्रह्म और योग का उपदेश देता हुअ, जो आ रहा है, वह कौन है? उसका नाम क्या है? वह कहां से आया है? हमें इतना तो पता है कि वह कोई श्रेष्ठ इंसान है, पर हमें इसके बारे में अच्छी तरह से पता नहीं है। वह जो भी हो या कितना भी श्रेष्ठ हो, हम तो बस इतना ही जानती हैं कि हम कृष्ण का मुख देखकर ही अब तक जिन्दा हैं। कृष्ण को हम नहीं भूल सकतीं क्योंकि मोरपंख धारी कृष्ण ही हमारे रखवाले हैं।

अंजन मंजन त्यागौ अली अंग धारि भभूत करौ अनुरागै।
आपुन भाग कर्‌यौ सजनी इन बावरे ऊधो जू को कहां लागै।
चाहै सो और सबै करियै जू कहै रसखान सयानप आगै।
जो मन मोहन ऐसी बसी तो सबै री कहौ मुय गोरख जागै।।227।।

गोपियां उद्धव के उपदेश का मजाक उड़ा रही हैं- हे सजनी! अब सजना-संवरना छोड़ दो और राख से प्रेम करना शुरू कर दो तथा उसी को शरीर पर मलो। सखि! हमारे भाग्य में कृष्ण से प्रेम करना है तो इस बावरे यानी पागल उद्धव को जलन क्यों हो रही है। उद्धव की चतुराई काम नहीं करेगी। वह कुछ भी कर ले, लेकिन कृष्ण के प्रति जो प्रेम हमारे हृदय में है, उसे मिटा नहीं सकता। यह उद्धव सब जानता है, फिर कह रहा है कि हम कृष्ण के प्रेम को भुलाकर 'गोरख जागे' का गुणगान करें।

लाज के लेप चढ़ाइ कै अंग पची सब सीख को मंत्र सुनाइ कै।
गारुड़ ह्वै ब्रज लोग भक्यौ करि औषद बेसक सो है दिखाइ कै।
ऊधो सों रसखानि कहै लिनचित्त धरौ तुम एते उधाइ कै।
कारे बिसारे को चाहैं उतर्‌यौ अरे बिख बावरे राख लगाइ कै॥228॥

गोपियों ने जब उद्धव के निर्गुण ब्रह्म का उपदेश सुना तो वे कहने लगीं- हे उद्धव! हमने लज्जा का लेप अपने शरीर पर लगाने का प्रयास किया, सभी तरह के मंत्र सुनाए, ब्रज के वासी गरूण भी बन कर ऊब गए, कसम दिलाकर औषधियों का सेवन कराया, फिर भी कृष्ण के प्रेम का जहर कम नहीं हुआ यानी हमारे मन में कृष्ण के प्रति प्रेम कम नहीं हुआ। हे उद्धव! तुम उसी विषधर नाग रूपी कृष्ण का जहर योग की भस्म यानी राख से उतारने आये हो। तुम्हारा यह उपदेश हम पर कोई असर नहीं डाल सकता।

या लकुटी अरू कामरिया पर राजतिहुं पुर को तजि डारौं।
आठहु सिद्ध नवो निधि को सुख नन्द की गाइ चराइ बिसारौं।
ए रसखानि जबै इन नैनन ते ब्रज के बन बाग तड़ाग निहारौं।
कोटिक ये कलधौत के धाम करील की कुंजन ऊपर वारौं॥

कृष्ण द्वारिका में हैं और अचानक ही उन्हें ब्रज की याद आ गई है। वह दुःखी होकर रुक्मणी के सामने अपने मन के भाव व्यक्त कर रहे हैं- प्रिये! उस लाठी और कामरी के लिए मैं तीनों लोकों का राज्य छोड़ सकता हूं। नन्द बाबा की गाय चराने के लिए मैं आठों सिद्धियों और नवों निधियों के सुखों को भुलाने के लिए तैयार हूं। प्रिये! मैंने जब से अपने इन नयनों से ब्रज के जंगल और तालाबों को देखा है अर्थात वे मेरी यादों में आए हैं, तब से मैं इतना व्याकुल और उद्विग्न हो गया हूं कि मैं इन करोड़ों सोने-चांदी के महलों को ब्रज के करील-कुंजों के ऊपर न्यौछावर करता हूं।

ग्वालन संग जैबो बन ऐबौ सु गायन संग
हेरि तान गैबो हा हा नैन कहकत हैं।
ह्यां के गज मोती माल वारौं गुंज मालन पै
कुंज सुधि आए हाय प्रान धरकत हैं।
गोबर को गारौ सु तो मोहि लागै प्यारौ कहा
भयौ मौन सोने के जटित मरकत हैं॥230॥

मन्दर ते ऊंचे यह मंदिर है द्वारिका के
ब्रज के खिरक मेरे हिय खरकत है॥230॥

अपने ब्रज प्रेम को लेकर श्रीकृष्ण रूक्मणी से आगे कहते है- हे रुक्मणी! ग्वालों के साथ वन में जाना, गायों के साथ शाम को लौटना, ब्रज के सौंदर्य को देखकर वंशी बजाना इन सारे सुखों की याद आते ही मेरी आंखें नम हो जाती हैं और मुझे बहुत दुःख होता है। मैंने जो गज मोतियों की माला अभी पहनी है, इन्हें में उन गुंजमालाओं पर न्योछावर करता हूं। प्रिये! जब भी यादों में ब्रज के कुंज आ जाते हैं, मेरे अंग फड़कने लगते हैं।

कृष्ण कहते हैं कि ब्रज के गोबर का गारा भी मुझे इतना भाता है कि ये रत्न जड़ित सोने के आलीशान महल भी उसके सामने शून्य हैं। मैं जानता हूं द्वारिका के राजमहल मंदिराचल से भी ऊंचे हैं, लेकिन फिर भी ब्रज की गोशालाएं मेरे मन को कुरेदती रहती हैं।

कहने का भाव है कि कृष्ण को ब्रज के प्रति जो प्रेम है, वह सर्वोपरि है। वह ब्रज के आगे सारे सुखों को फीका मानते हैं।

वैद की औषध खाइ कछू न करै बहु संजम री सुनि मोसें।
तो जल-पान कियौ रसखानि सजीवन जानि लियो रस तोसें।
ए री सुधा मई भागीरथी नित पथ्य अपथ्य बनै तोहि पोसें।
आक धतूरो चबात फिरे बिखखात फिरै सिव तेरै भरोसे॥

रसखान कहते हैं- हे गंगे! तुम्हारी महिमा अपरम्पार है। जिस पर तुम्हारी मेहर होती है, उसे न तो डाक्टर की दवा की जरूरत होती है और न ही किसी तरह के परहेज की। तुम्हारे जल को पीने से जीवनी शक्ति बढ़ जाती है और जीवन में खुशियों का संचार होता है। हे अमृतमयी भागीरथी! तुम्हारा जल पीने से अपथ्य यानी न खाने योग्य भोजन भी खाने योग्य बन जाता है। तुम्हारे जल के भरोसे पर ही भोलेनाथ आक और धतूरा खाते हैं तथा विष का पान करते हैं।

कहने का भाव है कि गंगा का जल मनुष्य के लिए अमृततुल्य है और इसको पीने वाला सदा निरोग रहता है। इसके जल में सब औषधियों का सार है। देवता भी आरोग्य रहने के लिए गंगाजल का सेवन करते हैं।

इक ओर किरटिल सै दूसरी दिसि नागन के गन गाज तरी।
मुरली मधुरी धुनि अधिक ओठ पै अधिक नाद से बाजत री।

रसखानि पितम्बर एक कंधा पर एक बाघम्बर राजत री।
कोउ देखत संगम लै बुड़की निक से यहि मेख सों छाजत री॥232॥

एक गोपी अपनी सखी से कह रही है- सखि! कृष्ण के सिर पर एक तरफ तो मुकुट है तथा दूसरी तरफ नाग फुंफकार रहे है।। आधे होंठ पर एक तरफ बांसुरी बज रही है और दूसरे आधे होंठ पर श्रृंगी बज रही है। कृष्ण के एक कंधे पर पीतांबर है तथा दूसरे कंधे पर बाघंबर है। ऐसा लगता है, कृष्ण गंगा-यमुना के संगम में नहा कर और भी अधिक रूपवान हो गए हैं। उनके सौंदर्य में शिव-कृष्ण यानी हरि-हर रूप का भी अंश आ गया है।

दानलीला

आवत ही रस के चसके तुम जानत हो रस होत कहा हो।
नैसक वैरस भीजन देहौ बिना दस के अलबेले लला हो।
अंत वही दिन आवेंगे भूमि गुवालिन ही के जुसंग सखा हो।
ल्यौगे कहा इन बातन तें घर जाव लला अब ही लरका हो॥1॥

एक गोपी कृष्ण से कहती है- हे लला! तुम मेरे यहां रस की चाहत में आये हो, पर तुम्हें नहीं मालूम कि रस यानी आनंद कहां होता है। तुम तो अभी बच्चे हो, स्वयं को जरा रस में भीगने दो यानी उस उमग्र में तो आ जाने दो। जल्दी न करो। वह अवस्था तुम्हारी आ जायेगी, तब तुम गोपियों के साथ खूब मस्ती में झूमना और उनके संग-साथ का आनंद लेना। अभी तो तुम्हें कुछ पता भी नहीं है। तुम्हें इन बातों से क्या लेना। तुम बच्चे हो, अपने घर को वापस लौट जाओ।

आई हो आज नई ब्रज में कछु नैन नचाइ कै रार मचैहौं।
जानति हो हमहीं छलि कैदधि बेचन जाव सोजान न पैहौं।
लैहीं चुकाइ सबै तुम सों रसखानि भले मन में पछतै हौं।
जो तुम होहु बड़े घर की अइलात कहा हौ जगात न दैहौं॥2॥

गोपी की इन बातों को सुनकर कृष्ण कहते हैं- लगता है तुम ब्रज में अभी नई-नई आयी हो। तभी तो नैन घुमाकर झगड़ रही हो। तुम मुझे मूर्ख बनाकर दही बेचने नहीं जा सकती। मैं तुम्हें जाने नहीं दूंगा। तुम्हारी यह सीख मुझे तुमसे कर वसूलने से नहीं रोक सकेगी। अगर बड़े घर की हो तो ज्यादा इतराने की जरूरत नहीं है और तुम कितनी भी बातें बनाओगी या अनुनय-विनय करोगी, तुम्हें अंत में कर देना ही पड़ेगा। हम तुम्हें यूं ही नहीं छोड़ने वाले हैं।

सुनि कै यह बात हिये गुनि कै तब बोलि वृषभान-लली।
कहौ कान्ह भए बन में कहूं मांगत दान कि छे कि गली॥
मग आइ कै जाइ रिसाई कड़ा तुम एकऊ बात कहीं न भली।
हम हैं वृषभान पुरा की लली अब गोरस बेचन जात चली॥3॥

कृष्ण की बातें सुनने के बाद राधा बोली- हे कान्हा! तुम क्या मुझे जानते नहीं कि वन में मेरा रास्ता रोक रहे हो और दान मांग रहे हो? रास्ते में आकर और गुस्सा करके क्यों जा रहे हो। तुमने तो एक भी बात भली नहीं कही। मैं राजा वृषभानु की कन्या हूं और दही बेचने जा रही हूं। तुम्हारे रोकने से भी नहीं रुकने वाली।

एरी कहा वृषभानपुरा की तो दान दिये बिन जान न पैहो।
जौ दधि-माखन देवजु चाखन झूमत लाखन या मग ए हौ॥
नाहिं तौ जो रससो रस लैहो जु गोरस बेचन फेरिन जैहौ।
नाहक नारि तू रारि बढ़ावति गारि दिये फिरि आपहि दैहौ॥4॥

राधा के इतना कहने पर कृष्ण कहते हैं- होगी तुम वृषभानु की लली, तुम मुझे इसका भय न दिखाओ। मैं बिना दान लिए तुम्हें जाने नहीं दूंगा। तुम दही-माखन खाने के लिए दे दोगी तो लाखों बार इस रास्ते निर्भय होकर आ-जा सकोगी। मजाल कि कोई तुम्हारा रास्ता रोक दे। तुम दही-माखन अपनी इच्छा से नहीं दोगी तो मैं छीन लूंगा और इस रास्ते से तुम्हारा आना-जाना भी हमेशा के लिए बंद हो जाएगा। तुम तो बेकार में ही झगड़ रही हो। तुम मुझे गाली दोगी तो गाली सुनोगी भी।

गारी के देवैया बनवारी तुम कहो कौन
हम तो वृषभानु की कुमारी सब जानो है।
जोर तो करोगे जाइ जासो हरि पार पाइ
मुरही तें आज मोसों कैसी हठ ठानो है।
बूझि देखौ मन महि अरुझत मग जात
बूझि हौ निदान कान्ह जौन कही मानो है।
मेरे जान कोऊ मीरखान आवै दही छीनै
तू तौ है अहीर मोहिं नहिं पहिचानो है॥5॥

अब राधा कहती हैं- हे कान्हा! तुम मुझे गाली देने वाले होते कौन हो।

सबको ही मालूम है कि मैं वृषभानु की कन्या हूं। तुम्हें तो पता ही है एक राजा की पुत्री को अपशब्द बोलना ठीक नहीं है। कृष्ण, तुम्हें बलजोरी ही करना है तो उससे करो न, जिससे तुम्हारा काम बन जाए। सुबह से ही आज न जाने क्यों तुमने मुझसे झगड़ना शुरू कर दिया है। देखे ऐसे वन में राह रोककर तुम्हारा तंगकरना ठीक नहीं। मैं गलत हूं तो तुम उसी से पूछ लो जो तुम्हारा सगा हो। मुझे सब पता है, कर वसूलने का या दही कर के रूप में लेने का अधिकार केवल राज्य के किसी अधिकारी को ही है लेकिन तुम तो अहीर के छोरे यानी एक आम आदमी हो। तुम्हारा दान लेने का कोई हक नहीं बनता।

तोहूं पहचानो वृषभान हूं को जानो नेकु
काहूं की न शंक मानौ हों अहीर ऐसो हों।
मीरन को मारि मान तोरिहों गुमान लै हों
आज तो सों दान लैहों देखियै जु जैसो हों
फोरि हों मटकी माट लै दही करोंगो लूट
जैहो कोने सु तो घाट बाट रोके वैसो हों।
कहा कहौं राधा तोहिं अज हूं न चीन्है मोहि।
मेरी ओर देखि दे दानी कान्ह कैसो हों॥6॥

अब कृष्ण कहते हैं- हे राधा! मैं तुम्हें तो जानता ही हूं और वृषभानु को भी पहचानता हूं, पर मैं कोई साधारण अहीर नहीं। मुझे किसी से भी भय नहीं है। राज्य के मीरों यानी सरदारों को मार कर वृषभानु गर्व करते हैं और तुम्हें भी इसका अभिमान है। मैं तुम्हारा अभिमान आज रहने नहीं दूंगा। आज जब तुम दान दोगी तो तुम्हें मेरे बल का पता चल जाएगा। सीधे मन से दही नहीं दोगी तो मैं घड़े-मटके सब फोड़कर सारी दही ले लूंगा। जाकर शिकायत करना। मैं यहीं पर बैठा मिलूंगा। मुझे डर कर भागना तो आता ही नहीं। राधा, मैं तुम्हें क्या कहूं? तुम अभी तक मुझे जान नहीं पाई। जरा मुझे देखो तो सही, तब तुम्हें मालूम होगा कि यह दान लेने वाला कान्हा कितना सहज है।

जो हौं मैं तिहारी ओर नन्द गांव के किशोर
माखन के चोर तुम गोकुल के वासी हो।
ज सुदा तिहारी माइ ऊखल सों बोधो जाइ
दानी पै कहाए आइ भए कामरासी हो

कंस सों कहोंगी जाइ मांगि हौं तुमैं धराइ
रहोगे कहां छिपाइ जो बड़ म वासी हो
गोरस को दान हम आजहु न सुने कान
काहे लाल हम सों करत रोज रासी हो॥7॥

राधा कृष्ण से कहती है- हे कृष्ण! मैं तुम्हारी तरफ ही देख रही हूं। तुम नंद गांव के किशोर हो। तुम गोकुल के रहने वाले हो और माखन चुराते हो। तुम्हारी मां का नाम यशोदा है। ओखल से तुम्हें यशोदा ने बांध दिया था। आज तुम दान लेने वाले बन गए हो और इसके पीछे तुम्हारी काम भावना छिपी है। मैं कंस से कहूंगी कि वह तुम्हें बंदी बनाकर कारागार में डाल दे। फिर तुम छिपकर रहोगे कहां। कंस तुम्हें पकड़कर ही मानेगा। हमने तो यह कहीं नहीं सुना है कि दही बेचने वालियों पर भी कर लगता है। यह रोजाना का मजाक करना छोड़ दो।

दान पै न कान सुने लैहों सो गुमान भंजि
हासी पर हासी परहासी आज करोंगी।
जेती तुम ग्वालिन तितेक सब रोकि राखौं
जमुना की ओटि पै जु सबैं काम सरौंगो।
जाको तू कहति कंस ताहि को करौं विधंस
हौं तौ जदुवंस बीर काहू सों न डरौंगो।
भूषण उतारि चीर फारि चीर डारि दैहौं।
नन्द की दुहाई खात टेक सों न टरौंगो॥

कृष्ण राधा से कहते हैं- राधा! तुम दान नहीं दोगी तो मैं तुम्हारा सारा अभिमान तोड़ दूंगा। हंसी पर हंसी और तुम्हारा परिहास करूंगा। जितनी तुम गोपियां हो सबको जाने नहीं दूंगा और यमुना की आड़ में मैं मनमानी करूंगा। जिस कंस का नाम लेकर तुम मुझे डरा रही हो, उसका मैं विध्वंस कर दूंगा। यदुवंश का वीर हूं और किसी से भी नहीं डरता हूं। तुम्हारे सारे गहनों को तोड़कर तुम्हारे वस्त्रों को फाड़ डालूंगा। मैं नन्द बाबा की कसम खाकर कहता हूं, अपनी बात से पीछे नहीं हटूंगा।

नन्द की न दासी हम जाति हूं मैं नाहीं कम
एक गांव बसौं स्याम भोर भए बादी हो।

जमुना के तीर तुम चोर हू चुराइ रहो
ताहू की न लाज आई ओर के फसादी हो।
रोकत हो टोकत हो बाट माहि साट खाह
माट फोरि चाटौ दही यही गुन आदी हो।
जौ कहूं बैठारिहौ न पारिहौ रुआब माहि
नोन की न गोन ली है आदी हूं न लांदी हो॥

राधा कृष्ण से कहती है- हे कान्हा! हम नन्द की दासी यानी नौकरानी नहीं हैं और जाति में भी तुमसे कम नहीं हैं। हम एक ही गांव में रहते हैं, पर तुम शरीफ बनकर भी बदमाश हो गए। तुम वही श्याम हो न, जिसने यमुना के तट से ग्वालिनों के वस्त्र चुरा लिए थे? तुम्हें तो इतने नीच कर्म करने के बाद भी शरम नहीं आई। तुम तो बेवजह झगड़ा करने वाले हो। मुझे पता है, तुम धन लूटने के लिए राह में आ जाते हो और उन्हें छेड़ते-टोकते हो। मटकी फोड़कर दही चाटने वाले बन गए हो, इसकी तुम्हें अब आदत-सी पड़ गयी है। तुम्हें कहीं रखा या बैठाया जाए तो तुम कुछ कर भी नहीं सकते यानी तुम माखन चोर जो हो गए हो। तुम हमें बोरी में नमक और अदरक भरकर लादने वाली न समझो अर्थात हम दही बेचती हैं कोई व्यापारी नहीं हैं कि कर वसूलने आ जाते हो। हमें छेड़ना तुम्हारे लिए अच्छा नहीं है।

मेरो को करै नियाब हौं तो तीनि लोक राव
हमै धरौ मांटी चाव दांव भलो पायौ है।
वृंदावन कुंज मौह कदम की छांह चलौ
अंक भरि भेंटि लैहों जैसो मन भायौ है।
हीरा मनि मानिक की कांच और पोतिन की
मोतिन की गात की जगात हौं लगायौ है।
गोरस तौ ढर खाहू पीयौ बेर बेर
देखहु सलोनो रूप दानी कान्ह आयौ है॥11॥

कृष्ण राधा से कहते हैं- राधा! मेरा न्याय कौन करेगा। मैं त्रिलोकीनाथ हूं। तुम यही सोचकर खुश हो जाती हो और मौका देखकर दाव फेर लेती हो कि मैं साधारण ग्वाल हूं। तुम वृंदावन के कुंजों में खड़े कदम्ब के पेड़ों की छांव में चलो और जैसी मेरी इच्छा है, वहां मैं तुम्हें अपनी बांहों में भर लूंगा। हीरा, मणि, माणिक, कांच और मोती जैसे तुम्हारे तन पर मुझे कर लगाना है। दही

तो मैंने गिरा-गिरा कर अनेक बार खाया है। हे राधा! तुम्हारे सलोने बदन से कर वसूलने की मेरी अभिलाषा है।

नौलख गाय सुनी हम नन्द के तापर दूध-दही न अघाने।
मांगत भीख फिरो बन ही बन भूरि हौ बातन के पर पाने।
और ही नारिन के मुख जोवत लाज गहौ कछु होहु सयाने।
जाहु भले जु चले घर जाहु चले बस जाउ वृन्दावन जाने॥12॥

राधा कृष्ण से कहती है- हे कान्हा! मैंने सुना है कि नन्द के यहां नौ लाख गायें हैं, फिर तुम्हारा मन दूध-दही से अघाया नहीं? तुम वन-वन में झूठी बातें बनाकर दही भीख में मांगते फिरते हो। तुम्हारा काम ही है परायी स्त्रियों का मुंह निहारना। तुम्हें यह शोभा नहीं देता। कुछ तो शरम करो। कृष्ण, मुझे तुम्हारे बारे में सब पता है। अच्छा होगा कि तुम वृंदावन वापस चले जाओ।

स्फुट पद

वाही दिन वारौ बानक बनि आयौ सखि आज।
गावत तेरी रझि भावतौ संग लिये सुधर समाज।
सास ननद की कानि करौ जनि, उठि किन खेलों फाग।
अंखियां सखियां सुफल करौ किन, इन नैनन के भाग।
कान परी जब तान मोहिनी, तबहूं जी कुल कानि।
इतरु हंसी वृषभान-नंदिनी, उतरु हंसे रसखानि।

एक गोपी अपनी सहेलियों को होली खेलने के लिए उकसाती है-सखियों! सुनो, आज कान्हा ने उसी रोज वाला रूप-श्रृंगार और वस्त्र पहनकर खुद को सजाया है। वह अपने गोप साथियों के साथ प्रेम-गीत गा रहा है। अब तुम सब सास-ननदों से न डरो और चलो होली खेलो। देखो, ऐसा अच्छा मौका बार-बार नहीं मिलता। कृष्ण के साथ होली खेलो और अपनी आंखों को होली का रंग दिखाओ। जब कृष्ण की बांसुरी की मधुर धुन हमने सुनी थी तभी हमसे कुल-खानदान की मर्यादा छूट गयी थी। रसखान कहते हैं कि इधर राधा कृष्णा को देखकर हंस रही थी और उधर कृष्ण राधा को देखकर हंस रहे थे।

आज होरी रे मोहन होरी!
कालि हमारे आंगन गारी, वे आयौ सो कोरी।।
अबका दुरि बैठे मैया ढिंग, निकसो कुन्ज बिहारी।
उमंगि-उमंगि आई गोकुल की, सकल महीधनवारी।
जब ललना ललकारि निक से, रूप सुधा की प्यारी।
निपटि गई घनस्याम लाल सों, चमक चमक चपला सी।
काजर देउ जु परि भरुवा के, सबै देहु मिलिगारी।
कहि रसखान एक गारी पै, सौ आदर बलिहारी।।

गोपियां कृष्ण के घर पहुंचकर होली खेलने के लिए उन्हें ललकारती हैं-कान्हा, आज होली है, होली। कल तुम हमारे घर आकर गाली दे आये थे और आज मैया की गोद में छिपे बैठे हो। हे मुरलीधर! बाहर निकलो। आकर देखो तो सही, गोकुल की धरती पर समस्त पृथ्वी का वैभव उमंग यानी उतर आया है। कृष्ण ललकार सुनकर बाहर निकले तो उनके रूप-सौंदर्य के अमृत की प्यासी गोपियां उनसे लिपट गईं और बोलने लगीं-सब मिलकर इस कृष्ण को रंग दो और इसे नाना विधि से गाली दो। रसखान कहते हैं कि गोपियों की एक गाली पर सैकड़ों आदर-सम्मान को न्यौछावर किया जा सकता है। ये गाली गाली नहीं, ये तो प्रेम की वाणी है। सारा रस इन गालियों में ही तो है।

मैं कैसे निकसों मोहन खेलै फाग।
मेरे संग की सब गयी, मोहि प्रगट्यौ अनुराग॥
एक रैनि सुपनो भयौ, नन्द-नंदन मिल्यौ आइ।
मैं सकुचन घूंघट कर्‌यौ, उन भुज मेरो लपटाइ॥
अपनो रस मो कों दयो मेरो लीनो घूंटि।
बैरिन पलकैं खुल गयीं, मेरी गई आस सब टूटि॥
फिरि मैं बहुतेरी करी, नेकु न लागी आंखि।
पलक मूंदि परिचौलियौ, मैं जाम एक लौंराखि।
मेरे ता दिन ह्‌वैगयौ, होरी डाडों रोषि।
सास ननद देखन गई मोहि घर वासौ सोंपि॥
सास उसासन भारुई ननद खरी अनखाय।
देवर डग धरिवौ गनै, मेरो बोलत नाहु रिसाय।
तिखके चढ़ि ठाड़ी रहूं, लैन करु कनहेर।
रांति द्यौस हौसे रहे, का मुरली की टेर॥
क्यों करि मन धीरज धरूं, उठति अतिहि अकुलाय।
कठिन हियौ फाटे नहीं, तिल भर दुःख न समाय॥
ऐसी मन में अखई, छांड़ि लाज कुल कानि।
जाय मिलौ वृज ईस सों, रति नायक रसखानि।

एक गोपी अपनी सहेली से कहती है- हे सखि! मोहन बाहर होली खेल रहा है। मैं घर से बाहर कैसे निकलूं? मेरे साथ की सभी सहेलियां चली गयीं, पर मैं नहीं जा सकी क्योंकि मेरे मन में कान्हा के प्रति प्रेम उत्पन्न हो गया

है। एक रोज मैं सपने में मोहन से मिली। मैंने झट से शर्म-संकोच वश घूंघट कर लिया लेकिन कान्हा ने मुझे अपनी बांहों में भर लिया। अपना रस कान्हा ने मुझे दिया और मेरा भी ले लिया। तभी मुई पलकें खुल गईं और इस खूबसूरत सपने की सुन्दर बातें भी कहीं खो गईं। फिर मैंने बहुत कोशिश की, पर नींद नहीं आई। पलकें बंद कर मैं काफी देर तक नींद के आने का इंतजार करतीरही और उन सपनों को बंद आंखों में झुलातीरही। उस रोज से ही मेरा कृष्ण से होली खेलना बंद हो गया और घर के सामान की जिम्मेदारी मुझे सौंप कर सास-ननद स्वयं होली खेलने चली गईं। कान्हा के प्रति मेरे मन में प्रेम देखकर सास तरह-तरह के दु:ख देती रहती है और ननद हमेशा नाराज रहती है। देवर मुझ पर नजर रखता है और गुस्सा करके ही बोलता है। कान्हा की एक झलक पाने के लिए मैं तिमंजिले पर खड़ी रहती हूं। बस उनकी मुरली की धुन सुनकर हमेशा खुश रहती हूं। मैं कैसे धैर्य रखूं, कृष्ण की याद ताजा होते ही मन व्याकुल हो उठता है। मेरा दिल कितना कठोर है कि विरह जन्य दु:खों से फटता भी नहीं है और नाजुक भी कितना है कि जरा-सा दु:ख भी इसमें रह नहीं पाता है। मन तो ऐसा करता है कि कुल की लाज-मर्यादा छोड़छाड़ कर ब्रजराज से जा मिलूं।

डायमंड बुक्स
नवीनतम साहित्य
हिंदी की 11 कालजयी कहानियाँ
हिन्दी की 21 सर्वश्रेष्ठ कहानियाँ
हिन्दी की 31 अनुपम कहानियाँ
अमीर बनो
पैसा कमाने के आसान तरीके
जेपी.एस. जौली
भारत-चीन
नए रिश्ते, नई राहें
विश्वमोहन
अनुश्री
कविताएं
प्रेम दीवानी
सत्तांतरण
भारत की आज़ादी का स्वर्णिम सवेरा
डॉ. सतीश चतुर्वेदी
अज्ञातवास के हमसफर
जीतिए आप जीत सकते हैं
क्रिकेट माफिया को दें शह और मात
Love You जिंदगी
जेपी.एस. जौली
सफलता की ऊँची छलांग
जेपी.एस. जौली
21 श्रेष्ठ बालमन की कहानियाँ ऑस्ट्रेलिया
शक्तिस्वरूपा
भारत के 75 विस्मृत वीर
निडर प्रशासन
डायमंड बुक्स
X-30, ओखला इंडस्ट्रियल एरिया, फेज-II नई दिल्ली-110020 फोन : 011-40712100
ई-मेल : sales@dpb.in Shop online at www.diamondbook.in

एक भारत श्रेष्ठ भारत
प्रदीप पंडित
नरेन्द्र मोदी का नमो: मंत्र
कुमार पंकज
भारत रत्न सचिन
विमल कुमार
अदभुत व्यक्तित्व अरविन्द केजरीवाल
अरविन्द मोहन द्विवेदी
कहानियाँ जो जीना सिखाएं
जे.पी.एस. जौली
जौली अंकल
कहानियाँ जो राह दिखाएं
सुख, समृद्धि और सफलता की पारसमणि
जे.पी.एस. जौली
महामहिम राष्ट्रपति प्रणव मुखर्जी
विमल कुमार
माइंड पॉज़िटिव लाइफ पॉज़िटिव
सफल और सकारात्मक जीवन पाने के लिए प्रैक्टिकल टिप्स
जोगिन्दर सिंह
आपके भीतर छिपी सफलता पाने की 8 शक्तियाँ
शिशिर श्रीवास्तव
108 इनवेस्टमेंट मंत्र
इनवेस्टमेंट में सहायक महत्वपूर्ण टिप्स
राष्ट्रीय जीवनी माला सरदार पटेल
आप और आपका व्यवहार
No.1
सूर्या सिन्हा
कहानियाँ बोलती हैं
सूर्या सिन्हा
जीवन को नई रोशनी प्रदान करती प्रेरक कहानियां
क्या है नेटवर्क मार्केटिंग जानिए
No.1 Bestseller
12 भारतीय भाषाओं में उपलब्ध
सूर्या सिन्हा
जीत लो ख्वाबों को
दृढ़ इच्छाशक्ति, आत्मबल और कठिन परिश्रम से आप हर सपना साकार कर सकते हैं
जोगिन्दर सिंह
हार के बाद ही जीत है
जोगिन्दर सिंह

काका की फुलझड़ियाँ

काका हाथरसी

डायमंड बुक्स

प्रकाशक : डायमंड पॉकेट बुक्स (प्रा.) लि.
X-30 ओखला इंडस्ट्रियल एरिया, फेज-II
नई दिल्ली - 110020
फोन : 011- 40712200
ई-मेल : wecare@diamondbooks.in
वेबसाइट : www.diamondbooks.in
संस्करण : 2024

Kaka Ki Phuljhadiyan
By : Kaka Hathrasi

कविता–क्रम

‘हास्य और व्यंग्य, जीवन के अंग।’
‘हँसी मन की गाँठें आसानी से खोल देती है।’
‘उल्लास और हँसी का नाम ही जवानी है।’
‘हँस-मुख स्वभाव दीर्घायु का चिह्न है।’

1965 से इस पुस्तक के पिछले संस्करणों की अब तक तीन लाख से अधिक प्रतियाँ बिक चुकी हैं।

नाम बड़े, दर्शन छोटे

(108 नामों की माला)

नाम-रूप के भेद पर कभी किया है गौर?
नाम मिला कुछ और तो, शक्ल-अक्ल कुछ और
शक्ल-अक्ल कुछ और, **नैनसुख** देखे काने
बाबू **सुंदरलाल** बनाए ऐंचकताने
कहँ 'काका' कवि, **दयाराम** जी मारें मच्छर
विद्याधर को भैंस बराबर काला अक्षर

मुंशी **चंदालाल** का तारकोल-सा रूप
श्यामलाल का रंग है जैसे खिलती धूप
जैसे खिलती धूप, सजे बुश्शर्ट पैंट में-
ज्ञानचंद छै बार फेल हो गए टैंथ में
कहँ 'काका' **ज्वालाप्रसाद** जी बिल्कुल ठंडे
पंडित **शांतिस्वरूप** चलाते देखे डंडे

शांतादेवी
वकील हरिश्चंद्र
मिस्टर शेरसिंह
मिस्टर नैनसुख

देख, **अशर्फीलाल** के घर में टूटी खाट
सेठ **भिखारीदास** के मील चल रहे आठ
मील चल रहे आठ, कर्म के मिटें न लेखे
धनीराम जी हमने प्राय: निर्धन देखे
कहँ 'काका' कवि, **दूल्हेराम** मर गए क्वाँरे
बिना प्रियतमा तड़पें **प्रीतमसिंह** बिचारे

दीन श्रमिक भड़का दिए, करवा दी हड़ताल
मिल-मालिक से खा गए रिश्वत **दीनदयाल**
रिश्वत दीनदयाल, करम को ठोंक रहे हैं
ठाकुर **शेरसिंह** पर कुत्ते भौंक रहे हैं
'काका' छै फिट लंबे **छोटूराम** बनाए
नाम **दिगंबरसिंह** वस्त्र ग्यारह लटकाए

पेट न अपना भर सके जीवन-भर **जगपाल**
बिना सूंड़ के सैकड़ों मिलें **गणेशीलाल**
मिलें गणेशीलाल, पैंट की क्रीज सम्हारी-
बैग कुली को दिया चले मिस्टर **गिरिधारी**
कहँ 'काका' कविराय, करें लाखों का सट्टा
नाम **हवेलीराम** किराए का है अट्टा

दूर युद्ध से भागते, नाम रखा **रणधीर**
भागचंद की आज तक सोई है तकदीर
सोई है तकदीर, बहुत-से देखे-भाले
निकले प्रिय **सुखदेव** सभी, दुख देने वाले
कहँ 'काका' कविराय, आँकड़े बिल्कुल सच्चे
बालकराम **ब्रह्मचारी** के बारह बच्चे

चतुरसेन बुद्धू मिले, **बुद्धसेन** निर्बुद्ध
श्री **आनंदीलालजी** रहें सर्वदा क्रुद्ध
रहें सर्वदा क्रुद्ध, मास्टर चक्कर खाते
इंसानों को **मुंशी तोताराम** पढ़ाते
कहँ 'काका', **बलवीरसिंह जी** लटे हुए हैं
थानसिंह के सारे कपड़े फटे हुए हैं

बेच रहे हैं कोयला, **लाला हीरालाल**
सूखे **गंगाराम** जी, रूखे **मक्खनलाल**
रूखे मक्खनलाल, झींकते दादा-दादी
निकले बेटा **आशाराम** निराशावादी
कहँ 'काका' कवि, **भीमसेन** पिद्दी-से दिखते
कविवर **'दिनकर'** छायावादी कविता लिखते

आकुल-व्याकुल दीखते शर्मा **परमानंद**
कार्य अधूरा छोड़कर भागे **पूरनचंद**
भागे पूरनचंद **अमरजी** मरते देखे
मिश्रीबाबू कड़वी बातें करते देखे
कहँ 'काका', **भंडारसिंह जी** रीते-थोते
बीत गया जीवन **विनोद** का रोते-धोते

शीला जीजी लड़ रहीं, **सरला** करतीं शोर
कुसुम, कमल, पुष्पा, सुमन निकलीं बड़ी कठोर
निकलीं बड़ी कठोर, **निर्मला** मन की मैली
सुधा सहेली **अमृतबाई** सुनीं विषैली
कहँ 'काका' कवि, बाबूजी क्या देखा तुमने?
बल्ली जैसी मिस लल्ली देखी है हमने

तेजपाल जी भोथरे मरियल-से **मलखान**
लाला दानसहाय ने करी न कौड़ी दान
करी न कौड़ी दान, बात अचरज की भाई
वंशीधर ने जीवन-भर वंशी न बजाई
कहँ 'काका' कवि, **फूलचंदजी** इतने भारी
दर्शन करके कुर्सी टूट जाय बेचारी

खट्टे-खारी-खुरखुरे **मृदुलाजी** के बैन
मृगनैनी के देखिए चिलगोजा-से नैन
चिलगोजा से नैन **शांता** करती दंगा
नल पर न्हातीं **गोदावरी, गोमती, गंगा**
कहँ 'काका' कवि, **लज्जावती** दहाड़ रही है
दर्शन देवी लंबा घूँघट काढ़ रही है

कलियुग में कैसे निभे पति-पत्नी का साथ
चपलादेवी को मिले बाबू **भोलानाथ**
बाबू भोलानाथ, कहाँ तक कहें कहानी
पंडित **रामचंद्र** की पत्नी **राधारानी**
'काका', **लक्ष्मीनारायण** की गृहिणी **रीता**
कृष्णचंद्र की वाइफ बनकर आई सीता

अज्ञानी निकले निरे पडित **ज्ञानीराम**
कौशल्या के पुत्र का रक्खा **दशरथ** नाम
रक्खा दशरथ नाम, मेल क्या खूब मिलाया
दूल्हा **संतराम** को आई दुलहिन **माया**
'काका' कोई-कोई रिश्ता बड़ा निकम्मा
पार्वतीदेवी हैं शिवशंकर की अम्मा

पूँछ न आधी इंच भी, कहलाते **हनुमान**
मिले न **अर्जुनलाल** के घर में तीर-कमान
घर में तीर-कमान, बदी करता है नेका
तीर्थराज ने कभी इलाहाबाद न देखा
सत्यपाल 'काका' की रकम डकार चुके हैं
विजयसिंह दस बार इलैक्शन हार चुके हैं

सुखीराम जी अति दुखी, **दुखीराम** अलमस्त
हिकमतराय हकीमजी रहें सदा अस्वस्थ
रहें सदा अस्वस्थ, प्रभू की देखो माया
प्रेमचंद ने रत्ती-भर भी प्रेम न पाया
कहँ 'काका', जब व्रत-उपवासों के दिन आते
त्यागी साहब, अन्न त्यागकर रिश्वत खाते

रामराज के घाट पर आता जब भूचाल
लुढ़क जायँ श्री **तख़्तमल**, बैठें **घूरेलाल**
बैठें घूरेलाल रंग किस्मत दिखलाती
इतरसिंह के कपड़ों में भी बदबू आती
कहँ 'काका', **गंभीरसिंह** मुँह फाड़ रहे हैं
महाराज लाला की गद्‌दी झाड़ रहे हैं

दूधनाथ जी पी रे सपरेटा की चाय
गुरु **गोपालप्रसाद** के घर में मिली न गाय
घर में मिली न गाय, समझ लो असली कारण
मक्खन छोड़ डालडा खाते **बृजनारायण**
'काका', प्यारेलाल सदा गुर्राते देखे
हरिश्चंद्रजी झूठे केस लड़ाते देखे

रूपराम के रूप की निंदा करते मित्र
चकित रह गए देखकर **कामराज** का चित्र
कामराज का चित्र, थक गए करके विनती
यादराम को याद न होती सौ तक गिनती
कहँ 'काका' कविराय, बड़े निकले बेदर्दी
भरतराम ने **चरतराम** पर नालिश कर दी

नाम-धाम से काम का, क्या है सामंजस्य?
किसी पार्टी के नहीं **झंडाराम** सदस्य
झंडाराम सदस्य, भाग्य की मिटे न रेखा
स्वर्णसिंह के हाथ कड़ा लोहे का देखा
कहँ 'काका', कंठस्थ करो, यह बड़े काम की
माला पूरी हुई एक सौ आठ नाम की

मसूरी-यात्रा

देवी जी कहने लगीं, कर घूँघट की आड़
हमको दिखलाए नहीं, तुमने कभी पहाड़
तुमने कभी पहाड़, हाय तकदीर हमारी
इससे तो अच्छा, मैं नर होती, तुम नारी
कहँ 'काका' कविराय, जोश तब हमको आया
मानचित्र भारत का लाकर उन्हें दिखाया

देखो इसमें ध्यान से, हल हो गया सवाल
यह शिमला, यह मसूरी, यह है नैनीताल
यह है नैनीताल, कहो घर बैठे-बैठे-
दिखला दिए पहाड़, बहादुर हैं हम कैसे?
कहँ 'काका' कवि, चाय पिओ औ' बिस्कुट कुतरो
पहाड़ क्या हैं, उतरो, चढ़ो, चढ़ो, फिर उतरो

यह सुनकर वे हो गईं लड़ने को तैयार
मेरे बटुए में पड़े, तुमसे मर्द हज़ार
तुमसे मर्द हज़ार, मुझे समझा है बच्ची?
बहका लोगे कविता गढ़कर झूठी-सच्ची?
कहँ 'काका' भयभीत हुए हम उनसे ऐसे
अपराधी हो कोतवाल के सम्मुख जैसे

आगा-पीछा देखकर करके सोच-विचार
हमने उनके सामने डाल दिए हथियार
डाल दिए हथियार, आज्ञा सिर पर धारी
चले मसूरी, रात्रि देहरादून गुज़ारी
कहँ 'काका', कविराय, रात-भर पड़ी नहीं कल
चूस गए सब ख़ून देहरादूनी खटमल

सुबह मसूरी के लिए बस में हुए सवार
खाई-खंदक देखकर, चढ़ने लगा बुखार
चढ़ने लगा बुखार, ले रहीं वे उबकाई
नींबू-चूरन-चटनी कुछ भी काम न आई
कहँ 'काका', वे बोलीं, दिल मेरा बेकल है
हमने कहा कि पति से लड़ने का यह फल है

उनका 'मूड' खराब था, चित्त हमारा खिन्न
नगरपालिका का तभी आया सीमा-चिह्न
आया सीमा-चिह्न, रुका मोटर का पहिया
लाओ टैक्स, प्रत्येक सवारी डेढ़ रुपैया
कहँ 'काका' कवि, हम दोनों हैं एक सवारी
आधे हम हैं, आधी अर्धांगिनी हमारी

बस के अड्डे पर खड़े कुली पहनकर पैंट
हमें खींचकर ले गए, होटल के एजेंट
होटल के एजेंट, पड़े जीवन के लाले
दोनों बाँहें खींच रहे, दो होटल वाले
एक कहे मेरे होटल का भाड़ा कम है
दूजा बोला, मेरे यहाँ 'फ्लैश-सिस्टम' है

हे भगवान! बचाइए, करो कृपा की छाँह
ये उखाड़ ले जाएँगे, आज हमारी बाँह
आज हमारी बाँह, दौड़कर आओ ऐसे
तुमने रक्षा करी ग्राह से गज की जैसे
कहँ 'काका' कवि, पुलिस-रूप धरके प्रभु आए
चक्र-सुदर्शन छोड़, हाथ में हंटर लाए

रख दाढ़ी पर हाथ हम, देख रहे मजदूर
रिक्शेवाले ने कहा, आदावर्ज हुजूर
आदावर्ज हुजूर, रखूँ बिस्तरा-टोकरी?
मसजिद में दिलवा दूँ तुमको मुफ्त कोठरी?
कहँ 'काका' कवि, क्या बकता है गाड़ीवाले
सभी मियाँ समझे हैं तुमने दाढ़ी वाले?

चले गए अँगरेज़ पर, छोड़ गए निज छाप
भारतीय संस्कृति यहाँ सिसक रही चुपचाप
सिसक रही चुपचाप, बीवियाँ घूम रही हैं
पैंट पहनकर 'मालरोड' पर झूम रही हैं
कहँ 'काका', जब देखोगे लल्लू के दादा
धोखे में पड़ जाओगे, नर है या मादा

बीवी जी पर हो गया फ़ैशन भूत सवार
संडे को साड़ी बँधी, मंडे को सलवार
मंडे को सलवार, बॉबकट बाल देखिए
देशी घोड़ी, चलती इंगलिश चाल देखिए
कहँ 'काका', फिर साहब ही क्यों रहें अछूते
आठ कोट, दस पैंट, अठारह जोड़ी जूते

भूल गए निज सभ्यता, बदल गया परिधान
पाश्चात्य रँग में रँगी, भारतीय संतान
भारतीय संतान रो रही माता हिंदी
आज सुहागिन नारि लगाना भूली बिंदी
कहँ 'काका' कवि, बोलो बच्चो डैडी-मम्मी
माता और पिता कहने की प्रथा निकम्मी

मित्र हमारे मिल गए कैप्टिन घोड़ासिंग
खींच ले गए 'रिंक' में देखी स्केटिंग
देखी स्केटिंग, हृदय हम मसल रहे थे
चंपो के संग मिस्टर चंपू फिसल रहे थे
काकी बोली—क्यों जी, ये किस तरह लुढ़कते
चाभी भरी हुई है या बिजली से चलते?

हाथ जोड़ हमने कहा लालाजी तुम धन्य
जीवन-भर करते रहो, इसी कोटि के पुन्य
इसी कोटि के पुन्य, नाम भारत में पाओ
बिना टिकट, वैकुंठ-धाम को सीधे जाओ
कहँ काकी ललकार—अरे यह क्या ले आए
बुद्धू हो तुम, पानी के पैसे दे आए?

हलवाई कहने लगा, फेर मूँछ पर हाथ
दूध और जल का रहा आदिकाल से साथ
आदिकाल से साथ, कौन इससे बच सकता?
मंसूरी में खालिस दूध नहीं पच सकता
सुन 'काका', हम आधा पानी नहीं मिलाएँ
पेट फूल दस-बीस यात्री नित मर जाएँ

पानी कहती हो इसे, तुम कैसी नादान?
यह, मंसूरी 'मिल्क' है, जानो अमृत समान
जानो अमृत समान, अगर खालिस ले आते
आज शाम तक हम दोनों निश्चित मर जाते
कहँ 'काका', यह सुनकर और चढ़ गया पारा
गर्म हुईं वे, हृदय खौलने लगा हमारा

उनका मुखड़ा क्रोध से हुआ लाल तरबूज
और हमारी बुद्धि का बल्ब हो गया फ़्यूज
बल्ब हो गया फ़्यूज, दूध है अथवा पानी
यह मसला गंभीर बहुत है, मेरी रानी
कहँ 'काका' कवि, राष्ट्रसंघ में ले जाएँगे
अथवा इस पर 'जनमत-संग्रह' करवाएँगे

शीतयुद्ध-सा छिड़ गया, बढ़ने लगा तनाव
लालबुझक्कड़ आ गए, करने बीच-बचाव
करने बीच-बचाव, खोल निज मुँह का फाटक
एक साँस में सभी दूध पी गए गटागट
कहँ 'काका', यह न्याय देखकर काकी बोली–
चलो हाथरस, मंसूरी को मारो गोली

मूँछ माहात्म्य

मूँछ-महात्म्य सुना रहे, सुनो लगाकर कान
ऋषी-मुनी करते रहे, मूँछों का सम्मान
मूँछों का सम्मान कि जिसके मूँछ नहीं थी
भारत में उस प्राणी की कुछ पूछ नहीं थी
कहँ 'काका' कविराय, फिरंगी जबसे आया
भारत की मूँछों का सत्यानाश कराया

दुनिया में मूँछें बहुत, कैसे करूँ बखान
अपनी मूँछों का सदा, बुधजन रखते ध्यान
बुधजन रखते ध्यान कि जिसके मुँह गुलगुच्छा
डरते उससे सदा नगर के गुंडा-लुच्चा
कहँ 'काका' कविराय, देखकर मूँछ नुकीली
हो जाती है लालाजी की धोती ढीली

ठाकुर साहब की लगें ऐसी सुंदर मूँछ
चिपका दी है काटकर ज्यों कुत्ते की पूँछ
ज्यों कुत्ते की पूँछ, कठिनता से बनती हैं
यह मत समझो मोम लगाकर ये तनती हैं
कहँ 'काका' कविराय, भेद तुमको समझाऊँ
मूँछों में छल्ला पड़ने की युक्ति बताऊँ

ज़ोर-ज़ोर से ऐंठिए दिन-भर में दस बार
कुछ दिन में हो जाएँगी मूँछें छल्लेदार
मूँछें छल्लेदार, अकड़कर रौब जमाओ
चाहे जिसका माल धौंस देकर ले आओ
कहँ 'काका' कविराय, रो रहा काछी दुखिया
मूँछ दिखाकर साग मुफ़्त ले जाता मुखिया

ऊँची-नीची मूँछ हों, नहीं करें जब मैच
संडे-की-संडे करो, क़ैंची से परकैंच
क़ैंची से परकैंच, भले ही हाफ करा दो
देवी जी कह दें तो बिलकुल साफ़ करा दो
कहँ 'काका', अरजैंट आर्डर उनका जानो
'व्यास' वचन है-'पत्नी को परमेश्वर मानो'

रेजर टूटा होय अरु ब्लेड न होवे पास
मुख-मंडल पर आपके उग आई हो घास
उग आई हो घास, तनिक नहिं देर लगाओ
बाल-सफ़ा साबुन ख़रीदकर लेप चढ़ाओ
कहँ 'काका' कविराय, भाड़ में जाए नाऊ
एक मिनट में बन जाओ कर्जन के ताऊ

ज़्यादा लंबी मूँछ भी, रहें नहीं अनुकूल
ख़तरनाक रहतीं सदा, करो न ऐसी भूल
करो न ऐसी भूल, किसी से होय लड़ाई
मूँछ पकड़कर बड़े मजे से होत पिटाई
कहँ 'काका' कविराय, मचाओगे तब हल्ला
पकड़-पकड़कर लटकेंगे जब लल्ली-लल्ला

मूँछों में आ जाय जब कोई भूरा बाल
खींच लीजिए पकड़कर, चिमटी से तत्काल
चिमटी से तत्काल, आयु इससे बढ़ जावे
सदा जवानी रहे, बुढ़ापा पास न आवे
कहँ 'काका', बढ़ जाय सफ़ेदी का जब हिस्सा
ले खिजाब अरु बुरुश दनादन मारो घिस्सा

जिस दफ़्तर में जाइए क्लर्कों का सब झुंड
मैनेजर साहब सहित, मिलें तुम्हें मुछमुंड
मिलें तुम्हें मुछमुंड, किसी ने ऐसी रक्खी
करती हों मीटिंग नाक के नीचे मक्खी
कहँ 'काका' कविराय, राज अँगरेज़ दे गए
इसके बदले मूँछ हमारी मूड़ ले गए

कभी तुम्हारी मूँछ के, उखड़ जाएँ कुछ बाल
शीरा से चिपकाइए, चिपक जाएँ तत्काल
चिपक जाएँ तत्काल, मूँछ हो जाएँ मीठी
भाग्यवान हैं आप अगर लग जाएँ चींटी
कहँ 'काका' कविराय, सुनो भैया हलमस्ता
ख़र्च न पाई होए, पुण्य यह सबसे सस्ता

दहेज की बारात
(ब्रजभाषा में)

जा दिन एक बरात कौ, मिल्यौ निमंत्रण-पत्र
फूले-फूले हम फिरें, यत्र-तत्र-सर्वत्र
यत्र-तत्र-सर्वत्र, फरकती बोटी-बोटी
बा दिन अच्छी नाहिं लगी, अपने घर रोटी
कहँ 'काका' कविराय, लार म्हौंड़ेसों टपके
कर लड्डुअन की याद, जीभ स्याँपिन-सी लपकै

मारग में जब है गई अपनी मोटर फेल
दौरे स्टेशन, लई तीन बजे की रेल
तीन बजे की रेल, मच रही धक्कमधक्का
द्वै मोटे गिर परे, पिच गए पतरे कक्का
कहँ 'काका' कविराय, पटक दूल्हा ने खाई
पंडितजू रह गए, चढ़ि गयौ ननुआ नाई

नीचे कों करि थूथरौ, ऊपर कों करि पीठ
मुरगा बनि बैठे हमहुँ, मिली न कोऊ सीट
मिली न कोऊ सीट, भीर में बनिगौ भुरता
फारि लै गयौ कोउ हमारौ आधौ कुरता
कहँ 'काका' कविराय, परिस्थिति बिकट हमारी
पंडितजी रहि गए, उन्हीं पै 'टिकस' हमारी

फक्क-फक्क गाड़ी चलै, धक्क-धक्क जिय होय
एक पन्हैया रहि गई, एक गई कहुँ खोय
एक गई कहुँ खोय, तबहिं घुय आयौ टी-टी
माँगन लाग्यौ टिकस, रेल ने मारी सीटी
कहँ 'काका', समझायौ पर नहिं मान्यौ भैया
छीन लै गयौ, तेरह आना तीन रुपैया!

जनमासे में मचि रह्यो ठंडाई कौ सोर
मिर्च और सक्कर दईं सपरेटा में घोर
सपरेटा में घोर, बराती करते हुल्लड़
स्वाद-स्वाद में खेंचि गए हम बारह कुल्हड़
कहँ 'काका' कविराय, पेट है गयौ नगाड़ौ
निकरौसी के समय हमें चढ़ि आयौ जाड़ौ

बेटावारे ने कही, यही हमारी टेक
दरबज्जे पै लै लऊँ, नगर पाँच सौ एक
नगद पाँच सौ एक, परेंगी तब ही भाँवर
दूल्हा करिदौ बंद, दई भीतर सौं साँकर
कहँ 'काका' कवि, समधी डोलें रूसे-रूसे
अर्धरात्रि है गई, पेट में कूदें मूसे

बेटीवारे ने बहुत जोरे उनके हाथ
पर बेटा के बाप ने सुनी न कोऊ बात
सुनी न कोऊ बात, बराती डोलें भूखे
पूरी-लडुआ छोड़, चना हू मिले न सूखे
कहँ 'काका' कविराय, जान आफ़त में आई
जम की भैन बरात, कहावत ठीक बनाई

समधी-समधी लड़ि परे तै न भई कछु बात
चले घरात-बरात में थप्पड़-घूँसा-लात
थप्पड़-घूँसा-लात, तमासौ देखें नारी
देख जंग कौ दृश्य, कँपकँपी बँधी हमारी
कहँ 'काका' कवि, बाँध बिस्तरा भाजे घर कों
पीछे सब चल दिए, संग में लैकें वर कों

मार भातई पै परी, बनिगौ वाको भात
बिना बहू के गाम कों, आई लौट बरात
आई लौट बरात, परि गयौ फंदा भारी
दरबज्जे पै खड़ीं, बरातिन की घरवारी
कहँ काकी ललकार, लौटकें वापिस जाऔ
बिना बहू के घर में कोऊ घुसन न पाऔ

हाथ जोरि माँगी क्षमा, नीची करकें मोंछ
काकी ने पुचकारिकें, आँसू दीने पोंछ
आँसू दीने पोंछ, कसम बाबा की खाई
जब तक जीऊँ, बरात न जाऊँ रामदुहाई
कहँ 'काका' कविराय, अरे ओ बेटावारे
अब तौ दै दै, टी-टी वारे दाम हमारे

चुनाव–चातुर्य

डी-ओ-जी को डौग कह, सी-ए-टी को कैट
इतनी इंगलिश बहुत है, रख ले सिर पर हैट
रख ले सिर पर हैट, पैंट-बुश्शर्ट धारना
ग्रामसभा में लंबी-चौड़ी डींग मारना
कहँ 'काका', सिगरेट मुफ़्त पड़ जाए पल्ले
करके मुँह को गोल, धुएँ के छोड़ो छल्ले

देख तुम्हारा ठाठ यह, रह जाएँ सब दंग
चेहरा-मुहरा ठीक हो, जम जाएगा रंग
जम जाएगा रंग, लैक्चर देना सीखो
उल्टे-सीधे बको, मंच पर चढ़कर चीख़ो
कहँ 'काका', फिर धीरे-धीरे बदलो चोला
श्वेत-धवल धोती-कुरता खादी का झोला

दर्पण रखकर सामने अपना रूप निहार
होकर खड़े चुनाव में, करो देश-उद्धार
करो देश-उद्धार, जोड़ गुंडों से नाता
जिनकी सूरत देख काँप जाए मतदाता
कहँ 'काका', जो निंदा करते नहीं अघाएँ
वही विरोधी तुम्हें वोट देने को आएँ

प्रोपेगेंडा रात-दिन कीजे धूआँधार
जीत जाए तो पार है, हार जाए तो पार
हार जाए तो पार, नाम का लाभ उठाओ
जीत हुई तो वैभव और संपदा पाओ
कहँ 'काका' कवि, छोड़ मोर्चे को सर करके
चाहे बर्तन-भाँडे तक बिक जाएँ घर के

कर्जा भी लेना पड़े, ले लो आँखें मीच
जीत जाए तो चौगुना एक वर्ष में खींच
एकवर्ष में खींच, महाजन सभी डरेंगे
देख आपका रौब, तकाजा नहीं करेंगे
कहँ 'काका' कवि, कर्ज छोड़ होंगे आभारी
दिलवा दो उनको कोई ठेका सरकारी

कुछ चुनाव के चुटकले और कीजिए नोट
मिल सकते हैं आपको सभी जनाने वोट
सभी जनाने वोट, लिपस्टिक घर-घर बाँटो
हाथ जोड़कर, दाँत निपोर खीर-सी चाटो
कहँ 'काका', झंडा लेकर घूमे घरवाली
भावज, बूआ, जीजी, ताई, सलहज, साली

एक्सपर्ट इस आर्ट के कर बुर्के की ओट
दे सकते हैं आपको, मुर्दों के कुछ वोट
मुर्दों के कुछ वोट, नोट जब पा जाते हैं
मियाँ वहीद 'वहीदन' बनकर आ जाते हैं
कहँ 'काका' कवि, झूठ-फरेब-जाल-मक्कारी
यह चुनाव का धर्म, जानते सब संसारी

सीट प्राप्त हो जाए तो मिटे सकल संताप
अक्कल दिन-दूनी बढ़े, छिपें पुराने पाप
छिपे पुराने पाप, बनाते रहिए भत्ता
आज लखनऊ, कल दिल्ली, परसों कलकत्ता
कहँ 'काका', यह कला सीख बन जाओ नेता
नेता को भगवान फाड़कर छप्पर देता

कीलर–कांड

प्रोफ़्यूमो के केस पर, बोले एफ़ पपीत
गहरी ज़्यादा गढ़ गई, मिस कीलर की कील
मिस कीलर की कील, राजनीतिक बल पाकर
ब्रिटिश राज्य में घुसी, रूस में निकली जाकर
कहँ 'काका' कविराय, धन्य सुंदरी सुकेशी
रूप-जाल में फाँसे, देशी और विदेशी

बागी दोनों हो गए, हुस्न-इश्क कमबख़्त
इनके कारण छिन गया, मैकमिलन का तख़्त
मैकमिलन का तख़्त, सख़्त इतने थे धक्के–
भगदड़ फैली, छूटे शासक-दल के छक्के
कहँ 'काका', सुन 'जल-विहार' की कथा अनूठी
चिल्ला पड़े 'अयूब', ख़बर यह बिल्कुल झूठी

कीलर! तू बड़भागिनी, कौन तपस्या कीन्ह?
नेता-नक्कू-सूरमा, हैं तेरे आधीन
हैं तेरे आधीन, गुनी-ज्ञानी-अज्ञानी
राम-कहानी छोड़, पढ़ रहे काम-कहानी
कहँ 'काका' जिसमें तेरा फ़ोटो छप जाता
सड़ा हुआ अख़बार, बिना बेचे बिक जाता

तू मोटर में बैठकर, निकल गई जिस ओर
बूढ़े छाती कूटते, तड़पें तरुण-किशोर
तड़पें तरुण-किशोर, ज़ोर कर हा-हा खावें
अँगरेज़ी भौंरा तेरे ऊपर भिन्नावें
कहँ 'काका', विष खाय डाक्टर 'वार्ड' मर गए
बिना प्रयास ही भवसागर को पार कर गए

राजनीति के घाट पर कीलर तेरी धूम
प्रोफ़्यूमो चंदन घिसें, तिलक लगावें ह्यूम
तिलक लगावें ह्यूम, झूमकर जब तू चालै
मेम ईर्ष्या करें, हार्ट साहब का हालै
कहँ 'काका' कवि, कामदेव भी तुझसे हारे
श्वेत सभ्यता के झंडे ऊँचे कर डाले

सत्ता से टकरा गई, हुस्न-इश्क की रेल
मिस कीलर को हो गई, नौ महिने की जेल
नौ महिने की जेल, ख़बर यह जिस दिन आई
तबसे हमने पानी पिया, न रोटी खाई
कहँ 'काका' कवि, कच्ची उमर, सुकोमल काया
रे निर्मम क़ानून! तुझे कुछ तरस न आया?

हमको समझाने लगा, सत्तो सट्टेबाज़
नौ महिने की जेल में, है कुछ गहरा राज़
है कुछ गहरा राज़, छूटकर जब आएगी
एक सुघड़ 'उपहार' साथ अपने लाएगी
सुन 'काका' कविराय, मचाते हो क्यों हल्ला?
एक चीज़ तो निश्चित है, लल्ली या लल्ला

जम और जँवाई

बड़ा भयंकर जीव है, इस जग में दामाद
सास-ससुर को चूसकर, कर देता बरबाद
कर देता बरबाद, आप कुछ पियो न खाओ
मेहनत करो, कमाओ, इसको देते जाओ
कहँ 'काका' कविराय, सासरे पहुँची लाली
भेजो प्रति त्यौहार मिठाई भर-भर थाली

लल्ला हो इनके यहाँ, देना पड़े दहेज
लल्ली हो अपने यहाँ, तब भी कुछ तो भेज
तब भी कुछ तो भेज, हमारे चाचा मरते
रोने का एक्टिंग दिखा, कुछ लेकर टरते
'काका' स्वर्ग प्रयाण करे बिटिया की सासू
चलो दक्षिणा देउ और टपकाओ आँसू

जीवन-भर देते रहो, भरे न इनका पेट
जब मिल जाएँ कुँवरजी, तभी करो कुछ भेंट
तभी करो कुछ भेंट, जँवाई-घर हो शादी
भेजो लड्डू, कपड़े, बर्तन, सोना-चाँदी
कहँ 'काका', हो अपने यहाँ विवाह किसी का
तब भी इनको देउ, करो मस्तक पर टीका

कितना भी दे दीजिए, तृप्त न हो यह शख़्स
तो फिर यह दामाद है अथवा लैटर बक्स?
अथवा लैटर बक्स, मुसीबत गले लगा ली
नित्य डालते रहो, किंतु ख़ाली का ख़ाली
कहँ 'काका' कवि, ससुर नर्क में सीधा जाता
मृत्यु-समय यदि दर्शन दे जाए जमाता

और अंत में तथ्य यह कैसे जाएँ भूल
आया हिंदू कोड बिल इनको ही अनुकूल
इनको ही अनुकूल, मार कानूनी घिस्सा
छीन पिता की संपति से पुत्री का हिस्सा
'काका' एक समान लगें जम और जँवाई
फिर भी इनसे बचने की कुछ युक्ति न पाई

चाय-चक्रम्

एकहि साधे सब सधे, सब साधे सब जाय
दूध-दही-फल अन्न-जल, छोड़ पीजिए चाय
छोड़ पीजिए चाय, अमृत बीसवीं सदी का
जग-प्रसिद्ध जैसे गंगाजल गंग नदी का
कहँ 'काका', इन उपदेशों का अर्थ जानिए
बिना चाय के मानव-जीवन व्यर्थ मानिए

कविता लिखने के लिए 'मूड' नहीं बन पाय
एक साँस में पीजिए चार-पाँच कप चाय
चार-पाँच कप चाय, अगर रह जाय अधूरी
इतने ही लो और, हो गई कविता पूरी
कहँ 'काका' कवि, खंडकाव्य को पंद्रह प्याला
पचपन कप में महाकाव्य हमने लिख डाला

प्लेटफार्म पर यात्री पानी को चिल्लाय
पानी वाला है नहीं, चाय पियो जी चाय
चाय पियो जी चाय, हिलाकर बोला दाढ़ी–
पैसे लेउ निकाल, छूट जाएगी गाड़ी
'काका' पीकर चाय विरोधी दल का नेता
धुआँधार व्याख्यान सभा-संसद में देता

लक्ष्मण के शक्ती लगी, विकल हुए भगवान
संजीवनि लेने गए, पवन-पुत्र हनुमान
पवन-पुत्र हनुमान, आ गए लेकर बूटी
सेवन करके लखनलाल की निद्रा टूटी
कहँ 'काका' कवि, जब खोली अक्कल की खत्ती
समझ गए हम, इसी चाय की थीं कुछ पत्ती

गायक, वादक, लैक्चरर, नट, नर्तक औ' भाट
सभी चाय के भक्त हैं, धोबी, तेली, जाट
धोबी, तेली, जाट, ब्राह्मण, बनियाँ, ताऊ
माऊ खाँय अफीम, चाय पीते हैं चाऊ
कहँ 'काका', पीछे पीते हैं बाबू-लाला
पहिले खुद चख लेता चाय बनानेवाला

स्वतंत्रता-दिवस

कहा कहूँ छवि आपकी, भले बने हो नाथ
'काका' मस्तक जब नवै, लेउ तिरंगा हाथ
लेउ तिरंगा हाथ, छोड़कर मंदिर आओ
शुभ स्वतंत्रता-दिवस हमारे साथ मनाओ
कहँ 'काका' कविराय, शक्ति भक्त में भर दो
चक्र-सुदर्शन चला, दमन दुष्टों का कर दो

आई यहाँ स्वतंत्रता, लेकिन हम परतंत्र
मना रहे हैं देख लो फिर भी दिवस स्वतंत्र
फिर भी दिवस स्वतंत्र, सैकड़ों धक्के खाए
तीन किलो चीनी का परमिट लेकर आए
कहँ 'काका' कवि, आँख दिखाकर बोले नाना
चीनी हुई समाप्त भाग जाओ, कल आना

चीनी संकट देश में, आश्चर्य की बात
फिर भी 'चाचा' कर रहे चीनी का निर्यात
चीनी का निर्यात, यहाँ हमको तरसावें
दो रुपए की किलो बेचते अमरीका में
कहँ 'काका' कविराय, समझ में भेद न आया
हैल्थ मिनिस्टर जी ने तब हमको समझाया

तथ्य समझने की नहीं, तुमको अभी तमीज
चीनी खाने से अधिक होती डाइबिटीज
होती डाइबिटीज, निबल तुम हो जाओगे
बतलाओ, दुश्मन से कैसे लड़ पाओगे?
कहँ 'काका' कविराय, बात यह उनकी नीकी
करके आँखें बंद, चाय पी जाओ फीकी

मिलावट

मनसुखलाल मुनीम से, बोले कुशलकिशोर
मेल-मिलावट के लिए, व्यर्थ मच रहा शोर
व्यर्थ मच रहा शोर, जानते सब विज्ञानी
हाईड्रोजन-ऑक्सीजन मिल, बनता पानी
कहँ 'काका' कविराय, शहद में गुड़ का शीरा
पहुँचता है लाभ, गोंद में मिला कतीरा

वेद-शास्त्र सबने यही, तथ्य किया स्वीकार
मिलकर माया-ब्रह्म यह, सृष्टि हुई तैयार
सृष्टि हुई तैयार, विधाता स्रष्टाचारी
शब्द बिगड़कर यही हो गया भ्रष्टाचारी
कहँ 'काका' कर रहे, मिलावट की क्यों निंदा
चलने दो व्यापार, भजो राधे गोविंदा

कपट-कंपनी ने किए, पैदा पंद्रह लाख
मिला-मिला सीमेंट में, फिफ्टी-फिफ्टी राख
फिफ्टी-फिफ्टी राख, साख को लगा न धक्का
क्योंकि चढ़ाते रहें, बड़े साहब पर छक्का
कहँ 'काका', क्या करे, अगर बिल्डिंग फट गई
फर्म कर दिया ख़त्म, मुनाफ़ा सभी बँट गई

कभी घूस खाई नहीं, किया न भ्रष्टाचार
ऐसे भोंदू जीव को, बार-बार धिक्कार
बार-बार धिक्कार, व्यर्थ है वह व्यापारी
माल तोलते समय न जिसने डंडी मारी
कहँ 'काका', क्या नाम पाएगा ऐसा बंदा
जिसने किसी संस्था का, न पचाया चंदा

दशमलव–पद्धति

जबसे रुपए पर चढ़ा, सौ पैसे का रंग
तबसे ही 'माइंड' में उठने लगी तरंग
उठने लगी तरंग, राज्य जब मेरा आए
दस मिनटों में घंटा एक पूर्ण हो जाए
कहँ 'काका', सैकिंड होयँ दस एक मिनट में
परिवर्तन करवा दूँ घड़ियों की खटखट में

दस दिन का एक मास हो, दसहि मास का वर्ष
इसी दशमलब प्रश्न पर हों चुनाव-संघर्ष
हों चुनाव-संघर्ष, लगाएँ जय के नारे
वेतन-भोगी व्यक्ति वोट दें मुझको सारे
कहँ 'काका', सजनी साजन की लेंय बलैयाँ
दस दिन में पूरी तनखा ले आए सैयाँ

बन जाए इस युक्ति से, सोशलिस्ट सरकार
कृपलानी औ' लोहिया, हों मुझपर बलिहार
हों मुझ पर बलिहार, मत कहो 'मन-मन भावै'
क्विंटल-क्विंटल भावै मनुआँ मूड़ हिलावै
कहँ 'काका', सुन काकी, खोल हृदय की तंत्री
कैबिनेट में रक्खूँगा केवल दस मंत्री

पिल्ला

पिल्ला बैठा कार में, मानुष ढोवें बोझ
भेद न इसका मिल सका, बहुत लगाई खोज
बहुत लगाई खोज, रोज़ साबुन से न्हाता
देवीजी के हाथ दूध से रोटी खाता
कहँ 'काका' कवि, माँगत हूँ वर चिल्ला-चिल्ला
पुनर्जन्म में प्रभो! बनाना हमको पिल्ला

मृगनैनी छैनी बनी, पहुँची नैनीताल
होंठों पर सुर्ख़ी दई, रँग लीने दोउ गाल
रँग लीने दोउ गाल, धाय को दीना लल्ला
सिर से साड़ी हटा, बगल में लीना पिल्ला
कहँ 'काका' कविराय, चाल में आई तेज़ी
मेम बन गईं देवी जी, पढ़के अँगरेज़ी

जग रूठे रूठा करे, मत छोड़ो निज टेक
पिल्ला पालो प्रेम से, खाओ बिस्कुट-केक
खाओ बिस्कुट-केक, मूँछ की करो सफ़ाई
कोट-पैंट लो डाट, गले लटकाओ टाई
कहँ 'काका' कविराय, काम यह सबसे सच्चा
बिना पढ़े ही बन जाओ साहब के बच्चा

हितोपदेश

काल खाय सो आज खा, आज खाय सो अब्ब
गेहूँ महँगे हो रहे, फेरि खायगा कब्ब
फेरि खायगा कब्ब, अरे मूरख अज्ञानी
जल्दी-जल्दी खा दुनिया दो दिन की फानी
कहँ 'काका', भरपेट करो फिर चोरबज़ारी
पाप होंय सब दूर, भजो राधे-गिरधारी

जब अपने घर का सभी चाट चुको धन-माल
कुछ दिन चरने के लिए चले जाउ ससुराल
चले जाउ ससुराल, फेंक ऐसे हथकंडे
सास-ससुर दोनों जल्दी हो जाएँ ठंडे
कहँ 'काका' कविराय, लगा बाहर से ताला
हो जा अंतर्धान, बाँध सब टाला-माला

'काका' या संसार में व्यर्थ राम का नाम
नोट जेब में होयँ तो, बन जावें सब काम
बन जावें सब काम, करेगी क्या महँगाई
जुग-जुग जीवै कंटरोल दफ़्तर सप्लाई
कहँ 'काका' कविराय, यही दुनिया में सारम्
सब झंझट को छोड़ भजो भैया कलदारम्

कालिज-स्टूडैंट

फादर ने बनवा दिए, तीन कोट, छै पैंट
लल्लू मेरा बन गया कालिज-स्टूडैंट
कालिज-स्टूडैंट, हुए होस्टल में भरती
दिन-भर बिस्कुट चरें, शाम को खायँ इमरती
कहँ 'काका' कविराय, बुद्धि पर डाली चादर
मौज कर रहे पुत्र, हड्डियाँ घिसते फादर

पढ़ना-लिखना व्यर्थ है, दिन-भर खेलो खेल
होते रहु दो साल तक फर्स्टइयर में फेल
फर्स्टइयर में फेल, तेल जुल्फ़ों में डाला
साइकिल ले चल दिए, लगा कमरे का ताला
कहँ 'काका' कविराय, गेट-कीपर से लड़कर
मुफ़्त सिनेमा देख कोच पर बैठ अकड़कर

प्रोफेसर या प्रिंसिपल बोलें जब प्रतिकूल
लाठी लेकर तोड़ दो, मेज़ और स्टूल
मेज़ और स्टूल, चलाओ ऐसी हॉकी
शीशा और किवाड़ बने नहिं एकहु बाकी
'काका' कवि दादा बनने का नुस्खा देता
नाम कमाओ बन करके छात्रों के नेता

संकट-काल

फुलझड़ियों के वास्ते मिला आपका पत्र
किंतु इन दिनों क्रुद्ध हैं हमसे ग्रह-नक्षत्र
हमसे ग्रह-नक्षत्र हो गया हमला ऐसा
किया चीन ने धोखे से, भारत पर जैसा
कहँ 'काका' कविराय, होश उड़ गए हमारे
सूर्य रात्रि में, दिन में दीखें चंदा-तारे

असंतुष्ट ग्रह हो गए, शनि-पार्टी के संग
काका कवि से छेड़ दी बिना घोषणा जंग
बिना घोषणा जंग, हुक्म मंगल का पाया
राहु-केतु ने अस्पताल का गेट दिखाया
शुक्र देवता घूर रहे कर भृकुटी टेढ़ी
बृहस्पति जी ने बाँह पकड़कर सुई घुसेड़ी

पड़े-पड़े हम कर रहे पीड़ा से संघर्ष
फुदकी-फुदकी फिर रहीं अस्पताल में नर्स
अस्पताल में नर्स, गीत गुनगुना रही हैं
कोई फ़िल्मी धुन में सीटी बजा रही हैं
कहँ 'काका' कविराय, व्यर्थ कवि-जीवन जाना
पुनर्जन्म में भगवन्! हमको नर्स बनाना

नया बजट

मध्यम वर्ग बजा रहा ढोलक-झाँझ मृदंग
बचत-योजना की प्रभो, काटी ख़ूब पतंग
काटी ख़ूब पतंग, तंग इसने कर डाला
करते-करते जमा, हुआ 'आउट' देवाला
'काका', अब क्यों पाँच वर्ष की देर लगाओ
जमा हमारी रकम शीघ्र वापिस करवाओ

बोले छाती पीटकर तोंदल धन्ना सेठ
हाय! मृत्यु-कर का बढ़ा, नए बजट में रेट
नए बजट में रेट, वित्तमंत्री बेदरदी
क्षमा छोड़कर जमा-योजना, हम पर धर दो
'काका', कोई अनुष्ठान ऐसा बतलाएँ
मरें नहीं हम कभी, मृत्यु-कर से बच जाएँ

इसी बजट का जब लिया, प्रोड्यूसर ने स्वाद
बोला कुर्सी से उछल, टी.टी. ज़िंदाबाद
टी.टी. ज़िंदाबाद, बढ़ी चेहरे की ब्यूटी
क्योंकि घट गई फ़िल्मों पर एक्साइज ड्यूटी
कहँ 'काका' कवि, स्वार्थ-भावना जिसकी जैसी
उसे दिखाई पड़ी बजट की सूरत वैसी

मेरी इच्छा

सोचा हमने एक दिन, खोल बुद्धि का बक्स
कवि बनने में क्या धरा, नेता बन डी-लक्स
नेता बन डी-लक्स, चढ़ो ऊँची चोटी पर
कुटी-झोंपड़ी छोड़, पहुँच जाओ कोठी पर
कहँ 'काका' कविराय, कृपा प्रभु ऐसी कर दो
नेताओं की सब विशेषता मुझमें भर दो

इंदिरा जैसी कीर्ति दो, नेहरू जैसा नाम
भोलापन राजीव-सा, करूँ देशहित काम
करूँ देशहित काम, बुद्धि भर दीजे ऐसी
वाक्शक्ति पाऊँ मैं, अटलबिहारी जैसी
जैसे वी.पी. सिंह, ख्याति ऐसी ही पाऊँ
जन-जन को रिश्वतरानी के दर्श कराऊँ

जैसे देवीलाल ने माफ़ कराए क़र्ज़
वैसी मुझमें शक्ति दो, यही आपसे अर्ज
यही आपसे अर्ज, होय नहिं ऐसी भद्‌दी
जैसे बंसीलाल छोड़कर आए गद्‌दी
कहँ 'काका' कवि, बेटा-बहू बटोरें पैसा
कटे बुढ़ापा, शासन के आसन में ऐसा

पुलिस–महिमा

पड़ा-पड़ा क्या कर रहा, रे मूरख नादान
दर्पण रखकर सामने, निज स्वरूप पहचान
निज स्वरूप पहचान, नुमाइश-मेले वाले
झुक-झुक करें सलाम, खोमचे-ठेले वाले
कहँ 'काका' कवि, सब्ज़ी-मेवा और इमरती
चरना चाहे मुफ़्त, पुलिस में हो जा भरती

कोतवाल बन जाय तो हो जाए कल्यान
मानव की तो क्या चली, डर जाए भगवान
डर जाए भगवान, बनाओ मूँछें ऐसी
इँठी हुई, जनरल अयूब रखते हैं जैसी
कहँ 'काका', जिस समय करोगे धारण वर्दी
खुद आ जाए ऐंठ-अकड़-सख़्ती-बेदर्दी

शान-मान-व्यक्तित्व का चाहो अधिक विकास
गाली देने का करो नित नियमित अभ्यास
नित नियमित अभ्यास, कंठ को कड़क बनाओ
बेगुनाह को चोर, चोर को शाह बताओ
'काका', सीखो रंग-ढंग पीने-खाने के
'रिश्वत लेना पाप' लिखी ऊपर थाने के

नई फ़ैशन

न्यू फ़ैशन क़ी लूट है, लूट सके तो लूट
अंतकाल पछताएगा, प्राण जाएँगे छूट
प्राण जाएँगे छूट, धूल अक्कल की झाड़ो
तंग सिलाओ सूट, पुराने फेंको फाड़ो
कहँ 'काका', फ़ैशन-सरिता में बहना सीखो
पूर्ण नहीं तो अर्धनग्न ही रहना सीखो

कुर्ती चिपकी बदन से, चुस्त हुई सलवार
पैंट-पजामा रो पड़े, लहँगा खाय पछार
लहँगा खाय पछार, सिसकते साड़ी-जंफर
कुढ़कर कहे कमीज़ मुसीबत आई हम पर
'काका' बूढ़ी चुनरी-चादर-चोली बोली
अब जीना बेकार मार दो हमको गोली

तंग-चुस्त परिधान पर क्यों सिकोड़ते नाक
चल निकली इंगलैंड में 'टाप-लैस' पोशाक
टाप-लैस पोशाक, देखिए इसको साहब
अग्रभाग-आवरण हो गया बिल्कुल ग़ायब
कहँ 'काका', यह कलियुगजी का चमत्कार है
हे पाश्चात्य सुंदरी! तुमको नमस्कार है

महँगाई

जन-गण-मन के देवता, अब तो आँखें खोल
महँगाई से हो गया, जीवन डावाँडोल
जीवन डावाँडोल, ख़बर लो शीघ्र कृपालू
कलाकंद के भाव बिक रहे बैंगन-आलू
कहँ 'काका', कवि, दूध-दही को तरसें बच्चे
आठ रुपे के किलो टमाटर, वह भी कच्चे

राशन की दूकान पर, देख भयंकर भीर
'क्यू' में धक्का मारकर, पहुँच गए बलवीर
पहुँच गए बलबीर, ले लिया नंबर पहिला
खड़े गए रह निर्बल-बूढ़े, बच्चे-महिला
कहँ 'काका' कवि, करके बंद धरम का काँटा
लाला बोले-'भागो, ख़त्म हो गया आटा'

हाथ पेट पर फेरकर, बोले नेता एक
गेहूँ-चावल छोड़कर, खाओ बिस्कुट-केक
खाओ बिस्कुट-केक, अक्ल से समय काटिए
दूध नहीं मिलता तो आइसक्रीम चाटिए
'काका' क्यों फँस रहे व्यर्थ राशन-दलदल में
सब झंझट को छोड़, करो भोजन होटल में

माला–महिमा

फ़िल्म–क्षेत्र में उस समय हुआ विकट विस्फोट
'माला' के माले मिले, बीस लाख के नोट
बीस लाख के नोट, खोट क्या उसका भाई
बचत–योजना को कहते हो ब्लैक–कमाई
कहँ 'काका' कविराय, दया मम्मी पर आई
दाबे साढ़े चार लाख, पर दाब न पाई

माला फेरत जुग गया, अब क्यों करता देर
हरि की माला छोड़कर, धन की माला फेर
धन की माला फेर, तजुर्बा देखो लाला
नोटों का अंबार लगा देती है 'माला'
कहँ 'काका' कविराय, होय जब देखा–भाली
कह देना, खो गई सा'ब लॉकर की ताली

जिनके दर्शन के लिए, लगती भीड़ अपार
वे ही चक्कर काटते 'साहब' के घर–द्वार
साहब के घर–द्वार, न जिसकी फटी बिवाई
क्या जानेगा वह बेचारा पीर पराई
कहँ 'काका', मुरझाए चेहरे प्यारे–प्यारे
हाय! सितारों के भी गिरने लगे सितारे

फ़ाइल–महिमा

फ़ाइल, तू बड़भागिनी, कौन तपस्या कीन
नेता, अफ़सर, क्लर्क सब, हैं तेरे आधीन
हैं तेरे आधीन, मिनिस्टर बाहर जाते
पत्नी को घर छोड़, साथ तुझको ले जाते
कहँ 'काका', वादी–प्रतिवादी हा–हा खाएँ
जज, वकील औ' ज़िलाधीशजी शीश नवाएँ

कोर्ट-कचहरी, दफ़्तरों में फ़ाइल की धूम
पूजा तेरी सब करें, हों उदार या सूम
हों उदार या सूम, 'दक्षिणा' लेकर आते
तब बाबू फ़ाइल के दर्शन उन्हें कराते
कहँ 'काका', तहसील, फौजदारी, दीवानी
चहुँदिशि तेरा राज, बनी बैठी पटरानी

लाला - बाबू - बौहरे, संत - महंत - अमीर
तेरे फ़ीते में बँधी लाखों की तकदीर
लाखों की तकदीर, कभी तू खो जाती है
तो आफ़िस में महाप्रलय-सी हो जाती है
कहँ 'काका' कविराय, बिगड़ जाती जब फ़ायल
बड़े-बड़े श्रीमानों को कर देती घायल

दाढ़ी–महिमा

'काका' दाढ़ी राखिए, बिन दाढ़ी मुख सून
ज्यों मंसूरी के बिना, व्यर्थ देहरादून
व्यर्थ देहरादून, इसी से नर की शोभा
दाढ़ी से ही प्रगति कर गए संत बिनोवा
मुनि वसिष्ठ यदि दाढ़ी मुँह पर नहीं रखाते
तो भगवान राम के क्या वे गुरु बन जाते

शेक्सपियर, बर्नार्ड शॉ, टाल्सटॉय, टैगोर
लेनिन, लिंकन बन गए जनता के सिरमौर
जनता के सिरमौर, यही निष्कर्ष निकाला
दाढ़ी थी, इसलिए महाकवि हुए 'निराला'
कहँ 'काका', नारी सुंदर लगती साड़ी से
उसी भाँति नर की शोभा होती दाढ़ी से

कोई दाढ़ी छीलते, शुक्र-बुद्ध-इतवार
कोई नित-प्रति खुरचते दिन में दो-दो बार
दिन में दो-दो बार, ब्लेड की शामत आती
नष्ट होय इस्पात, विदेशी मुद्रा जाती
कहँ 'काका' कवि और नहीं कम-से-कम तब तक
दाढ़ी रख लो, राष्ट्रीय संकट है जब तक

कंट्रोल बनाम ब्लैक

करते हैं वे घोषणा, बजा-बजाकर ढोल
मूल्य अगर बढ़ते रहे, कर देंगे कंट्रोल
कर देंगे कंट्रोल, यही तो चाहें 'लाला'
धन्यवाद दें तुम्हें, गले में डालें माला
कहँ 'काका', कर जोड़ प्रार्थना करता बंदा
करो नियंत्रण तो चालू हो जाए धंधा

धक्का देकर धर्म को, धन की माला फेर
चीनी बेची ब्लैक में, छह रुपए की सेर
छह रुपए की सेर, पकड़ थाने पहुँचाए
केस लड़ाए पाँच सौ जुरमाना दे आए
कहँ 'काका' जब हानि-लाभ का खाता छाँटा
दस हज़ार बच रहे, रहा क्या हमको घाटा

बचत-योजना

बचत-योजना देखकर, बोले फक्कड़दास
इससे ऊँची योजना, एक हमारे पास
एक हमारे पास, देख उन्नति की सीमा
करवा एक लाख का एक्सीडेंटल बीमा
कहँ 'काका', बस एक किस्त तू जमा करा जा
किसी मिनिस्टर की, मोटर के नीचे आ जा

खुला हुआ चौपट मिले स्वर्गलोक का गेट
घरवाले हों लखपती, दें असीस भरपेट
दें असीस भरपेट, त्याग का ऊँचा दरजा
रहे सुरक्षित रकम, वसीयत ऐसी कर जा
कहँ 'काका', प्रतिमास चली आएगी घर से
एक लाख की ब्याज, स्वर्ग में मनिआर्डर से

इस्तीफ़ा

हरियाणा परिणाम की छूटी जब बं़दूक
भय के मारे हो गए, दिल के सोलह टूक
दिल के सोलह टूक, रात-भर तड़पे ऐसे
स्वर्ण-नियंत्रण से सुनार तड़पे थे जैसे
कहँ 'काका' कवि, शयन-कक्ष से उठकर भागे
जन्म-पत्र रख दिया ज्योतिषीजी के आगे

भाग्योदय के चक्र में, अटक गया है ठूँठ
इस्तीफ़ा दे दीजिए, पी लोहू का घूँट
पी लोहू का घूँट, झूठ मत समझो मिस्टर
साढ़े तीन साल को तुम पर चढ़ा शनिश्चर
कहँ 'काका' कविराय, रखो पत्थर छाती पर
धीरज धरो, बैठ जाउगे फिर हाथी पर

चूहे और मुर्गे

बीत गई जन्माष्टमी पड़ने लागी ठंड
चीनी चूहे फ्रंट पर लगे पेलने डंड
लगे पेलने डंड, उधर चूहों के गुर्गे
बाँग बेसुरी देते पाकिस्तानी मुर्गे
कहँ 'काका' कवि मत समझो यह ऊँघ रहा है
शेर हिंद का गतिविधि सबकी सूँघ रहा है

आँख दिखाने का हमें क्यों करते हो कष्ट
इस आतंकी आग से हो जाओगे नष्ट
हो जाओगे नष्ट, न रहना किसी भूल में
तुम क्या हो, हिटलर जैसे मिल गए धूल में
कहँ 'काका' कविराय, छोड़ दो झूठी आशा
बदल गई अब यहाँ अहिंसा की परिभाषा

आशावाद

कहा कहूँ छबि आपकी, भले बने हो लाल
या तन की झाईं परै, वहि है जाय निहाल
वहि है जाय निहाल, खबरिया लेउ हमारी
आशा में ही बीती जाय उमरिया सारी
कहँ 'काका' कवि, ऐसौ औसर कब-कब पाऔ
अंत समय में हमें मंत्रि-पद सों चिपकाऔ

जैसी मरजी आपकी, वैसी बोलूँ बात
रात्रि होय तो दिन कहूँ, दिनहि बताऊँ रात
दिनहि बताऊँ रात, अहर्निश हा-हा खाऊँ
आगे-पीछे, दाएँ-बाएँ पूँछ हिलाऊँ
कहँ 'काका' तुम चाचा मेरे, मैं हूँ बेटा
तुम खालिस मक्खन प्रभु जी, मैं हूँ सपरेटा

कवि-सम्मेलन

कवि-सम्मेलन में गए कविवर 'बंटाढार'
पहुँचे तो स्वागत हुआ, पड़े गले में हार
पड़े गले में हार, प्रशंसा अग्रिम पाई
फ़ोटो खींचे गए, चाय भरपेट पिलाई
कहँ 'काका', जब पूरा सब प्रोग्राम हो गया
छोड़ मंच, संयोजक अंतर्धान हो गया

तीन बज गए रात्रि के, नहीं मिले श्रीमान्
ढूँढ़ गली की पूँछ पर, उनका मिला मकान
उनका मिला मकान, पड़ गया चेहरा काला
दरवाज़े पर लटक रहा छह लीवर ताला
कहँ 'काका', कवि क़िस्मत अपनी ठोंक रहे थे
समझदार कुछ कुत्ते उन पर भौंक रहे थे

चीनी–दर्शन

चाऊ को देने लगे, माऊ अपनी राय
जनसंख्या बढ़ती रहे, ऐसे करो उपाय
ऐसे करो उपाय, विज्ञ हों या घनचक्कर
बारह बच्चे वाले ही बन सकें मिनिस्टर
कहँ 'काका' कविराय, उछलकर बोले चाऊ
इसके आगे राय हमारी मानो ताऊ

आबादी बढ़ जाए तब करो रूस को क्रुद्ध
उल्टे पाँसे फेंककर, भड़का दो अणु-युद्ध
भड़का दो अणु-युद्ध, ख़त्म हो जाए दुनियाँ
कुछ चीनी बच रहें और कुछ बेगम चिनियाँ
कहँ 'काका', फिर बोनों का संसार बसाएँ
चमत्कार, सिलपट्ट खोपड़ी का दिखलाएँ

असली और नक़ली

घासलेट बतला रहीं, हम लाए घी शुद्ध
इसी प्रश्न पर हो गया, घरवाली से युद्ध
घरवाली से युद्ध, सँभाला हमने डंडा
दो बेलन पड़ गए, हो गया डंडा ठंडा
कहँ 'काका' कवि, बहा आँसुओं का परनाला–
मर जाने का उसी समय निर्णय कर डाला

गैरत के कारण हुआ बुरा हमारा हाल
दो रुपए का संखिया ले आए तत्काल
ले आए तत्काल, पीसकर फंकी मारी
मुँह ढँककर सो गए, स्वर्ग की कर तैयारी
कहँ 'काका' कविराय, जान ईश्वर ने रख ली
नहीं मरे हम, क्योंकि संखिया निकला नक़ली

नई समस्या

स्वर्ण-नियंत्रण रोग से पीड़ित हुए सुनार
बिना मौत मरने लगे, तब जागी सरकार
तब जागी सरकार, किया संशोधन ऐसा
चला झूठ का ऊँट, सत्य का बैठा भैंसा
कहँ 'काका', वे पूछें गोल्ड कहाँ से लाए
कह दो, गहने ओल्ड बहू जी ने गलवाए

स्वर्णकार के वास्ते, मार्ग हो गया साफ़
चक्रव्यूह में फँस गए, ज्वेलर और सर्राफ
ज्वेलर और सर्राफ, सभी अरमान ढह गए
जेवर रेडीमेड धरे के धरे रह गए
कहँ 'काका' कवि, बतलाओ मिस्टर खरदूषण
कैसे बेचें, चौदह कैरट के आभूषण

मनहूस सप्ताह में बंबई-यात्रा

बैठे गाड़ी में तभी, चिल्लाया अख़बार
कैनेडी पर कर दिया, ओसवाल्ड ने वार
ओसवाल्ड ने वार, बंबई में पग धारे
मुख्यमंत्री हुए उसी दिन, प्रभु के प्यारे
कहँ 'काका', फिर ओसवाल्ड रूबी ने मारा
मारधाड़ से हृदय धड़कने लगा हमारा

इस चक्कर में हो गए, नष्ट सभी प्रोग्राम
यह हफ़्ता मनहूस है, जान बचाओ राम
जान बचाओ राम, 'मूड' सब ऑफ हो गया
पाकिट में जो नामाँ था वह साफ़ हो गया
कहँ 'काका', पंजाब-मेल के बोले 'ताऊ'
नोट बीस के दो तो, स्लीपर में सीट दिलाऊँ

घासलेट और मक्खन

'घासलेट' जी से कहें बाबू 'मक्खन' लाल
हे ताऊजी! आजकल बुरा हमारा हाल
बुरा हमारा हाल, करें सब ग्राहक शंका
भारत में बज रहा आपकी जय का डंका
कहँ 'काका' कविराय, तरस हम पर भी खाओ
जान बचाने का कोई साधन बतलाओ

ताऊजी कहने लगे, फेर तोंद पर हाथ
बेटे! इस कलिकाल में चलो समय के साथ
चलो समय के साथ, शुद्धता-शुचिता त्यागो
सत्य-धर्म-ईमान-न्याय खूँटी पर टाँगो
कहँ 'काका' कविराय, ठगो दुनिया मक्कर से
'चौदह कैरट' बनो, खाउ रोटी शक्कर से

‘कर’ कमाल

‘कर’ कर-करके चौगुने, ठप्प किया व्यापार
बैठे कर पर कर धरे, धन्य-धन्य सरकार
धन्य-धन्य सरकार, बचाकर ‘कर’ से लाओ
उसको ‘बचत-योजना’ खाते जमा कराओ
कहँ ‘काका’ कवि, कर से कैसे बच पाए नर
मर जाएगा तो भी देना पड़े मृत्यु-कर

उत्पादन-कर, आय-कर, बिक्री-कर मंजूर
लगवा दो संतान-कर, सदके जाउँ हुजूर
सदके जाउँ हुजूर, जाँच करवाओ घर-घर
सौ रुपए प्रति लड़की, दो सौ, दो लड़के पर
कहँ ‘काका’ कविराय, ‘यूजफुल’ राय हमारी
हो ‘परिवार-नियोजन’, कोष बढ़े सरकारी

बर्थ–कंट्रोल

यात्री बोले अकड़कर, इसका क्या है अर्थ
लेट रहे हो घेरकर चार सीट की बर्थ
चार सीट की बर्थ, आदमी खड़े हुए हैं
आप मगर की तरह मजे में पड़े हुए हैं
'कहँ 'काका' कवि, हल्ला सुनकर टी–टी आया
हमने लेटे ही लेटे उसको समझाया

नेता सब चिल्ला रहे पीट–पीट कर ढोल
जितना भी तुम कर सको, करो 'बर्थ–कंट्रोल'
करो 'बर्थ–कंट्रोल', अर्थ को समझो बाबू
इसीलिए तो किया बर्थ पर हमने काबू
कहँ 'काका', उद्धार देश का कर जाऊँगा
नहीं हटूँगा, इसी बर्थ पर मर जाऊँगा

पोस्टमैन

अन्य नौकरी-चाकरी सभी जानिए नेष्ट
पोस्टमैन की नौकरी, समझो सबसे श्रेष्ठ
समझो सबसे श्रेष्ठ, डाक का लाए थैला
मजनू के लैटर की करे प्रतीक्षा लैला
आँख फेरकर, हाथ हिला आगे बढ़ जाता
प्रेमकली की आशा पर पाला पड़ जाता

लव लैटर पा जाए यदि, विरही-विरहिन कोइ
पोस्टमैन को चाय का प्याला हाजिर होइ
प्याला हाजिर होइ, कभी गाँवों में जाते
मनीआर्डर पर अपनी भेंट-दक्षिणा पाते
देने-लेने में यदि कोई टाँग अड़ाएँ
'नोट-मीट' लिखकर मनिआर्डर को लौटाएँ

मोटी पत्नी

ढाई मन से कम नहीं, तौल सके तो तौल
किसी-किसी के भाग्य में लिखी ठोस फुटबौल
लिखी ठोस फुटबौल, न करती घर का धंधा
आठ बज गए किंतु पलँग पर पड़ा पुलंदा
कहँ 'काका' कविराय, खाय वह ठूँसमठूँसा
यदि ऊपर गिर पड़े, बना दे पति का भूसा

निराकार और साकार

ज्ञानी-ध्यानी थक गए करते-करते तर्क
निराकार-साकार का समझ न पाए फर्क
समझ न पाए फर्क, भंग का गोला खाया
तब इन शब्दों का निष्कर्ष सामने आया
कहँ 'काका', जो कार रखे साकार वही है
निराकार वह, जिसके घर में कार नहीं है

रूस में हिंदी

बटुकदत्त से कह रहे लटुकदत्त आचार्य
सुना? रूस में हो गई है हिंदी अनिवार्य
है हिंदी अनिवार्य, राष्ट्रभाषा के चाचा–
बनने वालों के मुँह पर क्या पड़ा तमाचा
कहँ 'काका' जो ऐश कर रहे रजधानी में
नहीं डूब सकते क्या चम्मच–भर पानी में

पुत्र छदम्मीलाल से, बोले श्रीमनहूस
हिंदी पढ़नी होय तो, जाओ बेटे रूस
जाओ बेटे रूस, भली आई आज़ादी
इंगलिश रानी हुई हिंद में, हिंदी बाँदी
कहँ 'काका' कविराय, ध्येय को भेजो लानत
अवसरवादी बनो, स्वार्थ की करो वकालत

स्वतंत्र पत्नी

बाबूजी को सौंपकर घर का सारा काम
घूम रही हैं पार्क में बीवी बिना लगाम
बीवी बिना लगाम, छोड़ प्रीतम पर लल्ला
साथ ले गईं गोदी में अलस्येशन पिल्ला
कहँ 'काका' कविराय, लौट जब घर को आईं
बोलीं आँख तरेर, न अब तक चाय बनाई?

मृत्यु-कर

कालि मरे सो आज मर, आज मरे सो अब्ब
मृत्यु-कर तो लग गया, फेरि मरेगा कब्ब
फेरि मरेगा कब्ब, समय आया है खोटा
जितना जीवे और, रहेगा तुझको टोटा
कहँ 'काका', सब जमा-ख़र्च की चुकती करके
कौड़ी-कौड़ी ले जाना छाती पर धरके

ससुराल धन (दहेज)

श्रमधन, पितुधन, मातुधन, इन पर मत धर ध्यान
जब आवे ससुराल धन, सब धन धूल-समान
सब धन धूल-समान, ध्येय से ऊँचे भागो
मिले लखपती ससुर, यही प्रभु से वर माँगो
कहँ 'काका' कवि, दुलहिन हो भेंड़ी या कानी
कर लीजे स्वीकार, नहीं इसमें कुछ हानी

पाचन-शक्ति

कहा वैद्य ने देखकर 'बड़े सा'ब की नब्ज
रिश्वत खाने से अधिक, हुई आपको कब्ज
हुई आपको कब्ज, न इस सीजन में चूको
शिमला जाकर रिश्वत के नोटों को फूँको
कहँ 'काका' कवि, जब यह रिश्वत पच जाएगी
पाचन-शक्ति और भी आगे बढ़ जाएगी

पिनक

तंबाकू को फाँककर, बोले झंडूलाल
चीनी पीछे हट गए, इसका भेद निकाल
इसका भेद निकाल, चतुर जन इसको जानें
अथवा यह रहस्य केवल हम ही पहचानें
कहँ 'काका' कवि, जब अफीम कुछ अधिक खा गए
उलटे चलने लगे, पिनक में, वहीं आ गए

नरकपालिका

पार्टीबंदी हो जहाँ, घुसे अखाड़ेबाज़
मक्खी, मच्छर, गंदगी का रहता हो राज
का रहता हो राज, सड़क हों टूटी-फूटी
नगरपिता मदमस्त छानते रहते बूटी
कहँ 'काका' कविराय, नहीं वह नगरपालिका
बोर्ड लगा दो उसके ऊपर 'नरकपालिका'

अमेरिका में लक्ष्मी

क्या बतलाएँ आपको अमरीका का हाल
नृत्य कर रही लक्ष्मी, विष्णु दे रहे ताल
विष्णु दे रहे ताल, ढेर दौलत का इतना
कुबेर पर भी नहीं ख़ज़ाना होगा जितना
लडे धर्म पर भारत में, वह कर्म न भाए
इसीलिए भगवान भाग अमरीका आए

झूठ–माहात्म्य

झूठ बराबर तप नहीं, साँच बराबर पाप
जाके हिरदे साँच है, बैठा-बैठा टाप
बैठा-बैठा टाप, देख लो लाला झूठा
'सत्यमेव जयते' को दिखला रहा अँगूठा
कहँ 'काका' कवि, इसके सिवा उपाय न दूजा
जैसा पाओ पात्र, करो वैसी ही पूजा

कलियुगी बाबू

पड़े-पड़े ही पलंग पर, करें चाय का ध्यान
हवन करें सिगरेट का, होय आत्मकल्यान
होय आत्मकल्यान, मुक्ति का मार्ग विचारें
ठूँसें मुख में पान, पीक आँगन में मारें
कहँ 'काका' कविराय, नहीं आदत पर काबू
शत-शत तुम्हें प्रणाम, धन्य कलियुग के बाबू

रिश्वत

कूटनीति मंथन करी, प्राप्त हुआ यह ज्ञान
लोहे से लोहा कटे, यह सिद्धांत प्रमान
यह सिद्धांत प्रमान, ज़हर से ज़हर मारिए
चुभ जाए काँटा, काँटे से ही निकालिए
कहँ 'काका' कवि, काँप रहा क्यों रिश्वत लेकर
रिश्वत पकड़ी जाए, छूट जा रिश्वत देकर

चैन की साँस

बोले खीस निपोरकर सन्नूलाल सुनार
स्वर्ण-नियंत्रण-नीति पर होगा पुनर्विचार
होगा पुनर्विचार, ख़बर सुनने में आई
बचत-योजना में भी कुछ हो जाए ढिलाई
कहँ 'काका' कवि, ऐसा चैन पड़ गया उर में
बिन रिश्वत ही सीट मिल गई हो 'स्लीपर' में

पजामा बनाम पैंट

मोटे होते जा रहे मिस्टर अफलातून
पतली पड़ती जा रही दिन-प्रतिदिन पतलून
दिन-प्रतिदिन पतलून, देख फ़ैशन का ड्रामा
दाँत दिखाकर बोला चूड़ीदार पजामा
सुन 'काका' कविराय, एक दिन ऐसा आए
मेरी काया में मिस पैंट विलय हो जाए

रिश्वत रानी

रिश्वत रानी, धन्य तू, तेरे अगणित नाम
हक-पानी उपहार औ' बख्शिश, घूस, इनाम
बख्शिश, घूस, इनाम, भेंट नजराना पगड़ी
तेरे कारण खाऊमल की इनकम तगड़ी
कहँ 'काका' कविराय, दौर-दौरा दिन दूना
जहाँ नहीं तू देवि, महकमा है वह सूना

जिनको नहीं नसीब थी टूटी-फूटी छान
आज वहाँ भन्ना रहीं कोठी आलीशान
कोठी आलीशान, भिनकतीं मुँह पर मक्खी
उनके घर में घूम रही चाँदी की चक्की
कहँ 'काका' कवि, जो रिश्वत का हलवा खाते
सूखे-पिचके गाल कचौड़ी-से हो जाते

शंका

तर्कशास्त्रियों से मिले, किया विश्व का टूर
किंतु न अब तक हो सकी शंका अपनी दूर
शंका अपनी दूर, थके पंडित आचारी
सर्वप्रथम पृथ्वी पर नर आया या नारी
कहँ 'काका' कवि, प्रथम पार्टी बनी कि झंडा
मुर्गी पहले आई अथवा आया अंडा

धार्मिक पत्नी

धार्मिक पत्नी, कुंभ में हो जाए यदि गुम्म
धन्यवाद दो भाग्य को ढूँढ़ रहे क्यों तुम्म
ढूँढ़ रहे क्यों तुम्म, मोह-ममता-मद झूठा
रोज़-रोज़ की टर्र-टर्र से पीछा छूटा
धर्म-कार्य में टाँग अड़ाते हो क्यों भइया
रक्षा उसकी स्वयं करेगी गंगा मइया

एकाकी जीवन जियो, शांत, सुखी, चुपचाप
गए भीड़ में ढूँढ़ने, कुचल मरेंगे आप
कुचल करेंगे आप, ग़लत ऐक्शन मत लीजे
बनो धर्म-निरपेक्ष, धर्म में दख़ल न दीजे
जिसकी पत्नी खो जाए, वह भाग्यवान है
होटल में भोजन करने की अलग शान है

विरही दूल्हा

पत्नी वाला होय या विधुर-कुँवारा होय
सावन में बेचैन हैं, चैन न पाए कोय
चैन न पाए कोय, उधर से झूलें झूला
इधर विचारा दूल्हा घर में फूँके चूल्हा
देख-देख यह दृश्य, पड़ रहा दिल पर डाका
कौन सुखी है तीनों में बतलाओ काका

मिट्टी का शेर

चुपके से मुँह ढँक लिया, घुस आए जब चोर
डर के मारे तनिक भी, किया न हमने शोर
किया न हमने शोर, ले गए टाला-माला
पर लिहाफ से बाहर हमने मुँह न निकाला
कहँ 'काका' कविराय, दरोगाजी घर आए
लिखा दिया यह– 'जान बच गई लाखो पाए'

स्वागत

मिस्टर मक्खीचूस से, बोले श्री मनहूस
जितने पकड़े जा रहे, भारत में जासूस
भारत में जासूस, कराओ उनका स्वागत
मामूली-सा ख़र्च, नहीं कुछ ज़्यादा लागत
कहँ 'काका' कवि, काला पौडर मल दो मुँह पर
फिर जुलूस निकले, पाकी गदहों के ऊपर

नोट की वोट

वोटर बोला दाबकर, दस रुपए का नोट
दे सकता हूँ आपको अपना सिंगल वोट
अपना सिंगल वोट, नोट यदि दूजा पाऊँ
घरवाली का वोट आपको और दिलाऊँ
कहँ 'काका' कवि, होंय जुगल जोड़ी के धंधे
भेजत रहु भगवान! आँख के ऐसे अंधे

सत्य और झूठ

साले की बारात में, जाना हमें ज़रूर
लेकिन साहब ने नहीं, छुट्टी की मंजूर
छुट्टी की मंजूर, गए डाक्टर पर भागे
दो रुपए का नोट रख दिया उनके आगे
कहँ 'काका' कविराय, पिला रिश्वत की घुट्टी
उसी समय मंजूर हो गई अपनी छुट्टी

पश्चात्ताप

पंडित पेटूराम जी! चूक गए इस बार
'अधिक मास' जिस वर्ष में आए थे दो क्वार
आए थे दो क्वार, घोषणा करवा देते
दोनों में ही पितृपक्ष दो रखवा देते
कहँ 'काका' कविराय, पेट ऊँचे हो जाते
सोलह दिन की जगह श्राद्ध बत्तीसों खाते

हरियाणा में उलट-पलट

विधना यह कैसा हुआ, अद्भुत एक्सीडेंट
छूटी कोठी-कार सब छूट गए सर्वेंट
छूट गए सर्वेंट, रात-भर पड़े कराहें
मुख झूठी मुस्कान, निकलतीं दिल से आहें
कहँ 'काका' कवि, प्रभो! दिखाई कैसी माया
हरियाणा में देवी ने कर दिया सफ़ाया

स्वस्थ-मस्त जीवन

शुद्ध हवा में घूमिए, नित्य सवेरे-शाम
प्रेम-प्रतिष्ठा प्राप्त हो, करिए ऐसे काम
करिए ऐसे काम, जीभ पर रक्खो बाबू
बिगड़ जाएगा पेट, चटोरे बनो न काबू
सूर्योदय से पूर्व, पेट-भर पानी पीओ
हँसो-हँसाओ, स्वस्थ-मस्त रहकर के जीओ

नववर्ष का उपहार

संपादक जी! फुलझड़ी, कीजे यह स्वीकार
नए वर्ष का लीजिए, प्रेमपूर्ण उपहार
प्रेमपूर्ण उपहार, भाग्य से जूझे जम के
सन् त्रेसठ में चार नाम सर्वाधिक चमके
सभी बिना-'का' अर्थ करिश्मा देखो 'का' का
चमके कामराज, कैनेडी, कीलर, काका

पवित्रता

तन पवित्र साबुन रगड़, धन पवित्र खा ब्याज
मन पवित्र गाली दिए, मिटत हिए की खाज
मिटत हिए की खाज, एक की पाँच सुनाओ
पंचशील सिद्धांत यही सबको समझाओ
कहँ 'काका' कविराय, रह गए नाटो-सीटो
इसका अर्थ यही, है चाहो जिसको पीटो

अँगूठा छाप नेता

चपरासी या क्लर्क जब, करना पड़े तलाश
पूछा जाता–क्या पढ़े, कौन क्लास हो पास
कौन क्लास हो पास, विवाहित हो या क्वारे
शामिल रहते हो या मात-पिता से न्यारे
कहँ 'काका' कवि, छान-बीन काफ़ी की जाती
साथ सिफ़ारिश हो, तब ही सर्विस मिल पाती

कर्मचारियों के लिए, हैं अनेक दुख-द्वंद्व
नेता जी के वास्ते, एक नहीं प्रतिबंध
एक नहीं प्रतिबंध, मंच पर झाड़ें लेक्चर
वैसे उनको भैंस बराबर काला अक्षर
कहँ 'काका', दर्शन करवा सकता हूँ प्यारे
एम.एल.ए. कई 'अँगूठा छाप' हमारे

सीमेंट का थैला

हे थेला सीमेंट के, तुम्हें नवाऊँ माथ
घंटों से 'क्यू' में खड़े, लेकर अर्जी हाथ
लेकर अर्जी हाथ, हाय तकदीर हमारी
साहब कुर्सी छोड़ गए, तब आई बारी
कहँ 'काका' कविराय, मुफ़्त में धक्के खाए
नहीं हुए तुम प्राप्त, लौट घर बुद्धू आए

क़र्ज़ा

जप-तप-तीरथ व्यर्थ हैं, व्यर्थ यज्ञ औ' भोग
क़र्ज़ा लेकर खाइए, नितप्रति मोहनभोग
नितप्रति मोहनभोग, करो काया की पूजा
आत्मयज्ञ से बढ़कर यज्ञ नहीं है दूजा
कहँ 'काका' कविराय, नाम कुछ रोशन कर जा
मरना तो निश्चित है, 'करजा' लेकर मर जा

जमने वाले कवि

शिमला में हमको मिले प्रोफेसर 'घड़ियाल'
सफाचट्ट थी खोपड़ी, इधर-उधर कुछ बाल
इधर-उधर कुछ बाल, लगी चंदन की बिंदी
बोल रहे थे आधी इंगलिश, आधी हिंदी
काका! कवि-सम्मेलन में कुछ 'हैल्प' कराओ
जमने वाले हिंदी के 'पोइट' बतलाओ

पड़ी हमारे हृदय पर उनकी गहरी छाप
करें जनवरी मास में, कवि-सम्मेलन आप
कवि-सम्मेलन आप, लगेगा सबको प्यारा
शीतल वातावरण, बर्फ का शुभ्र नजारा
कहँ 'काका' कवि, दाँत किटकिटाकर जब गाएँ
कवि, कविता, श्रोता, संयोजक सब जम जाएँ

भात बनाम भत्ता

देख अजगरानंद का लंबा-चौड़ा रूप
हाथ जोड़ हमने कहा, हे निष्काम स्वरूप
हे निष्काम स्वरूप, निछावर तुम पर जन-मन
किस चक्की का पिसा हुआ खाते हो भगवन्
सुन- 'काका' कविराय, पकड़ सत्ता का पत्ता
दाल-भात को त्याग, प्रेम से खाओ भत्ता

हीरोकट मिस्टर

गाँव छोड़, चल बंबई, बेच भैंस औ' गाय
तीस बार सिगरेट पी, बीस बार पी चाय
तीस बार पी चाय, छोड़कर रसिया-ढोला
फ़िल्मी गीत गाइयो पीकर 'कोकाकोला'
कहँ 'काका' कविराय, अरे कलियुग के पूता
नई रोशनी से तू क्यों रह रहा अछूता

जन्म-पत्र को फाड़कर, कर्म-पत्र से प्यार
बिगड़े हुए रईस की, झपट पुरानी कार
झपट पुरानी कार, व्यर्थ है घोड़ी-घोड़ा
ला पहाड़ से अल्स्येशन कुत्ते का जोड़ा
कहँ 'काका' कवि, बन करके हीरोकट मिस्टर
चौपाटी पर घूमो लटकाकर ट्रांजिस्टर

ग्राम्य जीवन

ठाकुर बिन मंदिर लखै, बाती बिन ज्यों दीप
ऐसे ही सूनी लगे, बी.डी.ओ. बिन जीप
बी.डी.ओ. बिन जीप, सास, सारी घरवारी
सैर-सपाटे करें, तेल फूँकें सरकारी
कहँ 'काका', आनंद ग्राम्य जीवन का पावें
साग-सब्ज़ियाँ, दूध मुफ़्त ही घर आ जावें

लूटनीति

कूटनीति से भी बड़ी, लूटनीति की चाल
गज से लड़ने के लिए गधा ठोंकता ताल
गधा ठोंकता ताल, तमाशा देखा ऐसा
पीठ थपथपाता गदहे की चीनी भैंसा
कहँ 'काका', ख़तरे से आँखें मूँद रहे हैं
लेकर कंजरकोट कंजरे कूद रहे हैं

भूमि-भवन-कर

गुप्ता जी क्या कर गए, यह रहस्य मत पूछ
रस निचोड़कर ले गए, उन्हें दे गए छूँछ
उन्हें दे गए छूँछ, पूँछ शासन की पकड़ी
तबसे ही उत्तर प्रदेश में झगड़ा-झगड़ी
कहँ 'काका' कवि, शासन में दलबंदी भारी
बजा रहे सब अपनी-अपनी ढपली न्यारी

भूमि-भवन-कर लग गया, जय हो कृपानिधान
चिल्लाते ही रह गए लाला और किसान
लाला और किसान, दोहरी मार लगाई
इधर किराए बढ़े उधर बाढ़ी महँगाई
कहँ 'काका' कविराय, नहीं इनसे डर सकते
अनशन या हड़ताल-प्रदर्शन क्या कर सकते

बोतल में मक्खी

नौ-सो आँसू रो रहे, धर्म-कर्म-ईमान
भारत की रक्षा करो दीनबंधु भगवान
दीनबंधु भगवान, बर्फ की तोड़ी सिल्ली
उसके अंदर निकल्ली मरी हुई छिपकली
कहँ 'काका' कविराय, उछलकर बोलीं कक्की
'हाय! दूध की सीलबंद बोतल में मक्खी'

नव रस–निरूपण

लाल मिर्च में करुण रस का रहता भंडार
रसगुल्लों में रस रहे, शांत और श्रृंगार
शांत और श्रृंगार, तनिक जिह्वा पर रख लो
पिपरमेंट में अद्भुत रस के दर्शन कर लो
कहँ 'काका' कविराय, झाँक दिल की खिड़की से
टपके रस वीभत्स प्रेयसी की झिड़की से

डूब वीररस में चले, मजनूँ के अवतार
लगे सड़क पर फेंकने, फ़िल्मी प्रेम–फुहार
फ़िल्मी प्रेम–फुहार, उपाय न देखा दूजा
चप्पल लेकर देवीजी ने कर दी पूजा
कहँ 'काका' कवि, दृश्य एक, रस तीन सुनाए
रौद्र, भयानक और हास्यरस सन्मुख आए

अभियान

शुरू हुआ जब देश में छापों का अभियान
भ्रष्टाचारी जीव के खड़े हो गए कान
खड़े हो गए कान, स्वार्थ पर चली कटारी
त्राहि-त्राहि करते खाऊ अफसर-व्यापारी
कहँ 'काका' कविराय, इधर आई महँगाई
उधर छिनी 'इनकम' की हाँडी पकी-पकाई

बोले कक्कड़ सा'ब से लक्कड़सिंह अमीन
क्यों हुजूर! क्या बात है, कैसे हो ग़मगीन
कैसे ही ग़मगीन, किसी से खटक गई है
क्या कारण, जो तोंद आपकी पटक गई है
'काका' क्या कुछ बात हो गई नीची-ऊँची
तुमसे भी माँगी है क्या संपति की सूची

तनुखा मिलती आठ सौ, सोलह सौ का ख़र्च
फिर कैसे गाड़ी चले, इस पर करो रिसर्च
इस पर करो रिसर्च, हमारी 'मधुर मालती'
एक मास में चार साड़ियाँ फाड़ डालती
तुम्हीं बताओ मिस्टर! है किस के बुत्ते का
सौ रुपए मंथली खर्च मेरे कुत्ते का

निष्काम हड़ताल

हड़तालों पर कर रहे प्रवचन काक-भुशुंड
मैनेजर की मेज़ पर, कीर्तन करो अखंड
कीर्तन करो अखंड, साथ माइक ले जाओ
पंचम स्वर में गला फाड़कर कला दिखाओ
'काका' जो प्राणी इस नुसखे को अजमाए
अर्थ-धर्म औ' काम-मोक्ष चारों पद पाए

बीड़ी का कश खींचकर, बोले बाँकेलाल
सर्वश्रेष्ठ है आजकल, क़लम-छोड़ हड़ताल
क़लम छोड़ हड़ताल, शान से दफ़्तर जाओ
भरो हाज़िरी, चाय पियो, फिर गप्प लड़ाओ
'काका' यह हड़ताल शुद्ध 'निष्काम' कहाती
बिना काम के ही तनुखा सीधी हो जाती

जनसंख्या

औषधि खाते नियम से, ताऊ घूरेलाल
फिर भी घर में एक शिशु, आ जाता हर साल
आ जाता हर साल, ख़र्च इतना कर डाला
मसला हल न हुआ 'परिवार-नियोजन' वाला
कहँ 'काका' कवि, कोई दोष दवाई में है
अथवा कुछ विशेषता ताऊ-ताई में है

जनसंख्या के आँकड़ों से मत आँखें मोड़
एक वर्ष में बढ़ रहे, मानव एक करोड़
मानव एक करोड़, देख बंबई शहर में
सोने को भी जगह नहीं मिल पाती घर में
कहँ 'काका', अब ऐसे भवन बनें धरती पर
जैसे 'जनता' गाड़ी में थ्री-टायर स्लीपर

सुपुत्र

पढ़-पढ़कर पत्थर भए, लिख-लिखकर कमज़ोर
चढ़ जा बेटा छत्त पर, ले पतंग अरु डोर
ले पतंग अरु डोर, दनादन पेंच लड़ावै
पानी अच्छा लगे न उसको, रोटी भावै
कहँ 'काका' कवि, प्यास लगै तो पीवै बीड़ी
ऐसा पूत सपूत, तार दे सातों पीढ़ी

चुनाव की चोट

हार गए वे, लग गई ऐलेक्शन में चोट
अपना-अपना भाग्य है, वोटर का क्या खोट
वोटर का क्या खोट, जमानत जब्त हो गई
उस दिन से ही नेताजी को खब्त हो गई
कहँ 'काका' कवि, बर्राते हैं सोते-सोते
रोज़ रात को लेंय हिचकियाँ रोते-रोते

लक्ष्मी वंदना

लक्ष्मी मैया! हिंद की नैया डाँवाडोल
कलाकार भूखा मरे, फूफा करें किलोल
फूफा करें किलोल, राष्ट्र की पूँछ मरोड़ी
टिल्लू-ढिल्लू-कुली-कबाड़ी, बने करोड़ी
माँग रहे जो राशन उनकी बुद्धि निकम्मी
राशन में क्या धरा? नोट बरसाओ मम्मी

कीलर कै लल्ला हुआ

लंदन से निकली नई न्यूज सनसनीखेज़
जो मिस कीलर थीं वही, अब हो गईं मिसेज
अब हो गईं मिसेज, गोद में आया लल्ला
कृपा करे तो छत्त फाड़कर देता अल्ला
कहँ 'काका' कविराय, धर्म है फ़िल्मी सच्चा
आज कीजिए, शादी कल हो जाए बच्चा

देवी! जब तुमको हुई नौ महिने की जेल
तभी हमारी अक्ल ने कविता दई उँड़ेल
कविता दई उँड़ेल, 'धर्मयुग' देखो आली
सत्य हो गई जो, भविष्यवाणी कर डाली
कहँ 'काका' कवि, जुग-जुग जिए तुम्हारा मुन्ना
हमें बुलाओ तो लाएँ उसको झुनझुन्ना

'आम' चुनाव

कलमी को ललकार कर, बोला लँगड़ा आम
दो टाँगों वाले सभी, करते मुझे प्रणाम
करते मुझे प्रणाम, तभी आ टपका, टपका
तुखमी को ले साथ, मालदा उस पर लपका
होकर के भयभीत, कहे फजली से चौंसा
मार-पीट होने वाली है भागो मौसा

कूदे काका दशहरी, क्या बकता मनहूस
नेहरूजी के साथ मैं, घूम चुका हूँ रूस
घूम चुका हूँ रूस, मूल्य कितना है तेरा
खुश होकर खुश्चेव किया अभिनंदन मेरा
कहने लगा सफेदा, क्यों लड़ते नामरदो
सर्वश्रेष्ठ है 'तोतापरी', घोषणा कर दो

प्राकृतिक न्याय

(27 जून, 1966 को जब भूकंप आया था)

आया जब भूकंप तो, भागे भूपतसिंग
चंडीगढ़ में फट गई, सरकारी बिल्डिंग
सरकारी बिल्डिंग, कह रहा बच्चा-बच्चा
धन्य-धन्य भगवान! न्याय कर डाला सच्चा
'काका', कोई किल्लत रही न बँटवारे में
आधी पंजाबी में, आधी हरियाने में

तिकड़म

भाग्य-भरोसे बैठकर झोंक रहे क्यों भाड़
कर्मपत्र से काम लो, जन्मपत्र को फाड़
जन्मपत्र को फाड़, पंगु गिरि पर चढ़ जाएँ
मूक होंय वाचाल, मूर्ख वक्तव्य छपाएँ
कहँ 'काका' कविराय, भाग्य तिकड़म से जागे
बुद्धिचंद्र पिछड़ें, बुद्धू बढ़ जाएँ आगे

सिद्धांतवादी

क्लब के मेंबर बन गए, समझे नहीं रहस्य
संडे की संडे वहाँ, दावत खायँ, सदस्य
दावत खायँ सदस्य, लोग रोज़ाना आते
लेकिन अपने राम सिर्फ़ संडे को जाते
कहँ 'काका' क्या वंडरफुल' योजना बनाई
वज़न बढ़ गया, गालों पर आई चिकनाई

क्लब के सेक्रेटरी ने, मारी हम पर चोट
अगली पार्टी के लिए, दीजे सौ का नोट
दीजे सौ का नोट, नियम ऐसा बतलाया
तुम भी उन्हें खिलाओ, जिनका तुमने खाया
'काका' लिखकर थमा दिया इस्तीफ़ा उनको
'बदले की भावना' नहीं भाती है हमको

हिंदी–भक्त

सुनो एक कविगोष्ठी का अद्‌भुत संवाद
कलाकार दो भिड़ गए, चलने लगा विवाद
चलने लगा विवाद, एक थे कविवर 'घायल'
दूजे श्री 'तलवार', नई कविता के कायल
कहँ 'काका' कवि, पर्त काव्य के खोल रहे थे
कविता और अकविता को वे तोल रहे थे

शुरू हुई जब वार्ता, बोले हिंदी शुद्ध
साहित्यिक विद्वान थे, परम प्रचंड-प्रबुद्ध
परम प्रचंड-प्रबुद्ध, तर्क में आई तेज़ी
दोनों की जिह्वा पर चढ़ बैठी अँगरेज़ी
कहँ 'काका', घनघोर चलीं इंगलिश में गाली
संयोजकजी ने गोष्ठी 'डिसमिस' कर डाली

चोटी के कवि

बोले माइक पकड़कर पापड़चंद 'पराग'
चोटी के कवि ले रहे, सम्मेलन में भाग
सम्मेलन में भाग, महाकवि गामा आए
काका-चाचा-मामाश्री पाजामा आए
हमने कहा, व्यर्थ जनता को क्यों बहकाते
दाढ़ी वालों को भी चोटी का बतलाते

वित्तमंत्री से इंटरव्यू

वित्तमंत्री से मिले, काका कवि अनजान
प्रश्न किया 'क्या चाँद पर रहते हैं इंसान?'
रहते हैं इंसान, मारकर एक ठहाका
कहने लगे कि तुम बिल्कुल बुद्धू हो 'काका'
अगर वहाँ मानव होते हम चुप रह जाते
अब तक सौ दो सौ करोड़ कर्जा ले आते

चुनाव–चक्कर

पिद्दी पांडे ने कहा, हाथ हमारा देख
'काका' तेरे भाग्य में, मिनिस्टरी की रेख
मिनिस्टरी की रेख, फुरफुरी मन में आई
मित्रों से ले कर्ज, जमानत जमा कराई
जीत गया तो मैं अपनी सरकार बनाऊँ
हार गया तो सारा कर्ज हजम कर जाऊँ

मेरे दल के नियम हैं, सभी दलों से भिन्न
'गधा' हमारी पार्टी के चुनाव का चिह्न
के चुनाव का चिह्न, व्यर्थ हैं घोड़ा-घोड़ी
लगे दुलत्ती भाग जाए बैलों की जोड़ी
बाल हैसिया, गाय भैंसिया हा-हा खाएँ
हेंचू-हेंचू के भय से दीपक बुझ जाएँ

अपने दल की विजय का है पूरा विश्वास
क्योंकि हमारी पार्टी नेता चरते घास
नेता चरते घास, वोट जब पड़े हमारे
डूब जाएँगे फ़िल्म इल्म के सभी सितारे
कहँ 'काका' कविराय, झोंपड़ी को हम फोड़ें
साइकिल पंचर करें, टाँग हाथी की तोड़ें

'काका' का क्या कर सकें, नियम और क़ानून
जो विरोध मेरा करे, दूँ गोली से भून
दूँ गोली से भून, आंदोलन क्या कर लेगा
जितने अनशन होंगे, उतना अन्न बचेगा
मर जाने दो, मरें साधु-संन्यासी-योगी
जनसंख्या बढ़ गई, ठीक ऐसे ही होगी

स्वतंत्रता का नमूना

बिना टिकिट के ट्रेन में चले पुत्र बलवीर
जहाँ 'मूड' आया वहीं, खींच लई ज़ंजीर
खींच लई ज़ंजीर, बने गुंडों के नक्कू
पकड़ें टी.टी. गार्ड उन्हें दिखलाते चक्कू
गुंडागर्दी, भ्रष्टाचार बढ़ा दिन-दूना
प्रजातंत्र की स्वतंत्रता का देख नमूना

न्यायालय में भ्रष्टालय

न्याय प्राप्त करने गए, न्यायालय के द्वार
इसी जगह सबसे अधिक पाया भ्रष्टाचार
पाया भ्रष्टाचार, मिसल को मसल रहे हैं
ईंट-ईंट से रिश्वत के स्वर निकल रहे हैं
कहँ 'काका', जब पेशकार जी घर को आए
तनुखा से भी तिगुने नोट दबाकर लाए

प्लीडर, मुंशी, मुहर्रिर सब निचोड़ लें अर्क
सायल को घायल करे, फायल वाला क्लर्क
फायल वाला क्लर्क, अगर कुछ बच जाएगा
वह चपरासी के इनाम में पच जाएगा
कहँ 'काका', जो जीत गया सो हारा समझो
हार गया, सो पत्थर से दे मारा समझो

सिविल कोर्ट के फोर्ट में बाबू करते लूट
बारह सौ का सूट है, सौ रुपए का बूट
सौ रुपए का बूट, मलाई मक्खन खाएँ
मित्रों के सँग पिएँ-पिलाएँ, मौज उड़ाएँ
इनके घर में दूध-दही की बहती गंगा
छाछ पी रहा दीन मुवक्किल होकर नंगा

गए गाँव से कचहरी, करके लंबा टूर
डेढ़ बज गया, कोर्ट में आए नहीं हुजूर
आए नहीं हुजूर, किसी का केस न लेंगे
क्योंकि आज सरकार 'मैटिनी शो' देखेंगे
कहँ 'काका' कविराय, नोट दस का सरकाएँ
पेशकारजी तब अगली तारीख लगाएँ

विविध भारती

ट्रांजिस्टर पर आ रहा, मीठा-मीठा गीत
कौन गा रहा गीत यह? तर्क कर रहे मीत
तर्क कर रहे मीत, ग़लत अंदाज़ लगाएँ
लता, सुमन, कोई आशा भोंसले बताएँ
हमने निर्णय दिया-साफ़ आवाज़ आ रही
यह गाना श्रीमती 'विविध भारती' गा रही

सफल प्रत्याशी

प्रत्याशी बनकर धँसे, लड़ने लागे जंग
किंतु बीच में पड़ गया, अपना फीका रंग
अपना फीका रंग, उधर से आया न्यौता
बैठ गए चुपचा किया आर्थिक समझौता
धर्म-कर्म-ईमान जाएँ चूल्हे-भट्टी में
'काका' के नारायण, नोटों की गड्डी में

दशमलव प्रणाली

बढ़ा रहा हूँ देश का उत्पादन चुपचाप
बन बैठा दस वर्ष में, दस बच्चों का बाप
दस बच्चों का बाप, नित्य दस माला जपता
महँगाई में एक-एक के दस-दस करता
दस सिगरिट, दस पान, चाय कॉफी दस प्याली
कितनी अच्छी है 'काका' दशमलव प्रणाली

लोकतंत्रीय प्रेम

ऋषि-मुनि-साधू-संत सब, किया प्रेम गुण गान
प्रेम रूप यह जगत् है, प्रेम रूप भगवान
प्रेम रूप भगवान, प्रेम का पता लगाया
'काका' ने कलियुगी प्रेम सर्वोत्तम पाया
गले मिलो तब दो हिस्सों में प्रेम बाँट लो
करो हृदय से प्रेम, हाथ से जेब काट लो

टिट फार टैट

गदहा कहे कुम्हार से, तू क्या पीटे मोय
गाँव छोड़ चल शहर को, मैं पिटवाऊँ तोय
मैं पिटवाऊँ तोय, गधे को आई मस्ती
चौराहे पर पहुँच, झाड़ने लगा दुलत्ती
कहँ 'काका' कवि, चोट खा गए मोटे लाला
लाला ने गदहे वाला घायल कर डाला

ओवरलोड

'काका' बाइस्किल चढ़े, काकी लई बिठाय
लल्ला-लल्ली बगल में, सोभा बरनि न जाय
सोभा बरनि न जाय, बीच में अटकी नैया
चौराहे पै पग्गड़धारी मिल्यौ सिपैया
ओवरलोड बताय, आँख फारीं, घुर्रायौ
दो रुपया कौ नोट फेंकि के पिंड छुड़ायौ

सबहि जानते रेल की धकापेल भरमार
डिब्बा चौवालीस कौ, भरे एक सौ चार
भरे एक सौ चार, भीर में भटक रहे हैं
कुछ बेचारे पायदान पै लटक रहे हैं
कहँ काकी भन्नाय, रेल सों कोउ न झगरौ
या बजमारे ने फिर हमकूँ ही क्यों पकरौ

विधाता को चुनौती

तन से माला फेरता, मन से करूँ प्रणाम
किंतु विधाता आपके, उल्टे सारे काम
उल्टे सारे काम, कहीं पर सूखा पड़ती
कहीं बाढ़-गरकी से डूब रही है धरती
मूरख मक्खन खायँ, मिले पंडित को रूखा
श्वान पी रहे दूध, आदमी मरता भूखा

इन बातों से आ रहा, भक्तजनों को ताव
ध्यान न देंगे आप तो कर दें हम 'घेराव'
कर दें हम घेराव, पुलिस का घूमे डंडा
घेरे में घिर जायँ, पुजारी, सेवक, पंडा
कहँ 'काका' कवि, या तो अपनी नीति बदलिए
या मंदिर में बैठे-बैठे अनशन करिए

घर का दूध

सेठ सुपाड़ीलाल जी रहे, खुशी से कूद
'काका पीकर देखिए, म्हारे घर कौ दूध'
म्हारे घर कौ दूध, मलाई जैसौ चिकनौ
हलवाई या ग्वाले से यह गाढ़ौ कितनौ
एक घूँट ले करके हम लाला से बोले
'सेठानी को खली खिलाते हो कि बिनोले?'

बजट की सनसनाहट

गजट देख घबरा गए, भरा बजट का पेट
महँगी ज़्यादा हो गईं, चाय और सिगरेट
चाय और सिगरेट, दाम काफ़ी के बाढ़े
बतलाओ अब कैसे काटें अगले जाड़े
कहँ 'काका' कवि, चाय और काफ़ी क्यों पीओ
नहीं सुरा पर टैक्स बढ़ा, वह पीकर जीओ

संचालक जी पीटते, संपादक की मेज़
अख़बारों पर हो गया, आठगुना पोस्टेज
आठ गुना पोस्टेज, कहो अब कैसे निपटें
दो पैसे की जगह, लगें पंद्रह की टिकटें
कहँ 'काका' कविराय, आपका क्या कर लेंगी
अधिक लगें जो टिकट, ग्राहकों पर चिपकेंगी

कलियुगी होली

'काका' होली खेलिए, तजकर रंग-गुलाल
लाल आँख, मुह ब्लैक हो, गल जूतों की माल
गल जूतों की माल, चढ़ई बोतल ठर्रा
बाप दंडवत् करे, देख बेटा का ढर्रा
गंदे गाने गाकर, गर्दभ स्वर में रेंकें
मिलें मार्ग में, उन पर गोबर कीचड़ फेंकें

कविसम्मेलनीय अनुभव

कवि-सम्मेलन में गए, बैठी ऐसी छाप
भीड़ इकट्ठी हो गई, लेने ऑटोग्राफ़
लेने ऑटोग्राफ़, अहं में चूर हो गए
'काका' समझे, हम भी राजकपूर हो गए
एक प्रशंसक दो रुपए का पैन दे गया
'पत्रम् पुष्पम्' भरा लिफ़ाफ़ा खींच ले गया

फूलों की माला निरख, मत फूलो कविराज
पीछे क्या होगा इसे, मत भूलो कविराज
मत भूलो कविराज, पड़ी हैं माला जितनी
सम्मेलन के बाद उपेक्षा होगी उतनी
कहँ 'काका' कवि, ताँगा, रिक्शा, कुली न पाओ
लाद बिस्तरा, प्लेटफार्म पर दौड़ लगाओ

चूल्हे-चौके का रोमांस

आधुनिका पत्नी मिली, पति के पड़ी नकेल
वाक्शास्त्र में पास थी, पाकशास्त्र में फेल
पाकशास्त्र में फेल, रसोई कर दी चालू
स्वेटर बुनने लगी, जल गए सारे आलू
पुस्तक खोली, पति से बोली, जल्दी जाओ
जले आलुओं के ऊपर 'बरनोल' लगाओ

नेता–नीति

नेता समझाने लगे, सुनो बुलाकीदास
सूखा और अकाल से, मत हो कभी उदास
मत हो कभी उदास, धैर्य रक्खो सुख-दुख में
कुछ भी नहीं असंभव, इस वैज्ञानिक युग में
ले ली ऐनक हरे रंग के शीशे वाली
जिधर देखिए उधर दिखाई दे हरियाली

घराने का गणित

बोले अर्द्धांगिनी से मिस्टर कद्दूकस्स
'अपन' चार सौ बीस हैं, तुम हो 'दो सौ दस्स'
तुम हो दो सौ दस्स, शीघ्र हो रहे रिटायर
क्योंकि 'आठ सौ चालिस' पर जा पहुँचे फादर
'काका' इसी गणित से कर सकते हम दावा
निश्चय ही 'सोलह सौ अस्सी' होंगे बाबा

श्वान महान

1. कुत्ता

करें श्वान का मान सब, क्या राजा क्या रंक
विशेषांक अख़बार का निकले कुत्ता अंक
निकले कुत्ता अंक, बसे हो जन-गण-मन में
लेखक-आलोचक-संपादक, जड़-चेतन में
कहँ 'काका' कवि, बड़े-बड़े ऋषि-मुनि ललचाए
धर्मराज के साथ स्वर्ग को जब तुम धाए

2. कुतिया

'काका' कुतिया पालिए, बिना कुतिया घर सून
जैसे टाई के बना, व्यर्थ कोट-पतलून
व्यर्थ कोट-पतलून, जून की गर्मी आवें
घरवाली को छोड़, तुम्हें शिमला ले जावें
आज़ादी से बिता रही, सहकारी लाइफ
नहीं किसी की, और सभी कुत्तों की वाइफ

3. पिल्ला

वस्त्राभूषण से रहित, परमहंस अवधूत
लल्ला के पिल्ला सुघर, कुतकचंद के पूत
कुतकचंद के पूत, न बीवी करती गिल्ला
निर्भय होकर उन्हें चाट सकता है पिल्ला
कहँ 'काका' कविराय, गोद में लेकर सोती
देख दृश्य यह इंसानों को ईर्ष्या होती

उल्टी चक्की

उल्टी चक्की देखकर 'काका' दीने रोय
कलियुग राज-सुराज में, अनहोनी भी होय
अनहोनी भी होय, सत्यजी रिश्वत खाएँ
त्यागी निष्कामी, पद पाने को ललचाएँ
राधा-सीता दुखी, सुखी है रीता-फरिया
'ड्राइ एरिया' में शराब का बहता दरिया

तोप का लाइसैंस

लगा आगरा कैंट पर सप्लाई का टैंट
काका कवि लेने गए, दस थैला सीमेंट
दस थैला सीमेंट, 'करा दो फ़ाइल अर्जी'
हमने कहा हुजूर, 'आपकी जैसी मर्जी'
साढ़े पाँच महीने बाद लिफाफा आया
खोला- उसमें 'दो थैले' का परमिट पाया

अगले दिन बाजार में, मिले सेठ हरवंश
काका कवि, पिस्तौल का दिलवाओ लैसंस
दिलवाओ लैसंस, सेठ हमने समझाए
दस थैला माँगे थे, तब दो थैला पाए
इसी गणित को सोच-समझकर लंबी हाँको
पिस्टल चाहो तो लैसंस तोप का माँगो

‘का’ की करुण कथा

‘का’ की काली घटा है, कृपा करें करतार
हरियाणा में हो गई, काँग्रेस की हार
काँग्रेस की हार, पड़े लेकर खटपाटी
दुखी केंद्र में काका कमलापत तिरपाठी
विधना ने भी राजनीति की रीति न जानी
कुपित क्लीन देवर पर क्यों जेठ मलानी

डाक पर डाका

बजट घोषणा ने किया, पाकिट पर बंबार्ड
सत्तर का है लिफाफा, लिख सकते हो कार्ड
लिख सकते हो कार्ड, बंद हो चिट्ठी कैसे
अंतर्देशी पत्र, दीजिए पचास पैसे
धन्य-धन्य सरकार, डाक पर डाला डाका
काकी को कैसे भेजें लवलैटर काका

नागपुर-नीति

महाराष्ट्र दर्शन किए धन्य हमारे भाग
देखा सारा 'नागपुर' मिला न कोई नाग
मिला न कोई नाग, और भी धोखा खाया
'धर्मपेट' में गए, धर्म का चिह्न न पाया
कहँ 'काका' कवि, 'हंसापुरी' घूमकर आए
हंस एक भी नहीं, वहाँ पर कौए पाए

'रामनगर' देखा सभी मिले न हमको राम
'सीतावर्डी' में भला, सीता का क्या काम
सीता का क्या काम, हुई दिल को हैरानी
'गांधी-सागर' में बहता है गंदा पानी
काम-कला के ज्ञानी डुबकी लगा रहे हैं
उसे मुहल्ला 'गंगा-जमुना' बता रहे हैं

सोचा 'नेहरू-पार्क' में होगा कोई बाग
कीचड़-कचरा देखकर फटी हमारी नाक
फटी हमारी नाक, नाम यह रखने वाले
'नागनदी' में बहा रहे हैं गंदे नाले
'काका', इससे भी ज़्यादा यह हमें खेद था
कहते 'पीली नदी' किंतु पानी सफ़ेद था

'काका' को क्यों व्यर्थ ही बहकाते हो यार
कहते 'प्ले ग्राउंड' को तुम 'मीना बाज़ार'
तुम मीना बाज़ार कि 'रेशम बाग़' दिखाया
न तो वहाँ पर बाग़ न बिल्कुल रेशम पाया
पहुँचे 'गाँजा खेत' न उगता देखा गाँजा
कहते जिसको 'महल' वहाँ भुतिया दरवाज़ा'

और जगह कुछ रह गईं, जो हैं इंपोर्टेंट
'लकड़े का पुल' कह रहे, वहाँ लगा सीमेंट
वहाँ लगा सीमेंट, झूठ को मस्तक टेका
गए 'नवाबपुरा' पर एक नवाब न देखा
'काका', मिला न कोई कर्नल आते-जाते
ताँगे वाले उसको 'कर्नल बाग़' बताते

साहस कर आगे बढ़े, जागे अपने भाग
मोती लेने के लिए पहुँचे 'मोतीबाग़'
पहुँचे मोतीबाग़, कोयले पड़े हुए थे
वर्कशाप के भूत वहाँ पर खड़े हुए थे
धन्य नागपुर नगरी उल्टी-सुल्टी दिखती
है 'काटन मार्केट' वहाँ पर सब्ज़ी बिकती

तारिका बनाम दाढ़ी

ईर्ष्या करने लग गए, क्लीनशेव्ड इंसान
फ़िल्म जगत् में बढ़ गया, दाढ़ी का सम्मान
दाढ़ी का सम्मान, देख दाढ़ी को डरती
वही तारिका आज, मुहब्बत इससे करती
'राजश्री' ने काका कवि की, लज्जा रख ली
अमरीकन दाढ़ी वाले से, शादी कर ली

राष्ट्रगान का लाभ

चोरी करने के लिए घुसे गली में चोर
कुत्ते भौंके, मच गया 'चोर-चोर' का शोर
चोर-चोर का शोर, सँभाले डंडा लठिया
चोरों ने 'जन-गण-मन' गाना शुरू कर दिया
खड़ी हो गई भीड़ 'अटैंशन' में सब आकर
चोर भाग गए, राष्ट्रगान का लाभ उठाकर

मंत्री पद की लूट है...

मंत्री-पद की लूट है, लूट सके तो लूट
अंतकाल पछताएगा, प्राण जाएँगे छूट
प्राण जाएँगे छूट, मेज़ पर रक्खे पेपर
बदल पार्टी, इस्तीफ़ा पर कर सिगनेचर
कहँ 'काका' कवि, स्वतंत्रता का लाभ उठाओ
राष्ट्रध्वजा फहरा करके फ़ोटो खिंचवाओ

लगे खुजाने खोपड़ी श्रीयुत घोटमघोट
तरस रहा क्यों बावरे, बरस रहे हैं नोट
बरस रहे हैं नोट, देख कलियुग का नाटक
तिकड़म की चाभी से, खोल भाग्य का फाटक
उल्टी बहने लगी ज्ञान-गंगा की धारा
धर्म-कर्म को छोड़, पी गई चुहिया पारा

कोठी, बँगला, कार लखि, मनुआँ लेत हिलोर
आँधी के ये आम हैं, दोनों हाथ बटोर
दोनों हाथ बटोर, 'विधायक' भाग्यविधाता
बुद्धिमान श्रीमान, बने बुद्धू मतदाता
'काका सरकारी चद्दर चमकाय मुकद्दर
भाग जाएँगे सात पुश्त के दुख-दालिद्दर

सुरा–समर्थन

भारतीय इतिहास का, कीजे अनुसंधान
देव–दनुज–किन्नर सभी, किया सोमरस–पान
किया सोमरस–पान, पिएँ कवि, लेखक, शायर
जो इससे बच जाए, उसे कहते हैं 'कायर'
कहँ 'काका', कवि 'बच्चन' ने पीकर दो प्याला
दो घंटे में लिख डाली, पूरी 'मधुशाला'

सभी विभागों में किया, इसने डवलपमैंट
पीकर न्यायाधीश जी, देते हैं जजमैंट
देत हैं जजमैंट, कोर्ट में पीकर जाते
तब वकील कानूनी कला–कमाल दिखाते
'काका', सरकारी गवाह को सुरा अनूठी
केस जीत ले जाए गवाही देकर झूठी

भेद-भाव से मुक्त यह, क्या ऊँचा क्या नीच
अहिरावण पीता इसे, पीता था मारीच
पीता था मारीच, स्वर्ण-मृग रूप बनाया
पीकर के रावण सीताजी को हर लाया
कहँ 'काका' कविराय, सुरा की करो न निंदा
मधु पीकर के मेघनाथ पहुँचा किष्किंधा

ठेला हो या जीप हो, अथवा मोटरकार
ठर्रा पीकर छोड़ दो, अस्सी की रफ़्तार
अस्सी की रफ़्तार, नशे में पुण्य कमाओ
जो आगे आ जाए, स्वर्ग उसको पहुँचाओ
पकड़ें यदि सार्जेंट, सिपाही ड्यूटी वाले
लुढ़का दो उनके मुँह में दो-चार पियाले

भीमपलासी, भैरवी, भैरव हो कि विहाग
महफ़िल में बे-सुरा के, होय बेसुरा राग
होय बेसुरा राग, सुरा सुर करे उजागर
किया सुरा पर 'सहगल' ने जीवन न्यौछावर
कहँ 'काका', संगीत कला-साधक, आराधक
सुरा-भक्त होते हैं, नर्तक, गायक, वादक

नोटों की रिश्वत नहीं, लेता हो हुक्काम
बोतल रख दो मेज़ पर, सफल होंय सब काम
सफल होंय सब काम, बचत का सीखो ढर्रा
व्हिस्की की बोतल में भर ले जाओ ठर्रा
कहँ 'काका' कवि, बड़ी शक्ति रखती है 'वाइन'
आँख मींचकर साहब कर देते हैं 'साइन'

मदिरा देवी आपको, शत-शत करूँ प्रणाम
सुरा - माधुरी - मद्य - मय - दारू तेरे नाम
दारू तेरे नाम, ब्रांडी, व्हिस्की, बीयर
नित्य पियो तो मिले स्वर्ग की लाइन क्लीयर
उच्च कोटि के नेता को 'स्काच' सुहाए
ब्लैकिस्टों को सिर्फ 'ब्लैक नाइट' ही भाए

पूरी बोतल गटकिए, होय ब्रह्म का ज्ञान
नाली की बू, इत्र की खुशबू एक समान
खुशबू एक समान, लड़खड़ाती जब जिह्वा
'डिब्बा' कहना चाहे, निकले मुँह से 'दिब्बा'
कहँ 'काका' कविराय, अर्ध उन्मीलित अँखियाँ
मुँह से बहती लार, भिनभिनाती हैं मखियाँ

इंगलिश पीते ऐक्टर, फ्रेंच पिएँ ऐक्ट्रेस
सैक्स जगाने को पिएँ, डायरेक्टर 'थ्री एक्स'
डाइरेक्टर थ्री एक्स, साहसी सीने वाले
पैमाना तक पी जाते हैं, पीने वाले
पी-पी करके कई बन गए फ़िल्मी हीरो
बिना पिए हम बने रह जीवन-भर जीरो

प्रेम-वासना-रोग में, सुरा रहे अनुकूल
सैंडिल-चप्पल-जूतियाँ, लगतीं जैसे फूल
लगतीं जैसे फूल, धूल झड़ जाए सिर की
बुद्धि शुद्ध हो जाए, खुले अक्कल की खिड़की
प्रजातंत्र में बिता रहे क्यों जीवन फीका
बनो 'पियक्कड़चंद', स्वाद लो आज़ादी का

'ड्राइ एरिया' देखकर कविजी दीने रोय
'काका' अब कैसे सफल कवि-सम्मेलन होय
कवि-सम्मेलन होय, तरस कवियों पर खाओ
जैसे भी हो इस नैया को पार लगाओ
यह सुन संयोजक जी आए भागे-भागे
तीन बौतलें रख दीं सब कवियों के आगे

देख बोतलें खिल उठे, कवि जी सिद्ध-प्रसिद्ध
ऐसे झपटे सुरा पर, जैसे टूटें गिद्ध
जैसे टूटें गिद्ध, खनाखन बाजें प्याली
तीन मिनट में तीनों बोतल कर दीं ख़ाली
कुछ कविगण मुँह फाड़ गिर पड़े वहीं सो गए
बचे-खुचे कविराज, मंच पर हूट हो गए

राजनीति के पैन में, कूटनीति की इंक
बोले मद्यनिषेध पर, नेता करके ड्रिंक
नेता करके ड्रिंक, तुम्हें कुछ होश नहीं है
मद्यपान में दोष, 'ड्रिंक' में दोष नहीं है
कहँ 'काका' कवि, मद्य-विधेयक शीघ्र बना दो
नहीं पिए जो एक सुरा, जेल में बंद करा दो

एक बार मद्रास में देखा जोश-खरोश
बीस पियक्कड़ मर गए, तीस हुए बेहोश
तीस हुए बेहोश, दवा दी जाने कैसी
वे भी सब मर गए, दवाई हो तो ऐसी
चीफ सिविल सर्जन ने केस कर दिया डिसमिस
पोस्ट मार्टम हुआ पेट में निकली 'वार्निश'

दलबदलू मायाराम

दिन दूनी बढ़ने लगी, जोड़-तोड़ की होड़
स्वारथ ने सिद्धांत का, दिया झोंपड़ा फोड़
दिया झोंपड़ा फोड, मिल गए अधिक दाम जी
मिस्टर आयाराम, बन गए 'गयाराम' जी
काका, बढ़ते-बढ़ते ऊँचे दाम हो गए
'गयाराम' कुछ दिन में 'मायाराम' हो गए

पंचभूत

भाँड़, भतीजा, भानजा, भौजाई, भूपाल
पंचभूत की छूत से, बच व्यापार सम्हाल
बच व्यापार सम्हाल, बड़े नाजुक ये नाते
इनको दिया उधार, समझ ले बट्टे खाते
'काका' परम प्रबल है इनकी पाचन-शक्ती
जब माँगोगे, तभी झाड़ने लगें दुलत्ती

बैंगन–गुण–गान

(1)

निर्विकार, निर्वसन हो, रहते नंग–धड़ंग
मृदुल–मुलायम अंग है, श्याम सलोना रंग
श्याम सलोना रंग, सब्ज़ियों के तुम नेता
इसीलिए तो हरा मुकुट सिर शोभा देता
तुमको चाहें गायक–वादक–फ़िल्मी बाला
कवि–लेखक संपादक बाबू अफसर आला

(2)

ब्रह्मचर्य व्रत धार कर, रहे कुँवारे आप
मूलीदेवी से किया, शुद्ध प्रेम निष्पाप
शुद्ध प्रेम निष्पाप, निभाते नीति–धर्म हैं
मूली का ठंडा मिजाज तो आप गर्म हैं
कहँ 'काका' कवि, जब तुम दोनों घुल–मिल जाते
'एअर कंडीशंड' साग का स्वाद दिखाते

(3)

सब्ज़ीमंडी में रही, सदा आपकी धाक
भिंडी-गाजर-तोरई, बैंगन पर मुश्ताक
बैंगन पर मुश्ताक, टमाटर हा-हा खाएँ
टिंडे-कद्दू-मटर-चुकंदर चरण दबाएँ
कहँ 'काका' कवि, बथुआ पालक हैं किस लायक
शाक-सब्ज़ियों के तुम होल-सोल संचालक

(4)

सर्व गुणों की खान हो, श्रीयुत बैंगन देव
तुम्हें देख ईर्ष्या करें, आम-संतरा-सेव
आम-संतरा-सेव, फ्रूट या फल कहलाते
छै-छै महीने 'शीतजेल' में रक्खे जाते
'फल' की इच्छा का विरोध करती है गीता
सेवा में निष्काम आपका जीवन बीता

(5)

टॉपलेस पोशाक में आई सजकर सेम
इठलाकर कहने लगी, 'हमें बना लो मेम'
हमें बना लो मेम, आपने ली उबकाई
फिर भी वह सौंदर्य-मानिनी बाज न आई
तब तुमने कर डाली उसकी सूरत ऐसी
लक्ष्मण ने कर दी थी शूर्पणखाँ की जैसी

(6)

आलू-अरबी आपके, चरणों की हैं धूल
पहले से ही 'फूल' है, वह गोभी का फूल
वह गोभी का फूल, करेला होता कड़ुआ
करे धर्म का ढोंग, व्यर्थ काशीफल भड़ुआ
हीरे का मूल्य, जौहरी ने ही जाना
'काका' एवं काकी ने तुमको पहिचाना